당신 가슴속,
분명히 자리잡고 있을
성공의 씨앗을 바라보세요.
어제까지의 삶은 전혀 중요하지 않습니다.
오늘부터의 삶이 전부입니다.
저와 꼭 닮은 이 시대의 청춘쟁이,
당신의 오늘을 응원합니다!

너와나를위하여

월급쟁이 부자로 은퇴하라

월급쟁이
부자로
은퇴하라

너나위
지음

월급쟁이에서 100억 자산가로 변신한 '아는 선배'의 시스템 마련법

RHK
알에이치코리아

안전한 삶은 현실적으로 존재하지 않는다.

인생은 위험을 무릅쓰거나 아무것도 하지 않거나 둘 중 하나다.

헬렌 켈러Helen Keller, 사회사업가

모두가 투자자인 시대, 당신의 투자는 잘 되고 있습니까?

'그냥 열심히 회사 다니고 하루하루 충실히 살아온 것 같은데… 왜 나만 뒤처지는 것 같지?'

부동산뿐 아니라 모든 자산의 가격이 폭등해 나만 빼고 모두 부자가 된 것 같은 시대. 다들 돈을 번 것 같지만 원칙 없는 투자로 말 못 할 상처를 입은 사람도 늘어난 시대. 저마다가 처한 상황에서 방향과 활로를 반드시 모색해야 하는 각자도생의 시대.

안타깝게도, 이것이 지금 우리가 처한 현실입니다. 저는 이러한 현실에서 과거의 저처럼 혼란스러워할 월급쟁이 동료들을 위해 책을 쓰고 방송을 시작했습니다. 그리고 이 과정에서 저는 한 가지를 깨달았습니다.

그것은 바로 '투자는 역량이며, 그 역량은 꾸준한 훈련을 통해 누구나 개발할 수 있다. 또한 이는 누구나 할 수 있다'라는 것이었 습니다. 그런데 아직도 많은 사람이 자신의 투자 역량을 쌓기 위해 노력하기보다는 지금 당장 돈이 될 것 같은 정보만을 찾아 헤맵니 다. 주식이라면 재료, 부동산이라면 호재와 같은 것들이지요. 그러 나 이는 '성공적 투자'라는 결과를 위한 극히 일부의 원인만 제공 할 뿐입니다.

월급쟁이 투자자로 시작해 경제적 자유를 얻은 뒤 은퇴하는 과 정을 직접 밟아 보니, 무엇보다 중요한 것은 '번 돈을 잃지 않고 잘 지키며 불려 나갈 수 있는 훈련'을 하는 것이었습니다. 지금 투자 에 막 관심을 갖기 시작했거나 투자를 하고 있는 당신은 어떤가 요? 투자 역량을 쌓기 위한 노력에 집중하고 있습니까? 아니면 돈 이 되는 정보만 쫓아다니고 있습니까?

> **이 책은 3년 전에 출간되었습니다.**
> **그러나 그 3년 동안 10만 명이 읽었을 뿐 아니라,**
> **여전히 베스트셀러 자리를 지키고 있습니다.**

투자는 그저 무언가를 싸게 사서 비싸게 팔아 차익을 남기는 것 이 아닙니다. 투자는 실력의 영역에 속하며 역량이 쌓이는 순간, 돈은 자연스럽게 따라옵니다. 저는 직장에 다니며 실전투자자 생활을 병행하는 동안 느끼고 깨닫고 행동했던 것들을 사람들에게 알리고 싶었습니다. 매일 새벽 연방공개시장위원회^{FOMC} 회의록을 살피고 금리 변화를 주시하며 거시 경제를 공부하는, 어쩌면 우리 같은 일반인들에겐 '그게 내 호주머니 사정과 대체 무슨 상관이 있는데?' 싶은 어려운 이야기가 아니라, 정말 현시점 대한민국에서 직장인으로 살아가는 이들에게 현실적으로 도움이 되는 미래를 준비하는 방법을 안내하고 싶었습니다.

그렇게 나온 《월급쟁이 부자로 은퇴하라》가 출간된 지도 어느덧 3년이 되어갑니다. 저는 이 책을 통해 시류를 타며 크게 한몫 잡을 수 있는 투자가 아닌, 직장인들이 안정감을 갖고 차근차근 미래를 준비할 수 있는 지극히 현실적인 투자법을 전하고자 했습니다. 저자로서의 목표가 '시간이 흘러도 변치 않을 대한민국 직장인 부동산 투자의 교본을 만드는 것'이었던 셈입니다.

그래서였을까요? 무려 3년 동안 많은 분이 이 책을 찾아주셨고, 여전히 서점에서도 사라지지 않고 읽히고 있습니다. 다만 책이 널리 읽힌다고 해서 저자인 제가 무조건 좋기만 한 것은 아닙니다. 시간이 흐를수록 많은 분이 제게 이전과는 다른 질문을 주셨기 때문입니다.

"2019년에 비해 2022년 현재 부동산 가격은 많이 올랐다. 이제는 책에 있는 방법으로 투자하기 어려운 것 아닌가?"

"세금, 규제 등 부동산 시장의 투자 환경이 너무 안 좋아졌다. 임두도 내지 못할 방법 같다!"

"당신은 운이 좋아 그런 결과를 얻은 것이다. 지금 시장에서 더는 그런 운이 존재하지 않는다."

바쁜 일상에 치여 일일이 모두 대답해 드리진 못했지만, 이와 같은 질문들은 제 책을 읽어주신 독자분들에 대한 부채감으로 제 마음속에 자리 잡았습니다. 10만 부 돌파 기념 증보판을 내면서, 저의 책의 독자들이 제게 자주 던졌던 질문에 대한 답변을 추가로 싣기로 한 것도 이 때문입니다. 그래서 저는 이번 책에 다음과 같은 내용을 추가했습니다.

- 출간 이후 독자들에게 가장 많이 들은 두 가지 질문에 대한 답변
- 윤석열 정부의 부동산 관련 공약 중 부동산 투자자가 알아두어야 할 것
- 기존 책에 담은 투자 사례에 대한 업데이트와 그 과정을 통해 얻게 된 인사이트

부디 이 같은 내용이 2019년에 출간된 《월급쟁이 부자로 은퇴하라》를 읽고 제게 질문하고 싶었던 독자들에게 도움이 되는 답장이 되기를 바랍니다.

> 여전히 기회는 있습니다.
> 그러나 대부분은 또다시 놓칠 겁니다.
> 극소수만 잡게 될 것입니다.

제 책을 읽은 뒤, 투자나 내 집 마련을 하신 분들은 지난 3년 사이에 놀라운 성과를 거두었습니다. 물론 그들도 처음엔 반신반의했을 겁니다. 제가 처음 투자를 시작했을 때 시중의 책들을 읽으면서 들었던 의문들도 마찬가지로 품었을 테지요. 이후 누군가는 행동했고, 또 다른 누군가는 덮어버리고 말았을 겁니다. 그렇게 시간이 흘러 우리는 누가 옳았는지를 확인할 수 있게 되었습니다.

저는 여전히 새로운 기회가 시장에서 만들어지고, 또 우리 곁으로 다가오고 있는 것을 두 눈으로 보고 있습니다. 아마도, 또다시 몇 년이 흐르면 새로운 '월급쟁이 부자'들이 탄생할 겁니다. 미래의 월급쟁이 부자가 될 만한 사람들을 저는 월급쟁이부자들 커뮤니티에서 실제로 자주 목격하고 있으니까요.

아직 기회는 남아 있습니다. 심지어 새로운 기회가 잉태되고 있습니다. 또 눈을 감으실 건가요? 아니면 한번 살펴보시겠습니까?

이 책이 아니어도 좋습니다. 부동산 투자가 아니어도 괜찮습니다. 다만 분명한 것은 '투자는 필수'라는 것입니다. 아무쪼록 이번만은 근로소득을 넘어 투자를 통한 자본소득을 창출할 '시도 단계'까지, 당신이 이르렀으면 합니다. 그래서 이 책을 읽는 모든 분이 고용과 노후 불안으로부터 완전히 해방되는 순간을 맞길 간절히 바랍니다.

이제는 저와 함께 은퇴한 아내와 어느덧 훌쩍 커버린 딸에게 가장 먼저 고마운 마음을 전합니다. 너바나 님을 비롯한 월부의 구성원들, 한결같은 마음으로 저를 챙겨주시는 투자 동료들에게 역시 감사의 말을 전하고 싶습니다.

마지막으로, 월급쟁이 시절부터 저를 꾸준히 응원해 주신《월급쟁이 부자로 은퇴하라》의 10만 독자분들께 진심으로 감사드립니다.

너나위(너와 나를 위하여)

회사는 당신을
책임지지 않는다

"김 과장, 인사부 직원이 날 찾으면 회의 중이라고 해줘."

정확히 기억난다. 내가 다른 길을 찾아야겠다고 마음먹었던 그해 늦여름, 나보다 9년 먼저 입사했던 선배가 다급한 목소리로 내게 부탁했다. 그는 인사부 직원을 피하고 있었다. 본인의 차례라고 직감한 것이다.

당시 내가 다니던 회사는 동종업계 내 1등 회사였다. 회사 성적표가 증명하듯 내부는 치열했다. 입사 9년 차였던 나도 남들처럼 열심히 살았다. 좌충우돌하면서도 멈추지 않고 불도저처럼 밀고나가는 직원, 어려운 일도 못 하겠다고 말하지 않는 직원, 그렇게 시간이 지나자 더욱 많은 일을 맡게 된 직원이 바로 나였다. 매일 밤 11시, 12시까지, 그것도 모자라 일요일도 어김없이 자리를 지켰다. 어쩌다 가끔 시간이 남아도 현실 도피성 여행이나 야구 관람 외에는 할 줄 아는 게 없던, 나는 그런 직원이었다.

당시 회사는 사업 영역에 따라 크게 3개 부문으로 나뉘어 있었다. 그중 내가 속한 부문 내 한 부서가 실적 부진을 이유로 통째로 사라지게 되면서, 해당 부서의 직원들은 순식간에 미아 같은 처지에 놓이고 말았다. 회사에서 얼마나 일했느냐는 중요하지 않았다. 입사 20년 차에 가까워진 선배들은 당장 내처질까 전전긍긍했고, 그보다 연차가 덜된 직원들도 본인이 전혀 생각지 못한 부서로 배치되진 않을까 걱정이 이만저만이 아니었다. 입사 5년 차 미만 직원들 정도만 그저 내 일은 아닐 거라 생각하는 눈치였다.

그 시기 인사부 직원들은 서류철을 들고 다녔다. 호출을 당해 면담실로 들어간 선배들은 본인에 대한 평가가 적힌 1페이지짜리 문서 앞에 우두커니 앉아 퇴사를 종용당했다. 지금 당장 퇴직서류에 사인하면 버티는 것보다 많은 돈을 쥐여주겠다는 설득에 수많은 이가 펜을 들었다. 사람들은 인사부 직원들을 '추노꾼'이라고 불렀다. 화가 치밀어 올랐다. 그들이 추노꾼이라면 우리는 노비란 말인가.

내게 자신이 회의 중이라고 말해주길 부탁했던 선배는 입사 18년 차 차장이었다. 그때 내가 9년 차였으니, 내가 신입사원 시절 바라봤던 선배가 당시의 딱 나와 같은 위치였다. 후배 입장에서 볼 때 그는 참 멋진 선배였다. 그는 윗사람들에게 무조건 '예스'를 외치는 부류가 아니었다. 나름의 소신을 가지고 있었고, 후배들에겐 따뜻했다. 어려운 일이 있을 때면 나타나 도움을 주던 그는 닮고 싶은 선배였다. 하지만 무슨 이유에서인지 번번이 진급에서 누락되자, 여기저기서 말이 나왔다.

"그러게, 잘 좀 하지. 결국 칼자루는 윗사람들이 쥐고 있는데 그렇게 날을 세워서 승진이 되겠어?"
"본인이 자초한 거지, 뭐. 똑똑한 척해봤자 좋을 게 없다는 걸 모르나 봐."

심지어 선배의 도움을 받은 사람들조차 그렇게 말했다. 선배는 결국, 부서가 공중 분해되는 고비를 넘기지 못하고 회사를 떠났다. 그는 이제 겨우 초등학교 6학년이 된 쌍둥이들의 아버지였는데.

| 우연히 만난 책 한 권 그리고 3년 후

선배는 떠났지만, 회사는 멀쩡하게 돌아갔다. 좀처럼 긴장을 늦출 수 없는 소동이 계속되는 가운데 나는 감정적인 생각을 지우기 위해 더욱 일에 몰두했다. 제시간에 퇴근할 수 있는 날이 가뭄에 콩 나듯 했던 어느 날, 모처럼 일찍 회사를 나왔다. 맞벌이로 일하던 아내와 만나 저녁 식사를 하기로 했기 때문이었다. 약속 시각까지 밖에서 기다리기엔 날이 너무 더워, 회사 근처 광화문 대형서점에 들어갔다.

서점에 들어서자마자, 출입구 쪽 매대에 놓인 자극적인 제목의 빨간색 책이 눈에 들어왔다. 당시 유명한 재테크 분야 베스트셀러였지만, 나는 재테크란 자신의 능력에 자신 없는 사람들이나 기웃거리며 시도하는 일이라 생각했기에 그냥 지나쳤다. 다양한 여행서와 지구온난화 문제를 다룬 과학 분야 교양서 몇 권을 펼쳤다 덮으며 시간을 보냈다. 그러던 중 아내에게서 연락이 왔다.

"갑자기 부서 회식이 잡혔어. 함께 저녁 먹기는 힘들겠는데."

맞벌이로 둘 다 회사에서 보내는 시간이 많아 좀처럼 같이 식사할 기회가 없던 터라 매우 아쉬웠다. 집으로 발길을 돌리려는데, 다시 한번 그 재테크서가 눈에 들어왔다. 무의식적으로 책을 집어 펼치고 읽어 내려갔다. 시간이 얼마 지난 것 같지도 않은데, 안내방송이 흘러나왔다. 서점 문을 닫는 시간까지 책을 놓지 못한 것이다. 몇 페이지밖에 남지 않은 상황이라 끝까지 읽고 싶었지만, 이상하게 책을 사고 싶지는 않았다. 그 재테크서를 산다는 것이 그럭저럭 괜찮은 대학을 나와 대기업에서 성실히 일하던 내게 자존심 상하는 일처럼 느껴졌기 때문이다.

책을 내려놓고 서점에서 나와 버스를 탔다. 밤 11시가 넘은 시각이었는데, 집으로 돌아가는 길 버스 차창 밖에는 불을 환하게 밝힌 수많은 사무실 전경이 펼쳐졌다. 여러 가지 생각이 들었다. 그러다 추노꾼을 피해 다니는 선배들이 내가 회사에 입사했을 때 딱 지금의 내 연차였다는 사실이 다시 한번 뇌리를 스쳤다.

"나, 직장생활 벌써 반이나 한 거야?"

나지막이 흘러나온 혼잣말. 남들 못지않게 열심히 일했는데. 어느덧 회사만 믿고 있기엔 미래가 불안한 시기가 되어버렸다. 마음이 무거웠다. 하지만 이런 생각보다 내 마음을 더 힘들게 한 것은, 이처럼 답답함을 느끼면서도 정작 무엇을 어떻게 해야 할지 전혀 감도 잡히지 않는 현실이었다.

다음 날 점심시간, 나는 단숨에 서점으로 달려가 어제 보던 책을 집어 들었다. 집으로 돌아와 그 책을 끝까지 읽고 또 읽었다. 부동산 투자를 통해 경제적 자유를 쟁취한 사람의 이야기였다. 반신반의하며 책을 펼쳤던 나였지만, 책의 마지막 장을 덮을 땐 '이 책의 저자를 반드시 만나야 한다'라는 생각에 사로잡혔다. 저자 프로필에 적힌 블로그에 접속했다. 거기엔 책에 다 담지 못한 치열한 저자의 노력이 고스란히 기록되어 있었다. 무슨 수를 써서라도 그를 만나야겠다고 결심했다. 그리고 우여곡절 끝에 마침내 그를 만났다. 그가 내게 자신을 소개하며 악수를 청하던 날, 쿵쾅거리던 심장의 진동이 지금도 생생하다. 그날 이후 내 인생은 완전히 바뀌었다. 180도 반전이었다.

나는 미래를 준비하는 법을 배웠고 하나씩 실행에 옮겼다. 받아들이기 쉽지 않았지만, 돈 걱정 없이 살려면 월급만으로는 부족하다는 사실을 인정했다. 얼마나 부족한지 계산했고 목표를 세웠다. 그 목표만 달성하면 내 불안감이 사라질 것이었다. 목표 달성에 필요한 구체적인 계획을 세우고 그 계획들을 차근차근 실행해 나갔다. 그 실행의 결과가 어땠을까?

가진 돈이라곤 통장 속 5,000만 원이 전부였던 나는, 이제 순자산 20억 원을 보유하게 되었다. 불과 3년 만에, 그것도 직장에 다니면서 이뤄낸 성과다. '이게 가능한 걸까 싶었던 것들'은 지나고 보니, '마음먹고 하면 할 수 있는 것들'이었다.

그 과정에서 나는 많이 변했다. 자본주의와 돈에 대한 나의 무지를 깨부쉈고, 물질을 대하는 태도로 표현되는 '돈 그릇'이라는 것이 사람마다 있다는 것도 알게 되었다. 돈보다 더 중요한 것은 시간이며, 과거의 시간을 어떻게 보냈는지가 지금의 나를 결정한다는 사실도 깨달았다. 그렇게 나는 자극적인 즐길 거리로 불안감을 뒤로 미뤄버리던 이전의 무책임한 삶에서 탈출했다. 이런 과정에서 직장생활도 한결 즐거워졌음은 물론이다.

물론 이전보다 돈을 조금 더 번 것으로 모든 문제가 해결됐다고 생각하진 않는다. 그러나 그 3년의 세월을 통해 적어도 돈으로 인한 막연한 불안감은 떨칠 수 있었다. 오히려 불안감을 극복하고자 공부하고 행동하며 알아나가는 과정에서, '나도 할 수 있겠다'라는 자신감을 얻었다. 그것만으로도 이전보다 행복하다. 돈을 벌어야 한다는 마음으로 시작한 투자가, 돈뿐 아니라 자존감과 행복이라는 선물까지 안겨준 것이다.

| 문제는 당신의 편견과 선입견

'그래봤자 또 투기꾼 이야기지, 뭐.'
'안 봐도 빤한 재테크 책이로군.'

나 역시 그때 그 책을 펴들면서 이렇게 생각했다. 그래서 한참을 읽어놓고도 책을 덥석 집어 들고 계산대로 가지 못했다. 그러나 그 책을 읽는 동안 들었던 한 가지 생각만은 지금도 선명히 기억한다.

'혹시 내가 편견과 선입견에 사로잡혀 진짜를 보지 못하고 있는 건 아닐까?'

나는 맞고 타인은 틀렸다는 선입견, 그래서 내 생각과 다른 방향으로 흘러가는 세상은 옳지 못하다는 편견. 하지만 나는 그날 처음으로 철옹성 같던 생각에 의구심을 품었다. 그 의구심을 지렛대 삼아 튀어 오른 나는, 그동안 내 주변을 덮고 있던 울창한 나무와 숲 위로 올라가 밖을 내다볼 수 있었다.

당신이 어떤 이유를 가지고 있든 중요하지 않다. 분명한 것은 당신이 현실을 직시하지 못할 만큼의 편견과 선입견에 사로잡혀 있는 한, 자본주의 사회 안에서 그것이 결국 당신의 발목을 잡을 것이라는 사실이다. 부동산은 인류 역사상 단 한순간도 자산으로서의 가치를 잃어본 적이 없다. 그렇기에 이런 부동산의 본 모습을 똑바로 보지 못한다면, 결국 경제적으로 어려운 상황에 내몰릴 수밖에 없다. 그저 내 생각이나 주장이 아니다. 역사가 말해주는 실제이자 현실이다.

여기까지 읽었다면, 당신은 그날의 내가 그랬듯 그동안 가졌던 자기 생각에 강한 의구심을 가져야 한다. 내 생각은 다 옳고 다른 이들은 모두 틀린 것이 아닐지도 모른다는 생각을 해야 한다. 이를 깨닫느냐 아니냐에 따라 당신과 당신이 사랑하는 가족의 미래가 달라질지도 모를 일이다. 당신의 고정관념을 어느 정도 털어냈다면, 이젠 차분하게 생각해 보라. 당신은 현재 당신과 당신 가족들의 미래를 계획해 두었는가?

▎당신에겐 계획된 미래가 있는가

단도직입적으로 묻겠다. 이 책을 집어 든 당신은 당신의 1년 뒤, 5년 뒤, 10년 뒤의 모습이 그려지는가? 아니, 앞서 물어야 할 것이 있다. 당신은 미래에 대한 알 수 없는 불안감이 당도할 때 차분하게 앉아 그 이유가 무엇인지 하나하나 따져본 적이 있는가? 만약 이 질문에 '내가 나의 미래를 구체적으로 그려본 적이 있었던가?' 하며 '예스' 혹은 '노'라는 대답조차 하지 못한다면, 당신의 1년 뒤, 5년 뒤, 10년 뒤는 절대 지금보다 나아질 게 없을 것이다.

나는 이 책에, 지금 이 자리까지 오게 된 과정과 내가 어떻게 미래를 준비하고 있는지를 담았다. 지금 이 순간 미래가 불안한데 그 실체가 잘 보이지 않아 답답한 사람이라면, 이 책을 꼼꼼히 읽어보길 바란다. 돈의 진정한 의미와 직장인으로 생활하면서 부를 얻는 방법에 관심 있는 사람이라면, 이 책을 꼭 읽어보길 바란다. 현재 상황을 타개할 마음과 의지와 용기는 있지만 그 방법을 몰라 어려움에 처한 사람이라면, 이 책을 끝까지 읽어보길 바란다. 억지로 버티는 인생이 아니라 즐겁게 쟁취하는 인생을 살고 싶은 사람이라면, 이 책을 잘 읽어보길 바란다.

당시의 나처럼 목표 없이 표류하고 있을지 모를 수많은 사람에게 내가 찾은 해결책을 소개하고 싶다. 그리고 그 쉽지 않은 여정을 서로 응원하며 함께하고 싶다. 단 한 사람이라도 이 책을 통해 스스로 변화를 다짐하고 실행한다면, 내게 그보다 큰 기쁨은 없을 것 같다.

차례

WHY

1장
왜 투자를 해야 하는가

DIRECTION

2장
당신과 돈이 가야 할 방향

3장
평범한 직장인도 얻을 수 있는 성과

4장
성공 투자를 위한 필수 지식

5장

누구나 따라 할 수 있는 투자 매뉴얼

6장
당신의 돈 그릇을 키우고 싶다면

특별 추가문
기회는 오늘도 새롭게 탄생한다

이 책은 부동산, 그중에서도 아파트 투자에 관한 책이다. 무엇보다 직장인이 아파트 투자를 하려면 어떻게 해야 하는지 나의 경험을 바탕으로 최대한 쉽고 상세하게 소개하려고 한다. 단, 상세하다고 해서 투자처를 콕 찍어 추천 같지도 않은 추천을 하지는 않을 것이다. 이는 정직하고 건전한 방식으로 경제적인 자유를 얻길 원하는 투자자에게는 물론이요, 책을 쓰는 나의 취지에도 어긋나는 일이기 때문이다. 나는 기꺼이 자신의 시간과 노력을 들여서 경제적으로 완전하게 자립하길 원하는 이들을 돕고 싶다. 그래서 근거를 알 수 없는 투자처나 투자 정보만 늘어놓기보다 투자를 대체 왜 해야 하는지, 하려면 무엇에 어떻게 해야 하는지를 전달하는 것에 집중하고자 한다.

1장에서는 구체적인 투자법을 소개하기에 앞서, 우리가 지금 당장 투자를 해야 하는 몇 가지 이유를 언급할 것이다. 왜 투자해야 하는지 모른다면, 투자로 목표를 달성할 수 없다. 목표도, 그에 대한 이유도 없는 행위는 오래 지속되지 않는다. 당신은 왜 투자하려고 하는가? 막연히 부자가 되기 위해서? 틀린 답은 아니다. 그러나 나의 경우엔 그보다 더욱 중요한 목표가 있었다. 자세한 이야기는 이어지는 내용 중에 언급하겠다.

자, 그럼 이제부터 나와 비슷한 모습으로 살아가고 있을 당신을 둘러싼 현재 대한민국의 현실을 들여다보자. 내가 거기서 투자의 필요성과 지금 당장 이를 실행해야 하는 이유를 찾았듯, 당신 역시 그럴 수 있을 것이다.

1장

WHY

왜 투자를 해야 하는가

위대한 인물에게는 목표가 있고
평범한 사람에게는 소망만 있다.
워싱턴 어빙Washington Irving, 미국의 소설가 겸 수필가

01

무관심 속에
썩어가는 당신의 돈

대한민국은 경제체제로 '자본주의'를 택한 나라다. 그러니 자본주의를 이해하지 못하면 우리가 삶을 영위해 가는 데 영향을 미치는 중요한 요인 중 하나인 '경제'를 전혀 모르고 사는 것이 된다. 문제는 국민 대다수가 자본주의가 무엇인지에 대해 제대로 배울 기회를 얻지 못한다는 것이다. 공교육을 통해서는 알 길이 없다는 말이기도 하다. 생존을 위해 반드시 들이마셔야 할 공기처럼, 절대 벗어날 수 없는 자본주의 환경에 살고 있으면서도 우리는 자본주의를 너무 모르고 있다. 나라고 달랐던 건 아니다. 투자를 시작하기 전에는 나 역시 자본주의에 대해 무지했다.

투자는 돈을 벌기 위한 행위다. 그러므로 당신이 자본주의 사회에서 투자와 재테크로 돈을 벌고자 한다면, 상세한 투자처나 투자법을 알기보다 먼저 돈에 대해 알아야 한다. 그것이 기초이기 때문이다. 그리고 돈에 대해 알려면 당연히 자본주의에 대해 알아야 한다. 그래서 나는 본격적으로 투자에 관해 이야기하기 전에, 큰 틀에서 자본주의에 대해 간략하게라도 짚고 넘어가고자 한다. 어려운 용어나 시시콜콜한 이론적 이야기는 최대한 단순화해, 투자자로서 그리고 자본주의 사회의 구성원으로서 알아두어야 할 기초적인 개념부터 쉽게 설명하겠다.

당신의 돈을 갉아먹는 인플레이션

대한민국 사회를 살아가는 개인으로서 우리가 가장 먼저 알아야 할 자본주의의 특징은 무엇일까? 여러 가지가 있겠지만, 흔히 물가상승으로 알고 있는 '인플레이션'˚을 먼저 이해할 필요가 있다. 인플레이션이야말로 개인의 경제적 생존에 가장 큰 영향을 미치기 때문이다.

인플레이션은 우리 주머니 속에 들어 있는 돈의 값어치를 떨어뜨리는 주범이다. '아니, 내 돈은 그대로 내 주머니와 통장 속에 있는데 도대체 무슨 말이야?'라고 반문할지 모르겠다. 하지만 생각해보라. 당신의 주머니 속에 있는 천 원 혹은 만 원짜리 지폐로 할 수 있는 건, 시간이 갈수록 줄어들 것이다. 이미 살면서 경험하지 않았는가? 물론 대개는 이런 현상을 두고, '물가가 올랐다'라고 말한다. 그렇다. 문제는 이 물가라는 것이 내 소득의 증가 속도보다 더 빨리 오르기 때문에 생활이 점점 더 여의치 않게 되는 것이다.

그렇다면 이 인플레이션이라는 것은 도대체 왜, 또 어떤 흐름으로 인해 생기는 것일까? 결론부터 말하자면, 은행이 돈의 양을 계속해서 늘리고 있기 때문이다. 이런 내용을 들을 기회가 좀처럼 없었던 사람들에겐 생소한 개념일 수 있지만, 지금부터 하는 이야기를 읽으며 차근차근 생각해 보자.

📍 **인플레이션**inflation의 어원은 '부풀어 오르다'라는 뜻을 가진 라틴어 '인플라레inflare'다. 통화량*이 늘어나는 것을 의미하는데, 인플레이션은 통화량의 증가로 화폐의 가치가 하락하고, 모든 상품의 물가가 전반적으로 꾸준히 오르는 경제 현상을 뜻한다. 여기서 ***통화량**通貨量, money supply은 한 나라의 경제에서 일정 시점에 유통되고 있는 화폐(또는 통화)의 양을 말한다.

자본주의의 중심에는 은행으로 대표되는 '금융 시스템'이 있다. 그러면 자본주의의 상징인 은행은 어떻게 수익을 창출할까? 이를 알기 위해 은행이 하는 일들을 생각해 보자. 은행은 고객의 돈을 예금으로 받고, 돈을 맡는 대가로 고객에게 예금이자를 지급한다. 그런데 뭔가 이상하다. 은행이 돈을 안전하게 보관해 준다면 고객에게 예금이자를 지급할 것이 아니라, 오히려 고객에게 돈을 보관하는 데 필요한 각종 경비가 포함된 수수료를 청구하는 것이 상식적이지 않은가? 그러나 현실은 알고 있다시피 반대다. 실제로 개인은 은행에 돈을 맡긴 후 예금이자를 받는다. 그동안 돈을 내는 것이 아닌 받아온 상황이라 의심하지 않았겠지만, 조금만 생각해도 이상한 일이다. 왜 그럴까? 은행이 좋은 곳이라서? 아니다. 은행이 우리가 맡긴 돈으로 무언가를 해서 수익을 내고, 그 수익 중 일부만 돈을 맡긴 우리에게 돌려주는 구조로 자금을 운용하기 때문이다. 즉, 밑천을 제공하는 사람에게 어느 정도 이익을 나눠주는 것이다. 구체적으로 예를 들어보자.

홍길동부터 이순신까지 총 100명이 각각 1만 원씩 은행에 예금했다고 하자. 그렇다면 은행의 금고엔 100만 원이 있어야 한다. 그러나 실제 은행 금고엔 100만 원이 아닌 그보다 훨씬 적은 10만 원 혹은 20만 원만 있다. 이상하다. 우리는 그저 은행이 내 돈을 맡아 안전하게 보관해 주기를 원하는데, 왜 허락도 없이 이런 일을 벌이는 것일까?

100명으로부터 1만 원씩 돈을 받은 은행은 돈을 보관하는 과정에서 한 가지 사실을 깨닫게 됐다. 그건 바로 100명이 동시에 찾아와 예금을 인출하는 일은 없다는 것. 과거 몇 차례 벌어졌던 금융위기 같은 사건이 발생하지 않는 한, 고객이 돈을 예금한 시기가 제각각이듯 돈을 인출하려 하는 시점 또한 제각각인 것이다. 이를 통해 돈 100만 원을 그대로 금고에 넣어두지 않고 활용할 수 있다는 걸 알게 된 은행은 정말 예금액 중 일부만을 금고에 남겨두기 시작했다. 이유는 단 하나, 고객의 돈을 활용하면 돈을 벌 수 있기 때문이다. 은행이 고객의 예금을 활용해 돈을 벌 수 있는 방법은, 바로 대출이다. 즉 은행은 다른 고객에게 돈을 빌려주고 받는 대출이자에서 돈을 맡긴 고객에게 주는 예금이자를 뺀 차액만큼 돈을 벌 수 있다. '은행수익=대출이자 수입-예금이자 비용'인 셈이다. 잘 생각해 보라. 우리는 이미 은행의 대출금리가 예금금리보다 높은 것을 당연하게 받아들이고 있다. 이런 방식으로 은행이 창출하는 수익을 '예대 마진'이라고 하는데, 바로 여기에 인플레이션의 이유가 숨어 있다.

앞의 사례에서처럼, 은행이 고객의 돈을 활용해 돈을 버는 동안 시장에는 실제 돈의 양인 100만 원보다 더 많은 양의 돈이 '생겨난다.' 1만 원씩을 은행에 예금한 100명이 서로 모르는 사이이고 같은 날 돈을 찾으러 오지도 않는다는 걸 알게 된 은행은, 그중 80만 원을 또 다른 사람에게 대출해 줬다. 그렇다면 은행에 돈을 맡긴 100명의 예금액이 줄어드는가? 천만에. 그들의 통장엔 여전히 1만 원이란 금액이 찍혀 있는데, 80만 원의 돈이 시장에 나와 돌아다닌다. 즉, 실제 돈은 1만 원짜리 100장인 100만 원이지만, 숫자로 존재하는 돈은 180만 원이 된다. 경제신문에서 흔히 볼 수 있는 단어 '통화량'이, 이 사례에서는 100만 원이 아닌 180만 원이 되는 셈이다. 이러한 이유로 통화량은 실제로 존재하는 돈보다 많다. 이렇게 돈의 양은 종이로 더 찍어내지 않아도 늘어날 수밖에 없다. 돈이 많아지는 것이다.

앞에서 말했듯, 자본주의의 핵심은 은행이다. 은행이 없는 자본주의는 존재할 수 없다. 따라서 은행의 밥줄인 이런 메커니즘이 반복되어야만 자본주의도 유지될 수 있다. 이 말은 나와 당신이 살고 있는 이 자본주의 경제체제에서는 계속해서 '통화량 증가'가 일어나게 될 것이라는 말이다. 이는 포털 검색창에 '우리나라 통화량 증가 그래프'라고 검색만 해봐도 쉽게 확인할 수 있다.

어쩌면 이런 생각이 들지도 모르겠다. '그래, 우리나라 통화량이 증가한다고 치자. 그런데 그것이 내 재산과 무슨 상관이지?' 그렇다면 이렇게 생각해 보자. 평소 경제에 관심이 있었다면 '돈의 가치가 떨어진다'라는 표현을 들어본 적이 있을 것이다. 가치가 떨어진다는 말을 쉽게 바꿔 말하면 그것이 '흔해진다'라는 뜻이다. 통화량이 늘어난다는 건 이전에 비해 시장에 돈이 많아져 흔해지는 것을 뜻한다. 즉, '통화량 증가=돈이 흔해짐=돈의 가치 하락'이다. 돈의 가치가 하락하면 자연스럽게 예전과 같은 돈으로 할 수 있는 것이 줄어들 수밖에 없다. 만약 10년 전 1개에 500원이던 사과가 10년의 세월이 흐른 지금 1,000원이 되었다면, 사람들은 흔히들 '사과의 물가가 올랐다'고 말한다. 그렇다면 사과의 가치가 10년 전에 비해 2배 올라서 가격이 2배가 된 것일까? 아니다. 여전히 사과는 매년 일정한 수만큼 수확되고 좋아하는 사람의 수도 예전과 크게 달라지진 않았을 것이다. 가격이 오른 진짜 이유는 화폐의 가치가 그만큼 떨어져서다. 다시 말해, 10년이 흐르는 동안 자본주의의 특성에 따라 돈의 양이 늘어났고(통화량 증가), 그에 따라 돈의 가치가 떨어져(돈의 가치 하락) 이제는 이전보다 많은 양의 돈을 줘야만(물가상승) 사과 1개를 얻을 수 있게 된 것이다.

당신도 이미 느꼈겠지만, 우리 주변에 이런 사례는 무궁무진하다. 10년 전 짜장면 가격이나 20년 전의 버스비를 생각해 보라. 모두

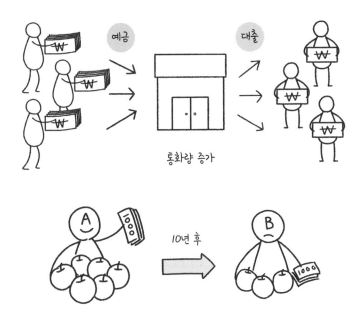

적지 않게 '올랐다.' 그렇다고 짜장면에 트러플Truffle(세계 3대 진미 중 하나인 서양의 값비싼 송로버섯)이 들어가거나 버스의 이동속도가 혁신적으로 빨라진 것도 아니다. 변한 것은 하나뿐이다. 바로 돈의 가치. 그만큼 돈은 흔해졌다. 그리고 시간이 흐를수록 가치는 더욱 떨어질 게 틀림없다.

어떤가? 그런데도 인플레이션이 당신의 경제적인 삶과 무관한 가? 만약 당신이 이런 변화에 무관심해 그저 당신의 돈을 통장에 넣어두고 1%에도 채 미치지 못한 이자에 만족하며 산다면, 결국 당신이 그 돈으로 할 수 있는 것들은 계속해서 줄어들 것이다. 시간이 당신의 돈을 갉아먹을 테니 말이다.

| 통장, 밑 빠진 독

이런 상황에서 은행의 예금 통장에 돈을 넣어둔다는 것은 무엇을 의미하는가? 요즘 같은 저금리 시대에는 이자랄 것이 없다고 해도 틀린 말이 아니다. 이는 당신이 하루도 빠짐없이 출근해 열심히 돈을 벌고 이를 쓰지 않고 아끼면서 악착같이 은행에 저축한다고 해도, 시간이 지나면 그 모아둔 돈으로 할 수 있는 것이 오히려 지금보다 줄어든다는 말이다. 훗날 많은 시간이 흐른 뒤 이 진실을 목도하게 된다면 정말 억울하지 않겠는가?

예를 들어보자. 현재 삼겹살이 1인분에 1만 원이라고 하자(실제론 더 비싸지만). 당신은 통장 속에 있는 돈 1만 원으로 삼겹살 1인분을 호기롭게 주문할 수 있다. 그런데 10년 뒤인 2029년엔 어떨까? 당신이 통장에 1만 원을 계속 둔다면, 예금금리를 1%로 생각할 때 10년 뒤 그 돈은 1만 1,000원이 된다. 그럼 10년 뒤 삼겹살 가격은 어떨까? 단언컨대, 1만 1,000원으로는 1인분의 삼겹살을 주문할 수 없을 것이다. '뭐 삼겹살 1인분 정도야' 하면서 그러려니 넘어갈 수 있을지도 모른다. 하지만 가랑비에 옷 젖는 법. 삼겹살뿐 아니라 대부분의 식음료와 생필품은 당신의 예금금리보다 빠른 속도로 '가격이 오른다.' 그리고 그에 따라 당신이 살 수 있는 것, 할 수 있는 것은 줄어들 수밖에 없다.

상황이 이러한데도, 현실에서는 많은 사람이 자신이 열심히 모은 돈의 가치가 계속해서 하락하고 있는 것을 그저 지켜보고만 있다. 특히 매일같이 회사에 출근해 바쁘고 정신없이 일을 해내는 당신이나 나 같은 직장인들은 더욱 그렇다. 통장에 잔고가 없는 것만 아니라면, 많이는 아니라도 조금씩이라도 늘어나고만 있다면, 크게 걱정하지 않는다. 적어도 돈을 잃는 것은 아니지 않나, 하면서 그런 것에 신경 쓸 여유가 없다고 생각한다. 그러나 당신이 그렇게 생각하는 동안 인플레이션이란 녀석은 조용히 다가와 당신을 경악하게 만들 것이다. 이를 피부로 느끼게 될 때는, 저렴한 물건이 아닌 값비싼 무언가를 구하게 될 때다. 이를테면 집 같은.

| 결국엔 집값이 상승하는 진짜 이유

"과장님도 자가로 거주하세요?"

한번은 회사 후배가 내게 물었다. 지난 4년간의 전세살이에 지쳐 아파트 매매를 고려하고 있는 후배였다. 최근 부동산 시세를 알아보면서 적잖이 놀란 눈치였다. 서울의 아파트 가격이 너무나 비싸다는 것을, 집을 구하게 된 지금 알게 된 것이다.

근래 서울에는 가격이 10억 원을 돌파한 신축 아파트들이 눈에 띄게 늘었다. '10억 원'이라는 금액이 당신에겐 어떻게 느껴지는가? 2년 전 그리고 4년 전 내 집 마련을 생각하다가 어떤 이유로 실행에 옮기지 않은 사람이라면, 깜짝 놀랄 만한 금액이다. 대부분의 사람은 평소에는 부동산에 별 관심이 없다가 '이제 내 집 한 채는 장만해야지' 하는 생각이 들 때에야 주변 아파트 시세를 알아보기 시작한다. 주변 사람들을 보니, 대개는 인근의 오래된 아파트보다는 새 아파트의 가격을 먼저 알아보는 것 같다. 그리고 그제야 뼈저리게 느끼게 된다. '언제 이렇게 집값이 올랐지?' 후배의 표현을 그대로 빌리자면, '미친 것 같은 아파트값에 처자식을 생각하니 등골이 서늘해진다'는 것이다. 그동안 너무나 무심했던 자신에 대한 약간의 원망과 후회까지 뒤섞인 채로.

사람들이 종종 잊는 것 같은데, 아파트도 물건이다. 앞서 말했듯 물건은 가격으로 표현되고 그 가격은 인플레이션, 즉 물가상승이라는 원인으로 꾸준히 상승한다. 다만 아파트는 다른 물건에 비해 조금 더 특별한 성격을 띤다. 인간의 삶을 영위하기 위한 필수재인 동시에, 산 가격보다 비싸게 팔 수도 있는 투자재라는 것이다. 그리고 이는 '인간이 생존을 위해 필요한 주택은 결코 투자의 수단이 되어서는 안 된다'라는 개인의 가치판단에 전혀 영향을 받지 않는다. 그렇게 생각하든 아니든 현실에서의 부동산, 그중에서도 아파트는 필수재인 동시에 투자재일 뿐이다.

이러한 특징을 지닌 탓에, 부동산의 가격은 칫솔이나 신발 같은 생필품처럼 세월이 흐르며 조금씩 일정하게 가격이 상승하는 선형의 움직임이 아닌, 투자수요에 따라 가격이 오를 때 많이 오르고 지나치게 많이 올랐다 싶으면 내리기도 하는 '파동'에 가까운 움직임으로 상승해 왔다.

생필품과 아파트의 가격 변화

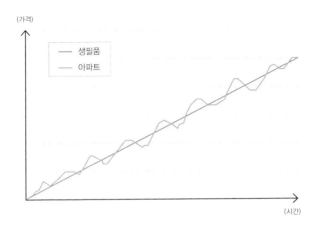

흔히 말하는 '부동산 버블' 형성기에는 가격이 급등하고 침체기에는 가격이 하락하는 움직임을 보인다. 하지만 그와 같은 작은 흐름을 걷어내고 10년 이상의 장기적인 관점에서 본다면, 위의 그래프에서 증명되듯이, 아파트 역시 물건이기에 인플레이션으로부터 자유로울 수가 없다.

약 40년 전 압구정 현대아파트의 분양가가 얼마였는지 아는가? 평당(3.3㎡) 55만 원 남짓이었다. 그런데 40년이 흐르는 사이 가격 뒷자리에 '0'이 2개나 더 붙어버렸다. 물론 현대아파트의 가격이 평당 5,500만 원이 되는 세월 동안 등락과 부침이 없었던 것은 아니다. 그러나 결국 긴 시간이 지나자 처음과는 비교할 수조차 없는 가격이 됐다. 오랜 시간이 흐르는 동안 인플레이션이 발생하고 돈의 양이 늘어난 것이다. 그렇게 돈이 흔해지며 가치가 떨어지는 현

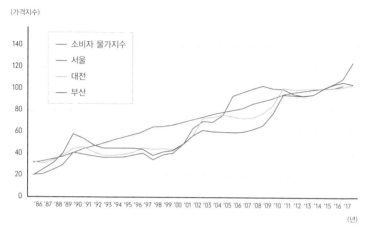

소비자 물가지수와 주요 광역시 부동산의 매매 가격지수 비교

(가격지수)

소비자 물가지수
서울
대전
부산

('86 '87 '88 '89 '90 '91 '92 '93 '94 '95 '96 '97 '98 '99 '00 '01 '02 '03 '04 '05 '06 '07 '08 '09 '10 '11 '12 '13 '14 '15 '16 '17)

(년)

지난 30년간 주택 가격은 물가처럼 상승했다.

상이 아파트 가격에만 나타나지 않을 리가 있겠는가? 다만 그 금액 자체가 워낙 크기에 훨씬 더 강하게 와닿을 뿐이다.

　부동산도 아파트도 물건이라는 사실, 또 자본주의 경제체제에서 인플레이션은 필연이라는 걸 기억하라. 이에 따라 아파트도 가격이 올라간다. "부동산 가격은 우상향"이라는 말이 단순히 투기꾼들이 외치는 부동산 불패 신화 같은 것이 아니라, 자연스러운 현상이라는 뜻이다. 만약 그런데도 믿어지지 않는다면, 책을 읽는 지금 당신의 주변을 둘러보고 눈에 들어오는 아파트를 하나 선택해, 그것의 가격 변화를 조사해 보라. 10년, 20년 전보다 가격이 오르지 않은 것이 있는가?

| 당신의 돈을 통장에서 썩히지 않으려면

지금까지 인플레이션의 원리를 알아보았다. 그런데 정말 중요한 것은 이것이다. '인플레이션이 발생해 내 통장 속 현금의 값어치가 나날이 떨어지고 대한민국 집값은 도저히 감당이 안 될 정도로 치솟는 동안, 나는 무엇을 했는가?'에 대해 생각해 보는 것. 이것이 우선되어야 한다. 그래야 앞으로 닥칠 위기를 헤쳐 나갈 수 있을 뿐만 아니라, 혹시 모를 기회도 잡을 수 있지 않을까?

혹시 당신은 지금까지 그저 월급을 예금 통장에 넣어두고 카드 결제일 다음 날에 잔고가 있는지 없는지 정도만 확인하는 것에 그치진 않았는가? 이대로 가다간 그 돈의 가치가 예전보다 떨어진다는 사실을 아예 몰랐거나 어렴풋이 알고 있으면서도 외면해 왔던 것은 아닌가?

애석하게도 많은 사람이 바쁘다는 이유로, 혹은 어려워 보인다는 이유로 자본주의의 본질을 배우려고 하지 않는다. 그러나 계속 그렇게 살아간다면 결국 자본주의와 친해지지 않은 대가를 치러야 한다. 인플레이션의 영향을 알고 준비한 사람들은 자신의 자산을 늘리거나 최소한 지킬 테지만, 과소평가한 이들은 자산이 줄어드는 것을 결코 막을 수 없을 것이다.

당신이 좀 더 주변을 주의 깊게 둘러본다면, 자본주의와 인플레이션의 본질을 인식한 사람과 그렇지 못한 사람의 결과가 얼마나 다른지 알 수 있을 것이다. 똑같은 회사에서 똑같이 일하고 똑같은 급여를 받았음에도, 그 자산의 격차는 벌어질 수밖에 없다. 인플레이션의 영향을 비껴가는 사람은 없기 때문이다. 이를 먼저 인식하고 받아들였다면, 평범한 직장인이 월급을 저축하는 것만으로는 완벽한 노후 준비를 할 수도 없고, 부자가 되기도 어렵다는 것을 깨달았을 것이다.

지금처럼 일생을 바쳐 일해서 번 당신의 돈을 그대로 통장에서 썩힐 것인가? 대책을 강구해야 한다. 돈을 현금이 아닌, 자산으로 바꾸는 대책 말이다. 그것이 바로 투자다. 투자는 위험하다고? 천만에! 내가 보기에 가장 위험한 것은, 아주 작은 리스크도 감당할 수 없다며 결과가 빤히 보이는 상황에서도 변하지 않으려는 태도다.

02

월급은
절대 오르지 않는다

앞에서 우리는 자본주의의 특징 중 하나인 인플레이션에 대해 알아보았다. 현대 자본주의 사회에서 살아가는 사람이 알아두어야 할 것이 또 있다. 당신이 일해서 벌어들이는 소득의 증가속도가 점점 더 느려진다는 것이다. 당신도 한 번쯤 다음과 같은 푸념 섞인 이야기를 들어본 적이 있지 않은가. "내 월급이랑 우리 아이 성적 빼고 모든 것이 다 오른다!" 앞의 설명을 통해 물가가 왜 오르는지는 알게 되었다. 그런데 신기하다. 시간이 흐를수록 돈이 흔해져서 가치는 떨어지고 물가가 오르는데, 도대체 왜 내 월급은 오르지 않거나 더디게 오르는 것일까? 이번엔 이에 대해 생각해 보자.

| 갈수록 떨어지는 노동가치

　자본주의 경제가 하나의 무대라고 생각해 보자. 무대 위에는 세 명의 배우가 있다. 어느 한 명 빼놓을 것 없이 모두 주연급이다. 그 세 명의 배우는 가계, 기업, 정부다. 우리가 살아가는 사회에서는 모든 부가 이 3주체에 의해 창출된다. 3주체가 힘을 합쳐 무언가를 생산해 낸다는 뜻이다. 함께 힘을 합쳐 생산했으니 그것으로 거둔 소득을 나누어 가지는 것은 당연하다. 문제는 시간이 갈수록 이 3주체가 나누어 가지는 양이 달라지고 있다는 사실이다. 기업과 정부가 이전보다 더 많은 것을 가져가고, 그만큼 가계는 보다 적은 것을 가져가게 되었다. 안타깝게도 슬픈 예감은 틀리지 않는다. 당신이나 나 같은 직장인들은 정부나 기업이 아닌, 가계에 속한다.

　예를 들어보자. 한 기업이 어떤 제품을 생산하는 사업을 시작하려 한다. 일단 그 기업에는 공장을 지을 토지와 생산에 필요한 각종 장비, 일할 노동자가 필요하다. 이를 조성하려면 자본이 필요한데, 물론 그 기업은 필요한 만큼의 자본을 가지고 있다. 결국 이 기업은 필요한 만큼의 자본을 투입하여 확보한 부지에 공장을 건설하고 필요한 장비를 들이는 한편, 노동자를 고용하여 급여를 지급하고 제품을 생산하게 한다. 이후 이 기업은 생산한 제품을 판매하여 얻은 이익 중 원가를 제외한 나머지로 정부에 세금을 내고, 고용한 노동자들에게 급여를 지급한 후, 남는 만큼을 자신의 몫으로 가져간다. 어떤가? 이미 우리는 이러한 과정과 방법으로 제품을 생산하고 이를 팔아서 이윤을 남기는 기업의 활동을 당연하게 받아들이고 있다. 이유는 간단하다. 그게 자본주의 사회의 수익 창출 과정이라는 걸 익숙하게 보아왔기 때문이다. 전혀 의구심이 들지 않을 만큼 말이다.

그런데 뭔가 점점 이상해지고 있다. 양극화가 진행되고 있기 때문이다. 여기서 말하는 양극화란 가계, 기업, 정부라는 경제의 3주체가 각각 나누어 가지는 부의 비율이 이전과 다르게 큰 격차를 보인다는 것이다. 이를 어떻게 확인할 수 있을까?

다음은 국회예산정책처가 발간한 '가계기업소득 간 성장 불균형 원인과 시사점' 보고서에 있는 내용이다. 복잡한 통계처럼 보여도 내용은 간단하다.

소득분배 불균형

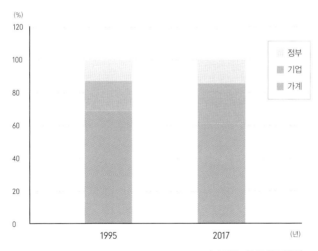

(자료원 : 국회예산정책처)

쉽게 설명해 보자. 1995년에는 우리나라 안에서 3주체가 경제 활동을 통해 100원만큼의 이익을 발생시켰을 때, 기업이 18.1원, 정부가 12.9원, 가계가 69.0원씩 나눠 가졌다. 그러나 무려 22년이 지난 2017년, 똑같이 100원만큼의 이익이 발생하면, 기업이 24.5원, 정부는 14.2원을 가져가는 반면, 가계는 61.3원만 가져간다. 가계는 22년 전보다 무려 7.7원을 덜 가져가는 반면, 기업은 6.4원, 정부는 1.3원을 더 가져가게 된 것이다.

보고서는 이를 두고 소득분배의 불균형이 심화되고 있다고 표현했다. 이처럼 가계는 예전과 다름없이 열심히 일하고 있음에도, 과거에 비해 점점 더 적은 것을 가져가고 있다. 이 자료가 '내 월급 빼고 다 오른다'라는 말과 일맥상통하지 않는가? 기업들의 이익도 늘고 정부의 세수도 증가하는 가운데, 당신의 월급은 어떤가?

| 직장인을 위한 자본주의는 없다

경제신문을 펼치면 '사상 최대 무역수지 흑자 달성', '정부 올해 목표 세수 이미 초과'와 같은 헤드라인을 어렵지 않게 볼 수 있다. 그럴 때마다 이런 생각이 들 것이다. '기업들은 이렇게 돈을 잘 버는데 도대체 왜 내 월급은 오르지 않는 거야?' 그 현상의 원인을 직접 설명하는 것이 바로 앞의 그래프다.

이쯤 되니 이런 생각이 들지 않는가? '이건 정말 불공평하고 불합리해. 그러니 바꿔야 해!' 그러나 애석하게도 그건 개인이 할 수 있는 일이 아니다. 물론 이익단체 등을 구성해서 목소리를 내는 방법도 있다. 이와 같은 불합리함을 개선하겠다고 외치는 정치인을 뽑아 대신 일하게 만들 수도 있다. 그러나 우린 이미 경험적으로 알고 있다. 내 생각처럼 되지 않는다는 것을. 그리고 개인적으로는 아예 믿지 않는다. 그렇게 될 수 있을 것으로 생각하지 않기 때문이다.

심호흡을 한번 크게 하고 차분히 생각해 보자. 언제까지 내가 직접 바꿀 수 없는 것들에 매달릴 것인가? 처자식을 둔 현실주의자로서, 나는 결국 내가 어찌할 수 없는 것에는 신경을 끄고, 내 힘으로 바꿀 수 있는 부분에 집중하기로 했다. 회사가 얻은 수익을 내게 납득할 수 있을 만큼 합당하게 나누어주기를 기다리기보다, 회사 밖에서라도 내 힘으로 얻을 수 있는 것을 찾아 나서기로 결심한 것이다.

나 같은 평범한 직장인이 노후에 대한 불안에서 벗어나거나 부자가 되려면 어떻게 해야 하는지 생각해 보았다. 주변을 둘러보면 답이 없었다. 그저 납작 엎드려 회사에 내 인생을 올인하면 가능한 것일까? 내가 내린 결론은 그게 가장 낮은 확률이라는 것이었다.

회사 밖으로 눈을 돌려보니 두 가지 방법이 있었다. 사업과 투자. 그중 사업은 작게나마 성공하려면 죽기 살기로 해야 했다. 그런데도 쓰디쓴 실패를 맛보는 이들이 부지기수였다. 남은 건 투자. 불가능할 건 없겠다 싶었다. 세상에는 생각보다 많은 '월급쟁이 부자'가 있고, 그들이 직장생활을 하면서도 그만한 부를 일굴 수 있었던 건 투자를 겸했기 때문이란 걸 알게 되어서다. 그리고 이 책을 읽고 있는 당신 역시 곧 알게 될 것이다.

03

당신마저 관심 없는
당신의 노후

지금까지 인플레이션과 소득분배 불균형에 대해 알아보았다. 모두 투자가 필요한 이유들이다. 여기에 마지막으로 한 가지 덧붙이고 싶은 게 있다. 그건 바로, 이미 너무나 많이 들어 귀에 딱지가 앉을 지경인 고령화와 노후 파산에 관한 이야기다.

│ 다른 어떤 세대보다 더 많이, 더 오래

우리 사회는 저성장의 늪에 빠져 있다. 하긴, 나 역시 입사 이후

10년이 훌쩍 넘는 기간 동안 '경제 호황'이란 말을 들어본 적이 없다. 항상 위기나 불황에 대비해야 한다는 이야기에 긴장의 끈을 놓을 수 없었다. 10대엔 입시 경쟁, 20대엔 취업 경쟁이 치열했다. 도대체 왜 그렇게들 다 바늘구멍인지 뭐 하나 쉬운 게 없었다. 걸핏하면 10대 1, 100대 1, 1,000대 1이었다. 나와 비슷한 세대라면 공감할 것이다. 이 과정에서 많은 것을 포기해야 했다. 대학 입학 혹은 군 전역과 동시에 도서관으로 달려가야 했고, 입사하자마자 바로 조직 안에서의 경쟁에 대비해야 했다. 일단 회사에 들어가면 끝인 줄 알았는데, 나의 입사 동기들은 대리 승진 시기가 되니 퇴근 후 영어 학원, 중국어 학원을 찾거나 자격증 공부에 주말을 반납하곤 했다. 어디 그뿐인가? 집값을 비롯해 그저 평범한 대한민국 일원으로 살아가는 데 필요한 비용은 하루가 다르게 치솟았다. 결국 이제는 결혼 연령마저 높아지고 있다. 필요한 만큼의 준비를 하지 못했으니, 결혼을 미루거나 아예 하지 않기로 선택하는 것이다.

이러한 현상은 시간이 지나면서 더 큰 변화를 불러일으킬 것이다. 개인의 재무상황만 놓고 봐도, 결혼이 늦어지면 더 오랫동안, 더 늦은 나이까지 일해야 한다. 자녀를 출산하는 시기 또한 늦어지기 때문이다. 아예 아이를 낳지 않는다면 몰라도 늦은 나이에 출산을 하면 자녀 양육을 위해 더 오랜 기간, 늦은 나이까지 돈을 벌어야 한다. 자녀의 대학 입학 시점의 나이가 50세 전후인 사람의 수가 예전보다 많이 줄어든 대신 60세 전후인 사람의 수는 많이 늘었다고 한다. 저성장에서 비롯된 만혼 풍조가 늦은 출산과 더 오래

일을 하게 만드는 악순환으로 이어졌다.

당신은 어떤가? 지금의 소득 수준을 자녀가 성인이 되는 시점까지 계속해서 유지할 수 있는가? 이 질문에 진지하게 고민해 보길 바란다. 나 역시 투자를 시작하기 전, 스스로 이러한 질문을 던지고 나니 가슴이 답답했다. 이미 많은 직장인이 이와 같은 문제를 인지하고 있다. 이제 갓 초등학교에 입학한 자녀의 사진을 회사 책상 위에 올려둔 팀장이나 부서장 들의 모습을 심심찮게 볼 수 있지 않은가? 이러한 심각성을 생활 속에서 피부로 느끼고 있으면서도 대개는 더욱 깊게 파고들어 대안을 찾으려고는 하지 않는다. 속속들이 알고 있지만, 답이 없는 문제라 생각하는 것이다. '아, 그거 아니라도 신경 쓸 일이 얼마나 많은데! 어떻게든 되겠지' 하며 고개를 절레절레 흔들고 만다. 내가 바로 그러던 사람이다. 하지만 더 이상 외면해서는 곤란하다. 준비해야 한다. 뭉개면 뭉갤수록, 그렇게 시간을 흘려보낼수록 해결해야 할 문제가 점점 더 커지기만 할 테니 말이다.

고령화와 노후 파산

어쩌면 자식을 걱정하는 건 그나마 상황이 나은 건지도 모른다. 당장 나 자신의 노후가 더 심각한 문제이기 때문이다. 알려진 바와 같이, 비단 우리나라뿐 아니라 많은 나라에서 인구 고령화가 급속도로 진행되고 있기에 세계 각국이 자국민의 노후를 고민 중이다. 이에 따라 매달 생활에 필요한 현금을 제공하는 연금 제도가 널리 운용되고 있다.

우리나라 역시 김대중 정부에서 시작된 국민연금 제도가 지금까지 운영되고 있으며, 이것으로 부족한 부분은 기업의 퇴직연금과 민영 개인연금 등으로 제도적 지원이 이뤄지고 있다. 자, 그렇다면 이것으로 우리의 노후 준비는 충분한 것일까?

연금보장 제도가 실생활에 어느 정도 도움은 되겠지만 충분하다고 말할 수는 없다. 모두가 알다시피 우리나라의 공적 사회 안전망은 상당히 부실하다. 퇴직연금개발원에 따르면, 2018년 기준 실제 고령층(55~79세) 인구 1,240만 명 중 44.1%인 547만 명이 평

국민연금 수령 현황

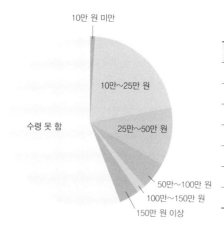

수령액	구성비	인원수(명)
10만 원 미만	0.4%	51,000
10만~25만 원	21.8%	2,707,000
25만~50만 원	10.9%	1,357,000
50만~100만 원	5.4%	667,000
100만~150만 원	1.7%	214,000
150만 원 이상	3.8%	473,000
수령 못 함	55.9%	6,928,000

(자료원 : 퇴직연금개발원)

월급쟁이 부자로 은퇴하라

균 51만 원의 연금을 수령하고 있다. 도시에서 생활하는 노인의 생계유지를 위한 최저금액이 월 99만 원인 것을 고려하면 이 정도의 연금은 필요 금액 대비 약 52%에 불과한데, 그마저도 고령층 인구 중 절반 미만밖에 못 받고 있다. 실제 월 100만 원 이상의 국민연금을 받는 사람은 전체의 5.5%에 그치고 있다. 국민연금은 노후 준비에는 완전히 낙제점인 것이다.

상황이 이렇다 보니 자연스럽게 노년에도 일을 해야 한다는 결론에 이르게 된다. 물론 근로기간 내 완벽한 준비가 안 돼 노년에

고령자 취업 현황

주요 OECD 회원국 65세 이상 경제활동 참가율
(단위 : %, 2010년 기준)

한국	29.4
미국	17.4
독일	4.0
네덜란드	5.9
아이슬란드	36.2
스웨덴	12.1
일본	21.8
영국	8.6

60세 이상 취업자 근로 형태
(단위 : %)

자영업	45.2
무급가족 종사자	10.6
상용직	12.8
임시직	20.7
일용직	10.7

미취업 고령자(55~79세)의 일하고 싶은 이유
(단위 : %)

생활비에 보태려고	54.9
일하는 즐거움이 커서	35.5
사회가 필요로 해서	2.4
건강 유지 차원	2.2
무료해서	4.8

(자료원 : 한국노동연구원)

OECD 65세 이상 노인 빈곤율 순위

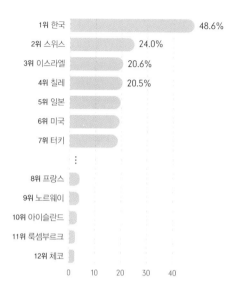

1위 한국	48.6%
2위 스위스	24.0%
3위 이스라엘	20.6%
4위 칠레	20.5%
5위 일본	
6위 미국	
7위 터키	
8위 프랑스	
9위 노르웨이	
10위 아이슬란드	
11위 룩셈부르크	
12위 체코	

(자료원 : 한국노동연구원, 2011)

도 일을 해야만 하는 문제가 우리나라에만 있는 건 아니다. 그런데 우리나라가 2등이다. 좋은 의미가 아니라 나쁜 의미에서 말이다. 통계자료에 따르면, 우리나라의 65세 이상 고령자의 경제활동 참가율은 29.4%로 아이슬란드에 이어 세계 2위에 올랐다. 노인들이 가장 많이 일하는 나라 중 하나가 대한민국이라는 것이다. 여기에서 그치지 않는다. 60세 이상 임금 근로자의 월 급여는 160만 원으로, 전체 근로자 평균 급여 238만 원의 67.2%에 그친다. 임시 일용직과 자영업, 단순 노무, 농·어업직 등 저임금 일자리가 대부분이기 때문이다.

　복잡하고 어려운 이야기는 이쯤에서 그만두고, 간단히 정리하자. 우리나라의 경우 국가에서 제공하는 노후생활 지원은 필요 수준에 턱없이 모자라므로 노년 노동이 불가피하다. 그런데 노인 근로자가 해야 하는 일은 젊은이들에게도 어렵고 힘든 일이 대다수다. 절망스러운 것은 이렇게 나이 들어서까지 힘들게 일을 해야 하는데도 우리나라의 노인 빈곤율이 OECD 국가 중 1위라는 사실이다.

　따라서 우리나라 노인들은 행복하지 않다. 하나하나 적다 보니 한숨이 절로 나올 지경이다. 나도 내게 닥쳐올지 모를 상황을 미리 생각해 보고 구체적으로 확인하기 전까지는, 이런 일들이 그저 남의 이야기라고 생각했다. 그러나 우리가 길에서 어렵지 않게 마주치곤 하는 파지를 수거하는 노인들을 보라. 그들의 현재 삶이 그들이 젊은 시절 아무 대책도 없이 게으르게 산 결과라고 단정할 수 있는가? 젊은 시절 누구보다 열심히 그리고 성실히 살아왔음에도 이런 상황에 내몰릴 수 있다. 노후 파산으로 스스로 생을 마감한 이들을 보도하는 기사 앞에서, '오죽하면 죽음을 선택할까?'란 생각이 들 때 나는 무력함과 두려움을 동시에 느낀다.

　안타깝게도, 이 같은 일들이 먼 미래에 이름을 알 수 없는 어떤 나라의 일이 아니다. 당신과 내가 살아가는 2019년 바로 지금 우리나라에서 일어나고 있는 현실이다.

노후 준비는 셀프

설상가상으로 앞으로의 상황도 그리 좋지 못하다. 얼마 전 정부가 국민연금 제도의 개선 방향을 발표했다. 이대로 가다가는 2056년 즈음엔 국민연금이 고갈될 것이기에, 이를 막기 위해서 현재보다 보험료를 올려야 한다는 내용이었다. 게다가 지급액은 낮추고, 지급 시기는 늦춰야 한다는 내용도 포함되었다. 쉽게 이야기하면, 국민이 더 많이 내고, 더 늦게, 덜 돌려받는 형식으로 바꾸겠다는 것이다. 매년 고령화가 심화하고 출산율은 저하되는 실정에서 받을 사람은 늘어나고 낼 사람은 줄어드는 상황이니, 이처럼 아랫돌을 빼서 윗돌 괴는 식의 정책이 나오는 것도 당연할지 모르겠다. 기본적인 생활 유지에 턱없이 부족한 연금마저도 위협받는 상황이 되어가고 있다.

이대로라면, 30, 40년 후에는 길에서 만나는 노인 대부분이 생계를 걱정하고 위험한 일터로 내몰리는 상황이 펼쳐질 것이다. 생각할수록 막막하고 답답하지 않은가? 그런데 많은 사람이 나처럼 생각하는 것 같지 않다. 현실의 행동을 보면 이런 문제를 실감하고 있는 것 같지 않다.

어쩌다 이런 불안한 미래에 답답함을 느끼는 사람들을 만나도 그들 중 대부분이 가장 먼저 하는 건, 북유럽이나 캐나다 같은 복지 선진국의 시스템을 부러워하면서 우리나라와 사회에 대한 불평을 늘어놓는 것이다. 그런데 불평은 그저 불평에서 끝날 뿐, 그것

월급쟁이 부자로 은퇴하라

으로 현실을 바꿀 수 있는가? 돈은 더 오래, 많이 벌어야 하고 정부의 연금시스템은 기대할 수 없는 수준인 데다 고령화로 인한 노후 파산자가 속출하는 상황. 이는 이미 현실이 되어 우리 곁에 가까이 다가와 있다. 정치인들을 욕하고 우리나라를 '헬 조선'이라 부른다 해도, 바뀌는 것도 기대할 곳도 없다. 결국 각자가 해결해야 할 몫이다.

당신이 지금 대한민국에서 살아가는 사람이라면, 노후는 스스로 준비해야 한다. 당신 외에 이를 고민하고 해결해 줄 사람이 없다는 걸 인정하라. 마음이 불편하더라도 외면하지 말고 직시하길 바란다. 국가와 사회와 정치인들을 탓하는 동안, 준비할 수 있는 시간과 기회 역시 사라지고 있다.

본격 투자를 시작하면서 세운 1차 목표는, 부자가 되는 것이 아니었다. 나는 그저 나의 노후를 준비하기 위해 투자를 시작했다. 부자는 그다음에 따라온 결과였을 뿐이다.

직장생활 N년 차, 당신의 현주소

앞의 이야기들은 내가 투자를 시작하기 전, 조심스럽게 들여다 보았던 현실이다. 아니나 다를까 막연히 걱정했던 것보다 훨씬 심각했다. 알면 알수록 도저히 가만히 있어서는 안 되는 상황이라는 것만 명확해졌다.

이제 투자를 시작하기 전 나의 이야기를 조금 해볼까 한다. 내 이야기 속에서 만약 당신과 비슷한 모습을 발견하게 된다면, 당신 역시 지금보다 적극적으로 미래를 준비하게 될 것이다.

이 집값이 말이 돼?

투자를 하기 전에는 나도 남들과 다르지 않았다. 앞에서 한 이 야기들에 관심조차 없었다는 표현이 적절할 것 같다. 나는 자본주의나 돈에 대해 거의 몰랐다. 그러한 사실이 당시엔 큰 문제가 되지 않았다. 결혼한 것도 아니었고, 부모님과 함께 살고 있었기에 따로 거처를 구할 필요도 없었으니까. 심지어 항상 회사에 늦게까지 남아서 일하는 성실한 회사원이었기에 돈을 쓸 시간조차 없는 시절을 보냈다. 인터넷으로도 쉽게 할 수 있는 흔한 주식 투자 한 번 하지 않았다. 특별한 꿈이 없었던 만큼 잠 못 이룰 정도의 걱정도 없었기에, 나는 무료하고 피곤한 일상과 그러한 일상을 잠시 잊게 해주는 작은 일탈 사이를 끝도 없이 왕복할 뿐이었다.

나는 야구광이었다. 응원하는 팀의 원정경기까지 직접 관람하기 위해 지방의 모든 야구장을 찾아다녔다. 야구경기 관람에 필요한 일이라면 돈이든 시간이든 아끼지 않았다. 또 많은 직장인이 그러하듯, 힘들고 빤한 일상에서 벗어날 수 있는 일을 적극적으로 찾았다. 여행도 그중 하나였다. 이 같은 패턴이 이어지던 생활도 당장은 문제 될 게 없었다. 그런데 그렇게 꽤 많은 시간이 흐른 나중에서야, 내가 30대 초중반까지의 귀한 시간을 기회비용으로 날려버리고 말았다는 걸 뼈저리게 깨달았다.

처음 경제적인 문제로 막연한 불안감을 느낀 건, 지금의 아내가 된 당시 여자 친구와 결혼을 준비하던 때였다. 2014년 초였는데,

신혼집으로 알아보던 아파트는 서울 마포의 지은 지 20년이 다 되어가는 구축 아파트였다. 단지가 경사진 곳에 있는 것도 모자라, 주차장은 말 그대로 전쟁터가 따로 없었다. 하지만 선택의 여지가 없었다. 나와 아내가 가진 돈을 모두 합쳐서 얻을 수 있는 곳이 그곳뿐이었으니까.

당시 그 아파트의 21평형 전세가격은 2억 원이었는데, 그때까지 여자 친구와 내가 결혼자금으로 각자 모은 돈을 합친 금액이 딱 2억 원이었다. 둘의 직장생활 연수를 합하면 10년. 10년 동안 밤낮 가리지 않고 열심히 일해 통장에 차곡차곡 모은 돈이었다. 내겐 정말 큰돈이었는데, 이는 그저 자본주의와 돈에 관해 무지했던 나의 기준에 불과했다. 부푼 기대감을 안고 여자 친구와 함께 살 신혼집을 보러 갔지만, 이내 속이 상했다. 경사진 비탈길도 못마땅하고 협소한 주차 공간도 문제였지만, 아파트 내부 역시 생각보다 더욱 좁고 낡았기 때문이었다.

'10년을 모았는데, 결국 이렇게 낡은 아파트 전세 하나 겨우 구하게 되는구나.'

돈에 관해 깊이 생각해 본 적도, 고민해 본 적도 없던 내가 비로소 뭔가 이상하다는 것을 느낀 시점이었다. 하지만 진지하게 고민하고 더 깊이 있게 공부해 보지 않았기에 그 의미를 제대로 알 수는 없었다. 가진 돈에 비해 집값은 너무 비쌌고 나는 곧 그것이 정상적인 상황이 아니라고 생각했다. 당시 수도권의 집값이 5년째 떨어지고 있다는 기사도 봤는데, 내 생각엔 아직도 먼 것만 같았다. 더 떨어져야 하고 그럴 것이라고 믿었다.

　신혼집을 알아보면서 겪은 좌절감 속에서 내가 내린 결론이라곤, '이제 결혼하고 나면 좀 더 절약하고 저축해서 돈을 열심히 모아야지' 정도였다. 그렇게 정신없이 떠밀리듯 신혼집을 구했다. 전세난이 심각한 시기에 집을 구했다는 사실만으로도 안도감이 들었다. 내 집은 아니었지만 도배도 하고 새 조명도 달고 하니 제법 안락한 집이 완성됐다. 사랑하는 여자 친구와 함께 신혼을 시작하는 기쁨에 복잡하고 머리 아픈 고민도 잊었다. 신혼생활은 기대 이상으로 행복했다. 비록 평일 대부분 늦은 시간에 퇴근했지만, 간혹 일찍 퇴근하는 날이면 집에서 아내와 음식을 해 먹고 집 근처 학교 운동장에서 산책도 했다. 금요일에는 심야 영화도 보고 집에서 맥주도 한잔하는 평범하면서도 아기자기한 추억이 쌓여갔다. 그러나 그렇게 6개월가량을 보낸 어느 날, 무심코 통장을 확인한 나는 놀라지 않을 수 없었다. 잔고가 100만 원도 채 되지 않았기 때문이다.

| 무슨 일이 생긴 걸까?

　딱히 어디에 큰돈을 쓴 적도 없었다. 나름 아끼며 살고 있다고 생각했다. 사고 싶은 것이 생겨도 꼭 필요한 게 아니라면 참았다.

그런데도 돈이 모이지 않았다. 이상한 일이었다. 놀라움도 잠시 이내 바쁘고 귀찮다는 핑계로 아내와 진지하게 이야기할 기회를 얻지 못했다. 여전히 되는 대로 살 뿐이었다. '월급이 통장을 스치고 지나간다'라는 말을 몸으로 느끼기 시작했다. 받는 돈과 쓴 돈을 대충 생각나는 대로 떠올려보면 더 많은 돈이 남아야 할 것 같은데, 월급은 손에 움켜쥔 모래처럼 금세 어디론가 새어나가고 말았다. 그제야 돈에 관해 진지하게 고민하기 시작했지만, 누구도 돈의 실체에 대해 속 시원히 알려주지 않았다. 나는 겨우 은행의 통장 거래내역을 엑셀로 다운받아 두어 번 살펴본 후, 다시 일상으로 돌아갔다. 행동에 변화는 없었고 그렇게 2년이 흘렀다. 그 2년 동안, 수도권 아파트 시장은 반등했고 나는 수없이 많은 투자의 기회를 모두 놓쳤다.

지금 이 책을 읽고 있는 이들 중에도, 투자를 시작하기 전의 나와 비슷한 사람이 있을 것이다. 돈 걱정 없이 살아가려니 월급만으로는 부족해서 뭔가를 해야 할 것 같긴 한데, 얼마나 부족한지 도대체 무엇이 문제인지 도통 알 수 없는 사람들. 내가 그랬다. 지금까지 내 이야기에 조금이라도 고개를 끄덕이며 공감했다면, 거기서 멈춰서는 안 된다. 반드시 앞으로 무엇을 어떻게 해야 할지 고민하길 바란다. 그러면 무엇부터 해야 할까?

가장 먼저 해야 할 일은 '자기 점검'이다. 이제 상황을 알았으니 자신을 스스로 점검해 볼 차례다. 나를 있는 그대로 아는 것이 변화의 가장 큰 동기가 되기 때문이다.

지금 내가 있는 곳

'지피지기知彼知己 백전불태百戰不殆'라고 했다. 상황을 알고 자신을 알면 위태로울 것이 없고, 무엇을 준비하면 되는지 알 수 있다. 그리고 이에 맞춰 준비하면 아무리 어려워 보이는 상황이라도 헤쳐 나갈 수 있다. 사실, 앞서 이야기한 대한민국 직장인이 처한 현실이 전혀 새로운 이야기는 아닐 것이다. 이미 한 번쯤 들어본 말이다. 그저 나는 한곳에 모아 정리했을 뿐이다. 중요한 것은 당신 자신이다. 이러한 문제의 심각성을 인식하게 되었다면, 회피하지 말고 직시하면서 대책을 세우고, 그것을 실행으로 옮겨야 한다. 주먹구구식이 아닌, 냉정하고 꼼꼼하게 자신을 돌아봐야 한다. 이를 위해 자신을 점검해 볼 수 있는 셀프 체크리스트를 준비했다. 이 중에서 당신이 과연 몇 개의 문항에 해당하는지 차근차근 생각해 보라.

나의 경제력과 경제 지수

	세부 항목	그렇다	아니다
1	나는 나의 현재 소득과 지출 내역을 명확하게 파악하고 있다.		
2	나는 일생 동안 나에게 일어날 재정적 사건(결혼, 내 집 마련, 자녀 교육, 부모 부양 등)을 나열하고 필요한 비용을 가늠해 본 적이 있다.		
3	나는 내가 원하는 것(여행, 취미)을 지속적으로 하기 위해 필요한 비용을 가늠해 본 적이 있다.		
4	나는 나의 은퇴 연령을 알고 있다.		

5	나는 은퇴 시기까지 얼마의 돈을 모을 수 있는지 계산해 본 적이 있다.		
6	나는 은퇴 연령 이후부터 필요한 연간, 월간 비용을 계산해 본 적이 있다.		
7	나는 은퇴 시기까지 모을 수 있는 돈으로 이후 필요한 비용을 충당할 수 있는지 없는지를 알고 있다.		
8	나는 은퇴 시기까지 모을 수 있는 돈이 은퇴 이후 필요한 비용보다 모자랄 경우, 부족분을 어떻게 마련할 수 있을지 고민해 본 적이 있다.		
9	나는 8번의 문제를 고민한 끝에 마련한 계획이 있다.		
10	나는 그 계획을 실행에 옮기고 있다.		
11	나는 계획을 실행에 옮겨 작은 목표들을 달성해 내고 있다.		
12	나는 노후 준비를 마쳤다.		
13	나는 노후 준비를 마쳤을 뿐만 아니라, 스스로 부자라고 생각할 만큼 경제적인 자유도 누리고 있다.		
14	나는 하루 24시간을 내가 원하는 일을 하며 살고 있다.		

셀프 체크리스트를 읽어 내려오며 눈치챘겠지만, 이 문항들은 내가 생각하는 경제적 자유에 이르는 순서다. 12번 문항인 '나는 노후 준비를 마쳤다'까지 '그렇다'에 체크했다면, 이 책을 끝까지 읽는 데 시간을 들이기보다 자신이 노후 준비를 마친 방식을 활용하거나 연구해 그다음 단계의 부를 창출하는 데 힘쓰는 게 이로울 것이다. 그러나 그 이전까지의 문항 중 어느 하나에서 막혀 그 아래로 내려오지 못했다면, 한 번쯤 자신을 돌아보라.

만약 누군가가 여자 친구와 결혼을 준비하던 시기에 이 체크리스트를 내게 들이밀었다면, 1번 문항인 '나는 나의 현재 소득과 지출 내역을 명확하게 파악하고 있다'에서부터 막혀버렸을 것 같다. 그리고 모든 문항에 '아니다'라고 체크했을 게 틀림없다. 그러니 혹 현재 당신이 그렇게 대답했다고 해도 실망할 필요는 없다. 괜찮다. 투자를 시작하고 3년이 흐른 지금, 나는 여전히 직장에 다니면서도 꽤 높은 번호의 문항까지 '그렇다'에 체크할 수 있게 되었다. 그러니 당신도 충분히 그렇게 될 수 있다는 이야기다.

상황을 인지하고 이제는 빤한 미래를 바꿔보고 싶다는 의지가 생겼다면, 본격적으로 그 방법을 배우기 전 마지막으로 해야 할 것이 있다. 그건 바로 목표를 명확하게 하는 것이다. 이는 내가 집중해야 할 부분에 하나의 포인트를 찍는 것과 같다. 이것이 뜬구름 잡는 일에서 벗어나 핵심에 집중할 수 있는 지름길이다.

| 경제적 자유보다 우선인 것

투자를 시작하려는 사람들에게 나는 투자를 통해 가장 이루고 싶은 것이 무엇인지 묻곤 한다. 남녀노소를 막론하고 빠지지 않는 것 네 가지가 있다. 좋은 집, 좋은 차, 해외여행 그리고 일을 하지 않아도 여유로운 삶. 이 네 가지가 아마 '부자'나 '경제적 자유'에 대한 이미지이기 때문일 것이다. 그러나 투자의 목적을 정하는 데 있어 그 순서는 달라져야 한다. 부자가 되려고 투자하는 게 아니냐고 묻고 싶을지 모르겠다. 하지만 나는 부자가 되기 위해, 흔히들 말하는 경제적 자유를 얻기 위해 투자하는 것은 투자의 첫 번째 목표가 아니라고 생각한다. 내가 생각하는 투자의 첫 번째 목적은 바로 '노후 준비'다.

이러한 이유로, 나는 투자라는 수단을 통해 달성하고자 하는 목표를 설정할 때, 크게 2단계로 나누어 생각할 것을 제안한다. 1단계는 바로 나와 내 가족에 관한 경제적 위험 요인을 제거하는 것. 즉, 노후 준비다. 많은 이가 막연히 머릿속에 그리고 있는 경제적 자유나 풍요로운 부자의 삶은, 1단계 목표를 달성한 후 도전해도 늦지 않은 2단계 목표라는 걸 기억하자. 이것이 현실적인 목표 설정이며, 이 같은 목표를 세워야만 투자에 대한 시각이 '한 방에 인생역전'과 같은 잘못된 인식에서 '차근차근 미래를 준비하는 것'으로 바뀔 수 있다. 그렇게 바뀐 시각이야말로 앞으로 예기치 않은 어려움을 만나도 쉽게 포기하지 않고 꾸준히 앞으로 나아갈 수 있게 만드는 원동력이 될 것이다.

│ 투자의 이유

투자의 제1 목표가 부자가 아닌, 노후 준비라는 관점에서 바라본다면, 투자는 하지 않아도 되는 것이 아니라, 꼭 필요한 것이 된다. '에잇, 어렵고 위험한 투자! 그냥 부자 따위는 안 돼도 좋아!'라고 생각하는 대신, '나와 내 가족의 미래를 지켜내기 위해서라도 투자는 반드시 해야만 해!'라고 생각하는 것과 같으니 말이다.

만약 당신이 나처럼 평범한 가정에서 태어나 맨손으로 시작한 사람이라면, 지금 행동하지 않으면 미래의 위기를 피할 수 없다고 보는 것이 현실적이다. 돈을 벌고 굴려서 부자가 되기 위해서가 아니라, 이대로 살면 나와 내 가족에게 경제적 위협이 닥칠 수도 있기에 투자해야 한다. 나는 이런 생각으로 투자에 임했고 그래서 때론 어려운 일이 있었음에도 좌절하거나 포기하지 않고 꾸준히 투자를 이어올 수 있었다.

노후 준비는 셀프다. 경험해 본 결과, 꾸준히 노력한다면 누구나 자신이 세운 목표에 도달할 수 있다는 것을 알게 되었다. 그렇게 나와 가족을 위한 울타리를 건설한 뒤에는, 많은 이가 꿈꾸는 편안하고 안락한 부자가 되는 것에 도전해도 된다(물론 거기서 멈추어도 상관없다. 위험 요소를 제거했다면 말이다). 나 역시 이러한 로드맵을 그려놓고 하나하나 실행에 옮기고 있다. 3년 동안 실천한 결과 이전과는 비교할 수 없을 정도로 상황이 나아졌다.

피해야 할 것은, 노후 준비와 투자의 필요성을 알고 있으면서도 행동 대신 불평만 늘어놓는 태도다. 소중한 한 표를 행사하여 뽑은 정치인들이 내가 원하는 대로 나라를 잘 이끌지 못한다고 불평만 하고 있을 것인가? 당신 옆자리에 앉은 김 차장이나 이 과장, 박 대리가 집을 사고 주식 투자로 돈을 벌면 그건 신성한 노동으로 번 돈이 아닌 불로소득이며, 불공평하고 옳지 않은 일이라고 비난만

할 것인가? 노동이 아닌 방법으로 거둔 소득이 정말 잘못된 것이라면, 도대체 당신은 언제까지 일을 할 것인가?

어두컴컴한 동굴 속에서도 길을 찾고자 하는 사람의 눈에 가장 먼저 빛이 들어오듯, 자본주의 사회에서도 덮어놓고 문제점만 비난하는 사람보다는 현실을 직시하고 배워가며 노력하고 문제를 해결하려는 사람에게 더 많은 기회가 생긴다. 공산주의 국가에 속한 국민이나 과거 봉건주의 사회 속 농노는 결코 꾸지 못한 꿈을, 자본주의 사회에 살고 있는 우리는 꿀 수 있다. 물론 단점이 많고 완벽한 시스템이라고 할 수 없지만, 자본주의는 나처럼 평범한 사람도 꿈꿀 가능성을 주고, 이뤄낼 기회도 제공한다. 몇 차례의 경험을 통해 이 사실을 알게 되었다. 더욱더 반가운 소식은 그것이 '특별한 누구라서 가능한 것'이 아니라 '누구나 하면 할 수 있는 것'이라는 사실이다. 신혼집을 구하던 나를 생각해 보라. 투자를 시작하기 전엔 누구보다 평범한 사람이었을 뿐이다.

지금까지 설명한 투자의 필요성과 이유에 공감했다면, 다음 장에서는 투자가 낯선 당신이 가장 먼저 알아야 할 것, 바로 '당신과 당신의 돈이 가야 할 방향'에 대해 이야기할 것이다. 이 방향만 알게 돼도 자본주의 사회에서의 생존법과 투자의 기본을 다질 수 있다.

1장 요약

✓ 자본주의에서 인플레이션은 필연적이며, 이로 인해 당신이 가진 현금의 가치는 점점 떨어진다.

✓ 갈수록 소득분배의 불평등이 심화하고 있는 상황에서, 가계에 속하는 당신은 예전보다 더욱 적은 몫을 가져가고, 그만큼을 기업과 정부가 더 가져가고 있다.

✓ 늦은 결혼과 출산, 고령화로 인해 당신은 더욱 오래 더 많은 돈을 벌어야 한다.

✓ 투자는 당신과 당신 가족의 경제적 안정을 위해 반드시 해야만 하는 것이다.

memo.

투자가 필요한 이유에 관해서는 충분히 이야기했다. 이제 당신은 처음 투자를 시작하기로 결심하던 시절의 나와 비슷한 고민을 하게 될 것이다. '그래, 투자가 필요하다는 건 알겠어. 그런데 투자에 관해서는 전혀 모르는데 뭘 어떻게 해야 하는 거지?' 먼저 이 고민에 대한 답을 생각해 보자.

투자란 돈을 굴리는 것이다. 그러므로 투자를 어떻게 해야 하는지 알려면 우선 돈이 어떻게 움직이는지 알아야 한다. 돈이 어떻게 움직이는지를 안다는 것은 무슨 뜻일까? 바로 사람들이 어떻게 돈을 벌고 또 쓰는지, 그 방식을 파악하는 것이다.

그저 '돈을 잘 번다', '돈벌이가 신통찮다', '돈을 제대로 쓴다', '돈을 낭비한다' 같은 결과만 보는 것이 아니라, 사람들이 어떻게 돈을 벌고 어디에 돈을 쓰는지, 그 방식에 대해 생각해 봐야 한다. 이번 장에서는 개인이 어떻게 돈을 벌고 쓰는지에 대해 함께 고민해 보고자 한다.

그 과정에서 당신은 자연스럽게 자신이 어떻게 돈을 벌고 쓰고 있는지 확인하게 될 것이다. 만약 당신이 바람직한 방식으로 돈을 벌고 쓰고 있는 것이 확인된다면 그 방식을 유지하거나 발전시킬 수 있을 것이고, 그렇지 않다면 변화가 필요하다는 것을 느끼게 될 것이다. 이것이 곧 투자의 방향을 잡는 일이다. 그럼 시작해 보자.

2장
DIRECTION
당신과 돈이 가야 할 방향

당신이 잠자는 동안에도 돈이 들어오는 방법을 찾아내지 못한다면,
당신은 죽을 때까지 일해야만 할 것이다.

워런 버핏 Warren Buffett, **투자의 귀재로 불리는 미국의 사업가이자 투자가**

01

직장인의
투자 전략

우리가 돈을 벌고 쓰는 방식은 몇 가지 기준에 따라 나누어 살펴볼 수 있다. 나의 경우 돈을 버는 방식을 구분할 때는 시간의 직접 투입 여부를, 돈을 쓰는 방식을 구분할 때는 나중에 더 가격이 오를 수 있는 것을 사는지 아닌지를 기준으로 삼는다.

돈을 버는 두 가지 방식

먼저 돈을 버는 방식에 관한 것부터 짚어보자. 개인이 돈을 버는 방식은 돈을 벌기 위해 시간을 직접 투입해야 하느냐, 아니면 시간을 투입하지 않아도 되느냐로 구분할 수 있다. 당신이 재테크 관련 서적을 전혀 읽지 않았거나 평소 관심을 두지 않았다고 해도, 직관적으로 알 수 있을 것이다. 그렇다. 우리가 나아가야 할 방향은, 시간을 직접 투입하지 않아도 돈을 벌 수 있는 방법이다.

예를 들어보자. A는 직장인이다. 그는 월요일부터 금요일까지 주말과 공휴일을 제외하고는 매일 아침 9시까지 회사로 출근한다. 그리고 적어도 저녁 6시까지 회사에서 근무한다. 그는 대체로 열심히 일하려고 하지만, 월요일 오전에는 지나간 주말에 대한 아쉬움에, 금요일 오후부터는 다가올 주말에 대한 설렘에 가슴이 콩닥거려 좀처럼 일에 집중할 수가 없다. 처음에는 약간의 죄책감이 들었지만 주변을 둘러보니 동료들 대부분이 비슷한 것 같아 이젠 무덤덤해졌다. 그렇게 가끔 업무에 집중하지 않는 시간이 있긴 하지만 A는 매월 정해진 날에 정해진 월급을 꼬박꼬박 받는다. 일을 해서 일정의 성과를 내야 월급을 받는 것 같지만, 사실 회사 규정에 따라 아침 9시부터 저녁 6시까지 자리를 지키면 어찌 되었든 정해진 월급이 통장에 입금된다(직장에서의 존재감, 자긍심 등은 논외로 하자). '신의 직장'이라 불릴 정도로 업무강도가 낮든, 반대로 나의 이전 직장처럼 업무강도가 살인적이든, 우리 직장인은 결국 시간과 돈을 교환하고 있다. 이렇듯 일과 노동의 진짜 의미는 몸을 움직이느냐 아니냐뿐 아니라, 내 시간을 직접 투입하느냐 아니냐와 밀접한 관련이 있다. 일단 자리를 지키기만 해도 꼬박꼬박 월급이 나온

다니 안정적으로 보일 수 있지만, 여기엔 굉장히 큰 위험이 도사리고 있다. 어쩌다 시간을 투입할 수 없는 상황이 되면, 그 순간부터 교환할 돈이 없어지기 때문이다. 소득이 뚝 끊기는 것이다. 그래서 A는 오늘도 회사에 간다. 물론 내일도 갈 것이다.

그런데 A의 고등학교 친구인 B는 상황이 조금 다르다. B의 학창시절은 그야말로 유별났다. 부모님과 선생님이 하라는 공부는 뒷전으로 하고, 맨날 딴짓에 몰두했다. 어린 나이에 돈을 벌어보겠다고 모아둔 용돈을 밑천 삼아 여름방학에는 슬러시를 만들어 팔고, 겨울방학엔 군고구마를 팔았다. 학기 중에는 하교 후 휴대전화 판매 아르바이트에도 열을 올렸다. 서글서글한 성격에다 상대의 마음을 기가 막힐 정도로 간파해 내는 장점까지 있던 B는 모범생부터 문제아에 이르기까지 모든 동급생과 친했다. 애초에 공부에는 뜻이 없어 대학에 진학하지 않은 그는 당장 군 전역 후 할 일이 없다는 게 걱정이었지만, 이내 짧게라도 경험했던 장사에 도전하기로 했다. 아버지가 운영하던 도시락집을 물려받은 것이다. 열과 성을 다해 도시락집을 운영했지만 만만치 않았다. 그래도 포기하지 않고 사업을 키워간 끝에 여기저기 분점도 냈다. 그렇게 해서 B는 분점으로부터 가맹점 수수료를 받는 시스템을 구축했다. 직접 운영하던 본점에 이제 매일 방문하지 않아도 새로 고용한 매니저의 관리 덕분에 안정적인 매출과 이익을 낼 만큼 자리도 잡혔다. 이제 B의 통장에는 그가 먹고 자고 쉬는 동안에도 많은 돈이 자동으로 꽂힌다. 그의 친구 A가 받는 월급보다 더 많은 돈이 말이다.

B가 언제 어디서 무엇을 하든, 그의 도시락 가게와 가맹점엔 꾸준히 이름 모를 손님이 방문해 도시락을 주문하기 때문이다. 단순한 자영업을 넘어 하나의 작은 기업이 된 것이다. 이 정도로 사업을 키웠음에도 B는 그저 먹고 놀고 쉬기만 하지 않는다. 그는 다음 단계를 구상하고 있다.

물론 누군가는 장사가 말처럼 호락호락한 일이 아니며 엄청난 위험도 도사리고 있다고, B처럼 성공한 사람이 얼마나 되겠느냐고 되물을 수 있다. 당연히 쉽지 않은 일이다. 그러나 확실한 건 이런 사람이 세상 어딘가에는 분명 존재한다는 것이다. 많든 적든 분명히.

돈을 버는 두 가지 서로 다른 방식에 대한 사례에서, 이 둘의 차

월급쟁이 부자로 은퇴하라

이는 명확하다. A는 시간이 곧 돈이기에 직접 '시간을 투입해서 돈을 버는 사람'이며, B는 '시간과 무관하게 돈을 버는 사람'이다.

시간이 곧 돈인 사람은 자신의 시간을 투입하지 않으면 소득을 얻지 못한다. 대표적으로, 회사에 매일같이 출근해야 급여를 받을 수 있는 직장인이나 본인이 자기 사업장의 문을 열어야 수입이 생기는 소규모 자영업자가 여기에 해당한다. 이렇게 시간을 투입하는 행위를 근로 혹은 노동이라고 한다. 이 돈벌이 방식의 가장 큰 맹점은 내 시간을 들여야만 돈이 생기고 생계를 유지할 수 있다는 것이다. 물론 퇴근 후나 주말을 이용해 따로 돈벌이 수단을 만들 수도 있겠지만, 많은 직장인이 평일에도 야근을 불사하기에 주말에는 몸과 마음이 지쳐 쉬거나 그동안 소홀했던 가족과 시간을 보내기에도 바쁘다. 어지간한 의지로는 회사에 출근하는 시간을 뺀 나머지 시간을 활용해 다른 소득을 얻을 만한 시스템을 만들지 못하는 것이다.

반면, 시간과 무관하게 돈을 버는 사람은 어떤가? 오히려 노동자보다 돈은 더 많이 벌면서 시간 역시 많다. 당연한 일이다. 돈을 버는 데 나의 시간을 투입할 필요가 없으니까. 그러니 남는 시간을 더욱 생산적인 일에 쏟아부을 수 있고, 먹고사는 데 지장이 없다면 그저 돈을 버는 일이 아닌 하고 싶은 일을 하며 살 수 있다. 그런 삶, 상상만 해도 행복해지지 않는가? 이제 결론은 명확해졌다. 지금 당신이 '시간을 투입해서 돈을 버는 사람'에 해당한다면 '시간과 무관하게 돈을 버는 사람'으로 '이동'해야 한다(그렇다고 도시락집을 운영해야 한다는 말은 아니다). 물론 다들 알고 있을 것이다. 그 '이동'이라는 게 말처럼 쉬운 일이 아니라는 것을. 쉬운 일이었다면 모두가 시간과 무관하게 돈을 버는 사람이 되었을 것이 아닌가. 그런데 왜 그렇게 이동하는 게 어려운 것일까?

우선 그 이동의 절차나 방법에 대해 배울 기회가 거의 없다. 설령 실행한다 하더라도 경험이 없는 상태라면 그에 따르는 리스크를 가늠하기조차 어렵다. 부족한 경험이나 역량을 메우기 위해 도움을 청할 수 있는 네트워크 또한 찾을 길이 없고, 노하우뿐 아니라 이를 위해 개인이 어떤 덕목을 갖춰야 하는지도 알 수 없다. 이미 내 시간과 돈을 교환하는 삶에 익숙한 몸과 마음이 딴생각을 하는 것조차 어렵게 만들기 때문이다. 더군다나 우리나라의 경우 실패의 가치에 대해 인색하고 사회적 안전망이 부족한 상황이라, 한 번의 실패로 나락으로 떨어질 수 있다는 두려움이 만연하다. 그리고 나는 이것이 사람들이 가지는 필요 이상의 두려움이 아닌, 현실이라 생각한다. 실제로 대한민국 사회에서는 한 번의 실패에 대해 개인이 져야 할 리스크가 너무나 크다. 주변에는 수많은 성공담이 널려 있지만, 실패담은 우리 귀에까지 잘 들려오지 않는다. 실패한 사람들의 이야기는 잘 하지 않게 마련이니까.

그렇다면 정말 방법이 없는 것일까? '시간을 투입해 돈을 버는 사람'으로 출발했다면, 영원히 자신의 시간을 돈으로 바꾸는 삶을 살아야 하는 걸까? 나는 분명히 방법이 있다고 생각한다. 바로 그 '이동'에 성공한 사람들이 실제로 존재하기 때문이다. 직장인으로

10년 가까운 세월을 살아오면서, 나는 그 답을 돈을 버는 방식보다 쓰는 방식을 변화시키는 데서 찾았다.

돈을 쓰는 두 가지 방식

앞에서 말했듯, 돈을 쓰는 방식은 나중에 가격이 오를 가능성이 있는 것에 돈을 쓰느냐, 오히려 가격이 떨어지거나 아예 비용으로 사라져버리는 것에 돈을 쓰느냐로 구분할 수 있다. 나중에 가격이 오를 가능성이 있는 것은 생산성이 있어 그 가치가 증대될 수 있는 것이기에 '생산 자산'으로, 사용함에 따라 가격이 떨어지기만 하는 것은 소비적인 것이기에 '소비 자산'으로 정의한다. 사람들이 돈으로 무엇을 사는지 보면 이를 쉽게 구분할 수 있다.

예를 들어보자. 앞서 말한 직장인 A는 평소 격무에 시달리다 보니 스트레스가 이만저만이 아니다. 스트레스를 풀기 위해 책을 읽어보라는 친구도 있었고 봉사활동을 해보라는 선배도 있었지만, A에겐 맞지 않았다. 결국 그의 가장 큰 즐거움은 자신의 재산목록 1호인 외제 차를 튜닝하거나 세차하며 살뜰히 관리하는 것이 되었다. 번쩍거리며 위풍당당한 모습으로 주차장에 서 있는 차를 보면 온갖 스트레스가 눈 녹듯 사라졌다. 가끔 여행을 떠나는 것도 빼놓을 수 없는 즐거움이었다. 세상 하나뿐인 '마이카'를 타고 어디론가 떠나는 상상만으로도 행복했다. 튜닝의 세계는 끝도 없었다. 외관을 멋지게 바꾸는 것을 넘어 성능을 개선하는 튜닝까지. A는 이를 위해서라면 아낌없이 돈을 썼다. 5일 내내 하루에 8시간 이상 고생하는 삶에 대한 보상이라 생각하니, 이 정도는 괜찮을 것 같았다. 그렇게 시간이 흐르고 이제 차를 새로 바꾸고 싶어진 A는 중고차 시장에 자신의 차를 매물로 내놓았다. 중고차 가격은 구입 당시 가격을 생각하면 말도 안 될 정도로 낮았다. 그렇게 애지중지 아끼고 온갖 튜닝을 했는데도, 감가상각을 피할 수 없었다. A의 가장 소중한 자산이던 외제 차는 시간이 흐름에 따라 가격이 크게 떨어지고 말았다. 비단 차뿐이겠는가? 생필품은 물론이요, 옷이나 시계, 구두, 가방처럼 다소 사치재의 성격을 띤 것들에 이르기까지 재화 대부분은 시간이 지남에 따라 감가상각을 피할 수 없다. 애석하게도 A는 자신이 번 돈으로 그런 것들만 사들였다. '소비 자산'을 모은 것이다. 그는 소비 자산을 구입한 뒤 남는 돈은 얼마 되지도 않고 딱히 무엇을 해야 할지 고민하는 것도 귀찮아 그냥 은행에 넣어두었다. A의 현금 자산은 그렇게 은행 통장 속에 잠들었다. 인플레이션을 고려하면 그의 돈 또한 감가상각을 면치 못할 것이다. 현재 대한민국의 저금리 환경에서는, 은행의 예금통장 안에 잠든 돈 역시 '소비 자산'이다.

반면, B는 다음 사업을 구상하던 어느 날 우연히 '너나위'라는 사람이 쓴 한 권의 책을 읽었다. 책을 읽으면서 지금의 사업체를 잘 지키고 키워나가는 것과 동시에 사업체 외의 또 다른 '생산 자산'을 마련해야겠다는 생각이 확고하게 들었다. 그는 수입 중 생활에 필요한 돈을 제외하고 남은 돈으로 부동산과 주식을 사들였다. 부동산이나 주식은 생필품이나 사치품과 다르게, 시간이 흘러도 가격이 오를 수 있는 신기한 자산이었다. 즉, '생산 자산'의 일종이 었던 것이다. 그렇게 B는 저평가된 부동산과 주식을 실제 가치보다 낮은 가격에 하나둘씩 매입하여 자산 덩어리를 키워갔다. 결과적으로 그는 이제 사업체뿐 아니라 부동산과 주식이라는 생산 수단을 추가로 갖추게 되었다. 그의 부동산과 주식 역시 사업체와 마찬가지로 B가 먹을 때나 잘 때나 쉴 때나 그를 대신해 일을 하고 돈을 벌어다 주고 있다.

자, 어떤 생각이 드는가? A 같은 유형의 사람들은 대개 처음 가격(가치)보다 더 크게 돌려받을 수 없는 물건에 돈을 쓴다. 물론 살아가는 데 꼭 필요한 물건들도 있다. 다만 이런 유형의 사람들은 생필품을 마련하고 돈이 남는다고 해도 평소 가지고 싶었던 또 다른 소비 자산을 사들이는 데 이를 쓴다는 게 문제다. 반면 B 같은

유형의 사람들은 어떨까? 이들은 생계유지에 필요한 소비 자산을 사는 동시에, 생산 자산을 마련하는 데도 돈을 쓴다.

시간이 흘러도 가치와 가격이 증대될 가능성이 있는 생산 자산은 감가상각 외에는 기대할 것이 없는 소비 자산과 정확한 대척점에 있다. 따라서 시간이 지날수록 A와 B 사이의 자산 격차는 점점 더 큰 폭으로 벌어질 것이다. 토지나 건물 같은 부동산, 기업의 일부 소유권인 주식, 유명 미술품이나 유물, 저작권, 다단계나 프랜차이즈 등이 생산 자산의 대표적인 사례다. 이러한 자산은 시간이 흘러감에 따라 나도 모르는 사이에 나 대신 무언가를 생산해 낸다. 그 생산물의 부가가치는 나의 것이 된다. 왜? 내가 그 자산의 주인이기 때문이다.

▎돈을 대하는 나의 방식

앞의 내용을 구분하여 정리하면 다음과 같다.

구분		돈을 쓰는 방식	
		생산 자산을 구입한다	소비 자산을 구입한다
돈을 버는 방식	시간과 무관하게 번다	1. 자산가, 부자	2. 호화로운 생활로 유명한 연예인
	시간을 투입해서 번다	3. 직장인 투자자, 자영업자 투자자	4. 재테크나 투자에 무관심한 직장인, 자영업자

앞에서 예로 든 A는 4번에 해당한다. 본인의 시간을 투입해 돈을 벌면서, 그렇게 번 돈을 모두 소비 자산을 사는 데 쓰기 때문이다. 재테크나 투자에 무관심한 일반 직장인들 모두 여기에 속한다. 투자를 시작하기 전에는 나도 이 포지션에 있었다. 반면 B는 본인의 시간과 무관하게 돈을 벌면서, 동시에 생산 자산을 사들이는 데 돈을 쓰므로 1번에 해당한다.

사례에는 없지만, 시간과 무관하게 돈을 벌면서 소비 자산을 사들이는 데 몰두하는 사람도 있다. 대표적으로, 엄청난 저작권 혹은 억대의 광고료나 출연료를 받아 호화로운 생활에 돈을 펑펑 쓴다는 유명 연예인이 여기에 해당한다. 간혹 유명 연예인이 강남에 위치한 빌딩을 매입했다는 기사가 나오기도 하는데, 이런 경우는 그들이 2번에서 1번으로 이동한 것이라 볼 수 있다. 쉽게 말해, 생산 자산을 다양화하는 것인데, 자본주의에서는 매우 현명한 방식이라고 할 수 있다.

'애초에 돈이 없는 나는 그렇게 할 수도 없겠네' 같은 생각이 들지도 모르겠다. 하지만 그렇지 않다. 물론 투입할 수 있는 돈의 크기가 다르기에 투자처 등이 달라질 수는 있지만, 같은 방식으로 평범한 우리 역시 1번으로 향할 수 있다. 그 과정의 중간에 바로 3번이 있다. 3번은 A처럼 직접 시간을 투입해야 소득이 생기지만, 그렇게 발생한 소득을 소비 자산을 사는 데 쓰는 것이 아니라 열심히 아끼고 모아서 생산 자산을 사는 데 쓰는 사람이다. 지금의 내가 여기에 해당한다. 투자를 하고 있는 직장인이라면 여기에 해당할 것이다.

여기까지 생각했다면, 이제 한 가지 방향을 잡을 수 있다. 이 방향은 매우 명확하다. 4번에서 1번으로 가야 한다는 것! 그러나 단번에 가능한 일은 아니다. 징검다리가 필요하다. 그 징검다리가 바로 3번이다. 당신이 나처럼 평범한 직장인이라면 4번→3번→1번의 순서로 이동해야 한다. 그러려면, 직장에 다니면서 모을 수 있는 돈을 최대한 확보하는 동시에, 그 돈을 소비 자산이 아닌 생산 자산을 사는 데 써야 한다. 생산 자산의 시스템을 갖춰 직접 시간을 투입하지 않아도 필요한 만큼의 돈을 벌 수 있는 상태가 되면, 그때 비로소 당신은 1번 포지션에 자리를 잡을 수 있을 것이다. 이 1번이 바로 수많은 사람이 그토록 바라는 '경제적 자유'에 해당한다.

이제 잠시 책 읽기를 멈추고 한번 생각해 보라. 당신은 지금 어디에 있는가? 그리고 어디로 가고 싶은가?

직장인의 포지션 전략

지금 당신이 4번 포지션에 있다고 해도 결코 실망할 필요가 없다. 나 역시 투자를 시작했을 때는 4번에 있었다. 그러나 3년 이상 열심히 투자에 매진하면서 곧 1번으로 갈 수 있겠다는 가능성이 보였고, 희망을 품게 되었다. 회사는 결코 내 노후를 책임져주지 않겠지만, 1번 포지션에 있으면 걱정할 것이 없다(그래서 나는 부서장이나 임원이 아닌 1번 포지션으로 가기 위해 시간을 쓰고 있다). 이러한 희망과 목표를 갖게 되니 과거보다 훨씬 더 안정감이 생기고 행복해졌다. 그리고 운이 좋게도 직장인 투자자로 3번 포지션에서 보낸 시간은 나를 배신하지 않았다. 이 책을 끝까지 읽고 잘 실천한다면 당신 역시 앞으로 나아갈 수 있다는 자신감을 가지게 될 것이다.

당신이 어느 포지션에 해당하는지 생각하면서 한 가지 더 기억해야 할 것이 있다. 중요한 것은 돈을 버는 것보다 쓰는 것이라는 사실이다. 우리 같이 평범한 직장인들은 사실 돈을 더 벌고 싶어도 딱히 그럴 수 있는 뾰족한 수를 떠올리지 못한다. 퇴근 후에 다른 일을 한다고 해도, 즉 투잡, 쓰리잡을 가진다 하더라도 결국 그것에 나의 시간을 직접 투입해야 하며 심지어 파격적인 규모의 수입을 기대할 수 없는 일이라면 별반 달라질 것이 없다. 내가 시간을 들이지 않으면 그 즉시 사라져버릴 수입이기 때문이다. 본인의 역량을 키워서 시간 단가를 엄청나게 높인다면 몰라도 말이다. 이 역시 지금 당장 할 수 있는 건 아니다. 결국 엉덩이가 무거워져버린 직장인으로서 미래를 바꾸려면, 어떻게 버느냐보다 어디에 쓰느냐에 집중해야 한다.

당신이 투자를 시작하기 전의 나처럼 노후에 대한 막연한 불안감과 부자에 대한 열망을 가지고 있는 평범한 직장인이라면, 당장 1번으로 옮겨갈 생각을 하기보다 우선 3번으로 이동해야겠다는 방향성을 가지기 바란다. 1번 포지션이 '경제적 자유인'에 해당한다면 3번 포지션은 '예비 경제적 자유인'으로서 준비하는 기간에 해당하기 때문이다. 3번 포지션 안에서 차근차근 쌓아 올린 생산 자산들이 훗날 당신이 일하기 어려운 시기가 되었을 때 시간을 직접 투입해 일하지 않아도 될 만큼의 돈을 벌어다 줄 것이다. 이것이 내가 생각하는 직장인의 투자 전략이다. 당신이 투자를 통해 노후를 준비하고, 나아가 경제적 자유를 달성하는 데 도전하고자 한다면 이 방향성을 잊지 말아야 한다.

사실 투자를 처음 시작할 때만 해도 이런 구조를 전혀 알지 못했다. 말한 것처럼 자산을 쌓고 돈을 버는 방법에 대한 교육을 받을 기회가 없었고, 이를 알아야 한다는 필요성 또한 느끼지 못했다. 책을 읽고 있는 당신과 마찬가지로 너무 바쁘게 살아온 탓도 있다. 아마 다들 그럴 것이다. 이 책을 읽는 이들 중 대부분은 직장 업무와 가사, 육아 등에 매몰된 채 살다 보니, 자신이 살아가는 세상과 돈에 대해 깊이 생각해 볼 기회를 얻지 못했다. 그러나 막상 투자를 시작하고 나니, 투자란 것이 무엇보다 끈기가 필요한 장기전이라는 사실을 절절히 깨닫는다. 그 과정에서 포기하지 않고 앞으로 나아가려면 내가 지금 무엇을 하고 있으며 투자의 길에서 어디쯤에 있는지 중간중간 체크해야 한다. 꾸준한 투자를 위해 성과를 내고 싶다면 아무리 반복해도 부족할 정도로 중요한 이야기다. 이 포지션 전략이야말로 투자를 막 시작하려는 당신에게 나침반이 되어줄 것이다.

다시 한번 당신에게 묻는다. 당신은 과연 저 네 가지 포지션 중 어디에 있는 사람이며, 어디로 가고 싶은가? 나는 아직까지는 내 시간을 투입해야만 돈을 벌 수 있는 영역에 있지만, 지난 몇 년간 투자라는 도구를 통해 적지 않은 생산 자산을 사들였고 덕분에 이전보다 훨씬 수월하게 미래를 계획할 수 있게 되었다. 이젠 그 여정에 조금이라도 많은 사람과 함께하고 싶다.

02

돈을 쓰면서
결국 돈을 버는 법

'돈을 쓰면서 결국 돈을 버는 법이라고?'

아마 제목을 읽고 의아하게 여긴 사람들도 있을 것이다. 그러나 지금까지 이야기한 것처럼 돈을 써도 그 돈으로 구입한 대상이 생산 자산이라면, 시간이 흐른 뒤에는 내 시간을 들여 직접 일하지 않아도 결국 소득을 얻게 된다. 가야 할 방향을 정했으니 이제부터는 더욱 구체적으로 그 방식에 대해 살펴보자.

어떻게 버는가? 어디에 쓰는가!

직장인 투자자로서 내 돈은 다음과 같이 흘러간다. 나는 매일 아침 지하철을 타고 직장에 출근해, 하루 8시간 이상 꼬박 일을 한다. 그렇게 급여를 받을 자격을 갖춘 덕분에 정해진 월급날 약속된 급여를 받는다. 나는 이 급여, 즉 내 시간과 교환한 돈을 어떻게 사용할지 선택한다. 옵션을 간단히 줄이면 다음 세 가지 정도다.

직장인이 돈을 쓸 수 있는 세 가지 방법

- 옷이나 차, 그 외 생필품이나 사치품 등의 '소비 자산'을 사는 데 쓴다.
- 필요한 곳에 아껴서 사용하고, 남는 돈을 통장에 넣어둔다.
- 필요한 것을 사고, 남은 돈으로 향후 가치와 가격이 상승할 가능성이 있는 '생산 자산'을 사는 데 쓴다.

나는 일단 생산 자산 구입에 필요한 돈을 모으고자 지출을 통제했다. 시간이 흘러 필요한 금액이 모이면, 생산 자산을 하나둘 사들였다. 여러 종류의 생산 자산 중 내가 선택한 것은 부동산(토지)이었다. 그리고 그렇게 지난 3년간 사들인 부동산 덕분에, 과거라면 꿈도 꾸지 못할 만큼의 소득을 얻었다! 여전히 직장생활을 하고 필요한 데 돈을 쓰며 부동산을 매입하는 과정에서 필요한 일을 하는 것 외에 따로 일하지 않았는데도 말이다. 달라진 것이라곤, 돈을 쓰는 대상을 바꾼 것뿐인데, 즉 내가 산 것보다 절대 비싸게 되팔 수 없는 것(소비 자산)을 사들이는 것에서 내가 산 가격보다 비싸게 팔 수 있는 것(생산 자산)을 사기 시작한 것이다.

투자를 하기 전에는 소비 자산을 사는 데 대부분의 돈을 쓰거나 남는 돈을 그냥 통장에 넣어두었지만, 이제는 대부분의 돈을 생산 자산과 교환하고 있다. 처음 돈을 버는 수단은 회사에 내 시간을 제공하고 급여를 받는 방식에서 변화가 없지만, 돈을 쓰는 곳이 완전히 달라진 것이다.

직장인 투자자의 돈 흐름

이렇게 직접적인 노동을 하지 않고도 창출되는 소득을 '비非근로소득'이라고 하자. 어떻게 하면 직장인으로 생활하면서 비근로소득을 얻을 수 있을까? 이를 단계별로 소개하겠다.

직장인의 비근로소득 창출 6단계

1단계 : 직장에서 열심히 일하고 그 대가로 급여를 받는다

      (시간 ↔ 근로소득 교환).

2단계 : 소비 자산에 대한 지출을 최소화한다(절약).

3단계 : 남은 돈을 모은다(자본화).

4단계 : 모은 자본으로 생산 자산을 산다(투자).

5단계 : 앞의 1~4단계를 반복하며 규모를 키워 자산 시스템을 만든다
(시스템 마련).

6단계 : 시스템으로부터 일하지 않고도 소득을 얻는다(비근로소득 확보).

이 일련의 흐름이 내가 부동산을 통해 일하지 않고도 돈을 버는, 즉 비근로소득을 창출하는 구체적인 순서다. 직장인이 자산을 불려 나가려면, 그 수단이 꼭 부동산 투자가 아니라고 해도 결국이 흐름을 따를 수밖에 없다. 시간을 투자해 소득을 만들고, 그중생활에 필요한 기본적인 비용을 제한 나머지를 모아서 자본화한후, 그 자본으로 생산 자산을 사는 데 쓰는 것, 바로 이것이 자본주의의 원리를 깨닫고 투자라는 수단으로 부를 쌓은 사람들이 사용했던 방법이다.

이를 두고 그저 '부동산 투기'라고 치부해 버린다면, 아직도 자본주의를 제대로 이해하지 못한 것이다. 이런 생각에 사로잡힌 사람에게는 자본주의 사회가 너무나 위험한 곳일 수밖에 없다. 무엇보다 중요한 것은 투자란 돈 많은 사람이나 하는 것이란 선입견에서 벗어나는 것이다. 사실상 이러한 방식이라면 소득이 많지 않은일반 직장인들도 얼마든지 투자를 통해 생산 자산 시스템을 마련할 수 있다. 필요한 것이라곤, 그저 적은 돈으로 투자가 가능한 곳을 찾는 능력을 익히고 동시에 투자 횟수를 늘려 자산을 확대해 나갈 수 있는 꾸준함이다. 그래서 나는 이 방식을 택했고, 이를 통해

투자를 시작할 당시보다 30배 이상의 자산, 10배에 달하는 순자산을 쌓아 올릴 수 있었다.

만약 당신이 '투자'라는 걸 처음 접하는 사람이고, 여기까지 읽으면서 이제 나도 괜찮은 생산 자산 시스템을 마련해야겠다고 생각했다면, 주식이나 달러, 금 혹은 부동산 같은 생산 자산 중 어떤 것을 택해야 할지 고민되기 시작할 것이다. 개인적으로 내가 선택한 생산 자산은 부동산이다. 왜 부동산을 투자 대상으로 선택한 것일까? 이제 그 이유에 대해 이야기를 해야 할 차례인 것 같다. 투자를 처음으로 접하는 사람뿐 아니라, 이미 부동산이나 주식에 투자해 본 경험이 있는 사람이라고 해도, 다양한 생산 자산과 그 특징에 대해 파악해 둘 필요가 있다. 힘들게 일해서 번 돈을 투자할 대상에 관한 정확한 이해와 기준도 없다면, 투자가 조금만 힘들고 원하는 대로 일이 풀리지 않을 때 포기할 가능성이 크다. 꾸준한 투자를 위해서라도 반드시 생각해 보길 바란다.

자, 그럼 내가 왜 부동산을 택했는지 함께 살펴보면서, 당신에게는 투자 대상으로 어떤 생산 자산이 적합할지 판단해 보길 바란다.

03

내가
부동산을 택한 이유

지금부터 개인적인 사례와 경험을 토대로, 부동산을 선택하게 된 이유를 설명하겠다. 먼저 우리의 돈을 투자할 수 있는 생산 자산의 종류를 하나씩 떠올려보자. 부동산 외에도 다양한 생산 자산이 있는데, 그중에 일반적으로 많은 사람에게 널리 알려져 있고 실제로 많은 직장인이 선택하고 있는 것은 주식과 펀드, 예·적금, 보험 같은 금융상품이다. 물론 프랜차이즈 수수료나 저작권 등도 생산 자산이 될 수 있지만, 여기서는 일반 직장인이 접근하기 쉬운 것부터 알아보자.

예·적금과 보험

투자 난이도를 고려할 때, 가장 시도하기 쉬운 건 펀드와 예·적금, 보험과 같은 금융상품을 사는 것이다. 실제로 가장 많은 사람이 이 방법을 재테크 수단으로 택한다.

그런데 이 명칭들을 한번 가만히 들여다보라. 공통점이 보이지 않는가? 우리는 이들을 '상품'이라 부르고 있다. 무슨 의미인가? 여기에는 누군가가 이미 그것을 공산품처럼 가공했다는 뜻이 포함된다. 그렇다면 그 과정에서 인건비를 비롯해 가공에 필요한 원가가 발생했을 것이다. 그러니 판매자는 그 비용을 구매자에게 전가할 것이 틀림없다.

예를 들어, 저축성보험 상품을 생각해 보자. 여기에는 보험사의 건물과 집기 같은 유형 자산을 유지하는 비용, 보험사에서 일하는 임직원들의 급여, 주주들에게 돌아가야 할 이익 등이 이미 그 상품의 가격에 포함된다. 사람들은 분명 실제로 넣는 돈보다 많은 돈을 돌려받고 싶어서 저축성보험에 가입하는데, 그 보험료 안에 판매자인 보험사가 가져갈 것들이 들러붙는다. 뿐만 아니라, 이와 같은 거래 과정에서 발생하는 비용은 당연히 고객이 맡긴 돈에서 충당된다. 서비스를 제공한다는 명목으로 고객이 돈을 맡기는 시점부터 보험사와 보험 판매인에게 일부 금액이 넘어가는 것이다.

물론, 보험사로부터 제공받는 서비스에 대한 대가를 치르는 것은 당연하다. 그러나 정말 그것이 적정한 수준인지, 그 상품을 사는 사람 입장에서 받아들일 수 있는 금액인지에 대해 고민하는 사람은 좀처럼 찾아보기 힘들다. 그저 수십 년 뒤 만기가 되면 내가 낸 돈만큼 돌려받을 수 있다는 말에, 마치 '공짜 보장'이라도 받는 것처럼 여기면서 10년 혹은 20년 동안 매달 현금이 빠져나가는 계약을 체결하는 사람이 대부분이다. 목돈을 만드는 데 장기간의 현금 유출만큼 방해가 되는 것도 없는데 말이다.

결정적으로, 이러한 금융상품에 투자할 경우 원금을 보전할 수 있다 해도, 시간이 흘러 돈을 돌려받을 때는 그 가치가 처음보다 한참 못 미치는 수준이 된다는 것을 기억해야 한다(1장의 삼겹살 사례를 떠올려보라). 인플레이션에 무방비 상태가 되는 것이다. 우리나라 사람들의 원금 보전에 대한 집착이 얼마나 강한지는 대한민국 부동산에만 있는 '전세'라는 제도만 봐도 알 수 있다. 이러한 대중심리를 파악한 금융사들은 고객이 돈을 맡기면 '원금 보전' 혹은 원금보다 '아주 약간 많은 수익'을 돌려받을 수 있다는 점을 주된 마케팅 포인트로 삼는다.

그러나 명심할 것이 있다. 투자할 때 가장 먼저 고려해야 할 것은, 그 투자로 얻을 수 있는 수익이 인플레이션을 상쇄하는 수준인가 하는 것이다. 따라서 인플레이션에도 미치지 못하는 수익을 돌려주는 금융상품이라면, 투자처로서는 전혀 매력이 없다는 걸 기억하라. 이런 상품들엔 투자라는 이름을 붙이기조차 어렵다.

주식과 펀드

그다음으로 많은 사람이 고려하는 재테크 수단은 주식과 펀드다. 많은 부동산 투자자가 주식 투자에 대해 회의적인 시각을 가지고 있지만, 나는 그렇지 않다. 물론 펀드처럼 증권사가 이미 가공한 금융상품일 경우에는 '운용보수'라는 것이 존재한다. 증권사의 전문가 집단이 나를 대신해 펀드를 운용해 주는 서비스를 제공하는 것이기에, 그에 대한 값을 치르는 것이다. 하지만 앞서 말한 보험과 같은 이유로, 이것저것 떼고 시작하는 소위 '잃고 시작하는 투자'이므로 바람직하지 않다.

다만 주식에 직접 투자하는 방식은 다르다. 펀드와 달리 운용을 내가 직접 하는 것이기에 운용보수가 없고, 무엇보다 내가 투자의 모든 과정에 결정권을 갖고 있다는 장점이 있다. 또 여러 가지 지표와 기업들의 주가를 긴 호흡으로 추적해 보면, 인플레이션에 비해 높은 수익률을 기록한 경우가 심심찮게 있다는 것을 확인할 수 있다. 거기에 더해 주식 투자를 통해 '복리 효과'를 누릴 수 있으므로 감정에 휘둘리지 않고 장기적인 안목으로 투자한다면, 큰 수익을 올릴 가능성도 충분히 있다. 물론 투자자가 주식 투자에 필요한 다양한 정보를 속속들이 알기 위해서는 그만큼의 노력과 경험, 내공을 쌓아야 한다. 하지만 못할 것도 없다. 주식만으로 노후 준비를 하거나 부자가 되는 것이 불가능하다면, 실존하는 슈퍼 개미들의 성공을 어떻게 설명할 것인가?

| 부동산

그런데도 내가 소득을 아껴 매입할 생산 자산으로 주식이 아닌 부동산을 택한 이유는 '정보 대칭'과 '레버리지' 때문이다. 정보 대칭이란 거래에 참여하는 매도자와 매수자가 그 거래와 관련한 정보를 거의 대등하게 가질 수 있는 것을 말한다.

부동산의 경우 매수자 입장에서 현장을 찾는다면 직접 매물을 눈으로 확인할 수

> 📍 **레버리지**leverage는 보통 '지렛대'를 의미하는데, 경제학에서의 레버리지 효과란 타인의 자본을 지렛대로 삼아 자기자본이익률을 높이는 것으로 '지렛대 효과'라고도 한다.

있으며, 관련 정보도 인터넷이나 중개소를 통해 쉽게 알아볼 수 있다. 특히 직접 경험해 본 결과, 부동산 투자는 경험이 쌓이다 보면 매매를 하는 과정에 일정한 패턴이 존재한다는 것을 알게 된다.

사실 일반인이라면 평생 살면서 부동산 매매 거래를 그렇게 많이 해볼 기회가 없을 것이다. 하지만 투자자라면 거래 경험이 하나둘 늘어남에 따라 오히려 집주인인 매도자보다 매물의 전반적인 상황을 더욱 구체적이고 명확하게 파악하게 되는 경우도 생긴다. 이는 부동산은 주식과는 달리 시장에 참가하는 주체 대부분이 개인이기에 가능한 일이다. 중개소를 통해 등기부 등본 같은 열람에 제한이 없는 서류만 잘 살펴봐도, 매도자의 개인 사정까지 비교적 속속들이 파악할 수 있다. 이처럼 부동산은 매도자와 매수자 간 거래 정보가 비교적 대칭을 이루기에, 이른바 '세력'의 등장으로 인한 부작용에서 벗어날 수 있다는 장점이 있다.

반면 주식은 다르다. 주식은 기업의 미래 가치에 투자하는 것이기에 일종의 동업이라고 볼 수 있다. 너도나도 '윈윈'하는 동업이 되려면, 나뿐만 아니라 해당 기업 경영진이나 직원 들의 마음가짐과 비전 역시 중요하다. 주식 투자를 할 때는 이런 부분까지 체크해야 한다. 그런데 일반 개인 투자자 입장에서 투자하려는 회사의 경영진이나 직원 들이 어떤 자세로 기업 운영에 임하는지 확인하는 건 좀처럼 쉬운 일이 아니다. 물론 규모가 큰 투자자(예를 들면, 자산운용사 등)들의 경우, 별도로 기업에 인터뷰 등을 요청하고 직접 만나 정보를 수집할 수도 있을 것이다. 하지만 일반 개인 투자자들은 겨우 재무제표 등 공시 정보를 통해 기업의 사정을 미루어 짐작하고 판단하는 것이 최선이다. 이처럼 주식은 부동산에 비해 투자 대상의 사정을 더욱 자세하고 투명하게 알기 어렵다는 것이 문제다. 직장인으로서 투입할 수 있는 시간이 많지 않다는 점을 고려하면, 바로 이 점에서 나는 부동산이 주식보다 투자하기 수월하다고 판단했다. 제대로 할 거라면 말이다.

물론, 주식이 부동산과 비교할 때 투자처로서 단점만 있는 것은 아니다. 통상적으로 사람들이 말하는 주식의 강점은 다음 두 가지다. 첫째는 소액으로 투자할 수 있다는 점, 둘째는 환금성¹이 좋다는 점이다. 나도 부동산 투자를 해보기 전에는 주식의 이러한 장점이 부동산에 비해 탁월하게 매력적이라고 생각했다. 무엇보다 내 주변에는 주식에 투자하는 사람은 있어도 부동산에 투자하는

¹ **환금성**이란 필요할 때 자산을 팔아서 돈으로 전환할 수 있는 성질을 의미하는데, '유동성'으로 바꿔 말할 수 있다.

사람은 없었기에, 부동산은 소액 투자가 불가능하며 급하게 현금이 필요할 때 좀처럼 팔리지 않아 애를 먹기 쉬운 투자처라고 생각했다. 하지만 부동산 실전 투자자로 살면서 부동산이 가진 저 두 가지 단점이 꼭 단점만은 아니라는 걸 깨달았다.

먼저 많은 사람이 부동산은 소액으로 투자하기 어려운 대상이라고 생각한다. 강남의 재건축 아파트 같은 경우는 일단 투자하려면 수억 원이 필요한 게 사실이다. 웬만한 직장인이 마련하기 힘든 금액이다. 그러나 실제 부동산 투자를 하면서 나는 부동산 취·등록세와 수리비, 중개수수료까지 모두 합해도 400만 원이 채 안 되는 돈으로 부동산을 매입한 적도 있다. 심지어 빌라처럼 비교적 선호도가 떨어지는 주택이 아닌, 수도권에 위치한 역세권 아파트 한 채를 매입하는 데 들어간 투자금이 그랬다. 물론 강남 재건축 아파트만큼의 수익을 안겨주지는 못하겠지만, 투자금 대비 수익률은 꽤 쏠쏠한 편이다. 이처럼 부동산 역시 효율적인 소액 투자가 가능하다.

부동산의 또 다른 단점으로 꼽히는 건 환금성이 떨어진다는 것이다. 당연히 주식만큼의 환금성을 가지지는 못한다. 그러나 부동산, 그중에서도 아파트의 경우 환금성이 나쁘다고만 볼 수는 없다. 여전히 아파트는 많은 사람이 가장 선호하는 주거 형태임에도 충분한 공급이 이뤄지지 않았기에, 시장 상황이나 가격만 적당하면 매도해 현금화하는 것이 생각보다 쉽다. 아울러 환금성이 떨어진다는 것은 안정적인 소득을 얻고 있는 직장인에겐 오히려 강점이 될 수도 있다. 수익이 났다고 바로 이를 현금으로 바꾸지는 않게 되니까. 실제 내 주위에서 주식 투자를 하는 동료들은 조금만 수익이 나도 바로 매도하곤 했다. 그것으로 재투자를 하면 좋을 텐데, 이내 다른 곳에 써버리는 게 문제였다. 돈이 불어날 만하면 꺼내 써버리는 일이 반복되는 셈이다. '노후 준비'나 '경제적 자유' 같은 분명한 투자의 대의와 목적이 있다면 절대 하지 말아야 할 일이다. 그러니 환금성이 좋다는 장점은 자신만의 투자 철학이 없을 경우엔 그저 손쉬운 소비 자산 마련의 수단이 될 뿐이다.

생산 자산의 종류별 장·단점 비교

구분	장점	단점
예·적금	원금 보존	인플레이션 리스크
보험	원금 보존, 보험위험 보장	장기적 현금 유출, 인플레이션 리스크, 판매수당 등 높은 사업비 부담
펀드	전문가가 운용해 주로 편함, 수익 발생 가능성 존재	운용보수 등 높은 사업비 부담, 원금 손실 가능성 존재
주식	투자자 판단에 따른 직접투자 가능, 높은 기대수익, 소액 투자 가능	원금 손실 가능성 존재, 무이자 레버리지 불가
부동산	투자자 판단에 따른 직접투자 가능, 높은 기대수익, 소액 투자 가능, 무이자 레버리지 활용 가능	원금 이상의 손실 가능성 존재, 낮은 환금성

| 핵심은 레버리지

　마지막으로, 내가 주식이 아닌 부동산을 생산 자산 마련을 위한 투자 대상으로 택한 가장 주된 이유는, 레버리지 때문이다. 레버리지의 원리는 다음과 같다. 만약 당신이 3억 원짜리 아파트를 매입했는데 1년 뒤 그 아파트의 가격이 3억 3,000만 원이 되었다면 투자금이 3억 원, 수익은 3,000만 원이므로 수익률이 10%(3,000만 원/3억 원×100%)가 된다. 하지만 우리나라에만 있는 전세 제도를 활용하여 투자할 경우 놀라운 일이 벌어진다.

　똑같이 3억 원짜리 아파트를 매입한 뒤 2억 5,000만 원에 전세 임대를 놓으면 투자금이 5,000만 원으로 줄어드는 것이다. 그렇게 1년 뒤 아파트 가격이 똑같이 3억 3,000만 원이 되었다면 투자금이 5,000만 원, 수익은 3,000만 원이므로 수익률이 60%(3,000만

레버리지 활용 여부에 따른 수익률 변화

원/(3억 원−2.5억 원)×100%)로 껑충 뛰는 것이다. 더 작은 힘으로 더 무거운 물건을 들어 올릴 수 있는 지렛대와 마찬가지로, 전세금을 활용하면 보다 적은 돈으로 더 비싼 자산을 살 수 있게 되고, 수익률도 그만큼 높일 수 있다.

물론 주식 투자에서도 레버리지를 쓸 수 있다. 대출을 받아서 투자하면 된다. 그러나 이는 부동산의 전세 레버리지와는 차이가 크다. 그 차이란 임차인으로부터 받은 전세금에는 따로 이자를 지급하지 않아도 되는 반면, 은행에서 받는 대출엔 이자 비용이 발생한다는 사실이다.

투자를 시작할 당시 내 통장에 들어 있던 돈은 5,000만 원도 채 안 되었는데, 그때 내가 주식 투자를 했다고 가정하면, 대출 레버리지를 활용하지 않을 경우 내가 굴릴 수 있는 자산의 크기는 딱 5,000만 원이었던 것이다. 그런데 '눈덩이 효과'라는 말을 들어본 적이 있지 않은가? 눈덩이의 크기가 크면 클수록 한 번만 굴려도 더 많은 눈이 달라붙어 쉽게 더 큰 눈덩이가 된다는 의미다. 보통 복리 효과를 강조할 때 인용되는 말인데, 여기에는 이런 의미도 포함된다. 운용하는 자산의 크기가 클수록 기대수익 또한 크다는 것이다. 투자를 하기로 다짐한 시점에서 나는 가진 돈 5,000만 원으로 주식에 투자할 경우 운용자산의 크기를 키우기 쉽지 않을 것으로 판단했다.

그렇다면 5억 원짜리 주식과 5억 원짜리 아파트를 매입하는 경우를 예로 들어 비교해 보자. 주식의 경우 5억 원 전부를 내가 마

련해야 한다. 물론 대출을 받을 수도 있지만 말했듯이 필연적으로
이자가 발생한다. 세상 어디에도 자산을 마련하는 데 필요한 돈의
70~80% 이상을 무이자로 빌려주는 대출기관은 없다. 그런데 아
파트는 어떤가? 전세금을 레버리지로 활용할 수 있으니 가능하다.
전세가율°이 높은 상황이라면 더 높은 가격의 아파트를 매입하는
것도 가능하다. 이러한 방식은 우리나라 부동산 투자에서만 유효
한데, 바로 전세라는 임대차 제도가 대한민국에만 있기 때문이다.
따라서 전세금을 레버리지로 활용하는 투

자는 결국, 투입비용을 줄여주므로 수익률   ● **전세가율**이란 해당 부동산의
                                          매매가 중 전세가가 차지하는 비중
또한 그에 대응하여 높아질 수밖에 없다.   을 의미하며, '전세가/매매가×100%'
프롤로그에서 언급했던 나를 투자의 길로   로 계산할 수 있다.

이끌었던 재테크서에서 이러한 설명을 읽다가, 나는 무릎을 쳤다.
가진 돈이 많지 않은 직장인이 시도하기에 안성맞춤인 투자법이라
는 생각이 들어서다.

　그런데 세상엔 공짜가 없다. 내가 전세 임대를 통해 무이자로 돈
을 빌리려면, 반드시 해야 하는 것이 있다. 그것은 내게 자산을 사
는 데 필요한 돈을 빌려주는 사람(임차인)에게 보금자리를 제공하
는 것이다. 그러려면 많은 사람이 주거지로 선호할 만한 곳의 물건
을 고를 수 있는 안목이 필요하다. 또 그 물건의 약점을 보완하고
강점을 드러낼 수 있도록 보수를 할 줄도 알아야 하고, 그 물건을
중개해 줄 수 있는 사업 파트너와 관계도 잘 형성해야 한다. 필요
할 경우엔 직접 임대 홍보도 해야 한다. 이 같은 일에는 나의 노력

과 시간이 투입되어야 한다. 다만 고무적인 것은, 이 모든 노고가 해당 부동산을 취득하는 과정에서 한 번 필요한 일이라는 것이다. 그러니 이 과정에 들어가는 노력은 이자 비용 없이 돈을 빌려 적은 돈으로 큰 자산을 사들이는 데 따르는 대가라고 생각하면 된다. 시간이 흐르며 조금씩 경험이 쌓이자, 역시 그 정도는 충분히 감당할 수 있을 뿐 아니라, 노력에 비해 얻을 수 있는 가치가 굉장히 크다는 사실도 깨닫게 되었다.

레버리지의 힘은 엄청나다. 앞으로 소개할 투자 사례에서 자세히 이야기하겠지만, 나는 4억 3,200만 원짜리 아파트를 매입하기 위해, 전세금 4억 2,000만 원을 레버리지로 활용했다. 내 소유의 집을 마련하는 데 임차인으로부터 4억 2,000만 원을 빌리면서도 그에 대한 이자를 지급할 필요가 없다. 그저 나는 임차인이 2년 동안 그 집에 편히 머무르는 데 필요한 서비스만 제공하면 된다. 마음을 조금만 유연하게 고쳐먹으면 그리 어려운 일도 아니다. 동일한 금액을 은행에서 빌릴 경우 매월 지급해야 하는 이자는 대출이자율을 5%만 잡아도 무려 2년이면 4,000만 원이 넘는다. 이렇게 생각하면 임대를 놓고 유지하고 관리하는 일이 그렇게 힘들고 어려운 일이 아닌 것이다. 이 아파트를 매입하기 위해 내가 치른 것은 각종 비용을 모두 합쳐도 2,000만 원(매매가 4억 3,200만 원 - 전세가 4억 2,000만 원 + 각종 비용 800만 원) 정도에 불과했다. 시간이 흘러 그 아파트가 내게 보여준 규모와 레버리지의 힘은 실로 엄청났다. 매입 후 2년이 지난 시점에 해당 아파트의 매매가는 5억

7,000만 원이 되었다. 불과 2년 만에 투입된 자본의 7배에 해당하는 수익이 발생한 것이다. 레버리지를 활용하지 않았다면 달성하기 어려운 투자 성과다.

여기서 한 가지 유심히 들여다보아야 할 것은, 내가 이 아파트를 매입할 때 얼마의 돈을 들였느냐는 중요하지 않다는 점이다. 그저 매입한 아파트를 내가 가지고 있으면 된다. 일단 내가 소유하고 있으면 그 생산 자산으로부터 얻을 수 있는 과실은 그것의 소유주인 내 것이 된다는 말이다. 이를 잘 활용하면 가진 돈이 많지 않아도 더 비싼 생산 자산을 살 수 있는 것은 물론이요, 거기서 나오는 부가가치도 모두 내 것으로 만들 수 있다. 자본주의 사회에서 살아가려면, 이를 제대로 이해해야 한다. 그렇지 않으면 죽을 때까지 생계를 위해 모든 일을 직접 해야 하는 삶을 살아야 할 것이기 때문이다.

사람마다 처한 상황은 모두 다르다. 나는 부동산 투자를 통해 활로를 찾았지만, 그렇다고 해서 부동산 투자가 최고의 재테크 수단이며 다른 투자 영역에 비해 우월하다고 생각하지는 않는다. 따라서 그렇게 주장하지도 않는다. 사람에 따라 자신에게 맞는 영역은 따로 있다. 중요한 것은 각각의 투자 수단, 즉 본인이 사게 될 생산 자산의 특징을 공부해서 그 특징을 제대로 아는 것이다. 각 투자 수단의 특징을 공부하고 배워 자신에게 맞는 것이 무엇인지 찾아야 한다. 그래야만 그저 한두 번의 수익이나 손실로 끝나는 것이 아닌, 노후 준비와 경제적 자유라는 더 큰 목표를 향해 꾸준하면서도 흔들림 없이 나아갈 수 있다. 나는 당신이 꼭 그렇게 되길 바란다.

지금까지 꼼꼼히 책을 읽었다면, 너나위라는 사람이 왜 투자를 시작했고, 투자를 통해 어떤 방향으로 나아가고자 했으며, 어떤 방식의 투자를 해왔는지 짐작하게 되었을 것이다. 다음 장에서는 부동산 투자에 대해 더욱 자세히 알아보기 위해 내가 실제 투자한 사례를 공개하려 한다. 이를 통해 쉽고 재미있게, '부동산 투자라는 건 이렇게 하는 거구나' 하는 감을 잡을 수 있길 바란다.

2장 요약

✓ 돈에 대한 무지는 반드시 부정적 결과를 초래한다.

✓ 궁극적으로는 시간과 무관하게 돈을 버는 사람이 되어야 하며, 이 포지션으로 이동하고 싶다면 돈을 쓰는 방식을 바꿔야 한다.

✓ 시간과 무관하게 돈을 벌기 위해서는, 시간이 흘러도 가격이나 가치가 더 오를 가능성이 있는 것에 돈을 써야 한다.

✓ 부동산의 강점은 자산의 규모를 키우기에 적합한 레버리지를 무이자로 활용할 수 있다는 점이다.

memo.

지금까지 왜 투자를 해야 하는지, 어느 방향으로 나아가야 하는지, 또 어떤 목표를 세워야 할지 이야기했다. 이제 당신 자신과 가족을 위해 반드시 투자를 해야 한다는 것에 공감하게 되었을 것이다. 또 돈을 벌고 돈을 쓰는 여러 가지 방식과 어떻게 하면 돈을 쓰면서도 결국 돈을 벌 수 있는지, 직장인은 어떤 투자 전략을 갖춰야 하는지 이야기했다. 이제 여러분도 열심히 일해서 번 돈으로 살 수 있는 다양한 생산 자산 중 내가 선택한 것은 부동산이며 왜 이를 투자 수단으로 삼게 되었는지 이해했으리라 믿는다.

그렇다면 부동산에 투자하려면 어떻게 해야 되는지 알아볼 차례다. 다만, 그 구체적인 방법부터 알아보기 전에, 아직 부동산과 아파트 투자가 생소한 이들을 위해 나의 투자 사례 중 초보자도 이해하기 수월할 만한 내용을 중심으로 실제 현장에서 어떤 방식으로 투자가 이뤄지는지 소개하고자 한다.

3장
WHAT

평범한 직장인도
얻을 수 있는 성과

확실한 것은 투자를 학교에서 배울 수 없다는 것이다.
투자자의 무기는 첫째도 경험이고, 둘째도 경험이다.

앙드레 코스톨라니 Andre Kostolany, **유럽 전역에서 활동한 투자의 대부**

01

전세금 레버리지로
7배 수익을 거두다

: 의왕시 25평 아파트

나의 투자 방식은 자산의 크기를 불려나가며 시간을 이용하는 투자다. 자산의 크기를 키워나가는 과정에서 내가 가진 돈에는 한계가 있으므로 무이자로 빌릴 수 있는 전세금을 레버리지로 활용한다. 그 레버리지의 힘이 얼마나 강력한지를 보여주기 위해 이번 사례를 골랐다.

2015년 늦겨울, 나는 수도권의 1기 신도시를 휘젓고 다녔다. 현장에 나가기 전 무엇을 준비해야 하는지, 막상 임장♥할 때 무엇을 조사해야 하는지도 몰랐지만, 결국 내 발로 가보지 않으면 투자를 시작하기 힘

♥ **임장**이란 부동산이 위치한 현장에 직접 나가 조사하는 활동을 말한다.

들겠다는 생각이 들어 열정적으로 임했다. 그렇게 1기 신도시를 마구잡이로 돌아다니다가, 안양시의 평촌 신도시 옆에 위치한 의왕시 내손동이란 곳을 접하게 되었다.

│ 투자 이유

경기도 성남시의 분당, 안양시의 평촌, 군포시의 산본, 고양시의 일산, 부천시의 중동 같은 수도권 1기 신도시에는 1990년대 초반에 건설된 아파트들이 밀집해 있다. 이들은 30년이라는 세월 동안 서울로 출·퇴근하는 수많은 사람의 보금자리 역할을 하며 자리를 잡았기에, 생활 인프라 측면에서 거의 완벽하다고 할 수 있다. 촘촘한 수도권의 철도와 버스 교통체계를 이용하면 서울 주요 지역으로도 수월하게 이동할 수 있으며, 각종 편의·문화시설과 좋은 학군도 빼놓을 수 없는 장점이다. 한마디로 많은 사람이 거주하기에 좋은 조건을 두루 갖춘 선호 지역이다.

문제는 아파트가 많이 낡았다는 것. 신축 아파트 사랑이 남다른 요즘 사람들의 취향을 고려하자니, 투자처로서는 고민이 되었다. 그러던 중 의왕시 내손동에 위치한 새 아파트를 발견했다. 내손동의 경우 평촌 신도시에 포함되지는 않지만, 물리적인 위치도 가깝고 버스 교통 여건도 좋은 데다, 평촌의 입지를 공유하고 있다. 물론 평촌 내에 신축 아파트가 생긴다면 그 가치가 훨씬 높겠지만,

내손동 투자지역 인근 지도

내손동은 평촌 신도시에 속하지는 않으나 거리상으로 가까워 지역의 인프라를 공유하고 있으며, 평촌의 구축 아파트와 대조적으로 신축 아파트가 군데군데 있다는 게 특징이다.

여러 상황을 고려할 때 평촌의 기존 인프라를 활용할 수 있는 새 아파트라는 점에서 장점이 분명해 보였다.

내손동에는 신축 아파트가 여럿 있었는데, 그중에서도 내 눈에 띈 것은 지역 주민들 사이에 가장 선호도가 높다는 E 아파트. 이유는 세대수가 가장 많은 대단지인 데다 초등학교가 단지 내에 있는 이른바 '초품아'였기 때문이다. 단지가 4개로 나뉘어 있는데, 그 사이로 다니는 버스가 인근의

📍 **초품아**란 '초등학교를 품은 아파트'의 줄임말로, 대로의 횡단보도를 지나 등·하교를 할 필요가 없으므로 초등학생 자녀를 둔 부모들이 선호한다.

평촌역이나 인덕원역까지 사람들을 실어 날랐다. 지하철역과 좀 떨어져 있긴 하지만, 버스 노선이 많은 편이라 역까지 이동이 어렵지 않다는 것도 장점이었다. 입지 측면에서 평촌 신도시만큼은 아니어도, 임장을 나갔을 때 신축 아파트에 대한 사람들의 큰 관심과 이에 따른 수요도 어느 정도 짐작할 수 있었다. E 아파트 단지에 들어서자 유독 젊은 사람들의 비중이 높다는 것이 느껴졌다. 부동산 중개소에 방문했을 때도, 전세 혹은 매매 물건을 구하는 젊은 사람들이 연신 중개소 문을 열어젖혔다.

어째서 이런 일이 생기는 걸까? 그 아파트가 신축이기 때문이다. 다만 이 아파트에 투자하기로 결정한 데는 E 아파트가 단지 신축이어서가 아니었다. 부동산 투자를 고려할 때는 건물보다는 입지를 먼저 봐야 하기 때문이다. 정작 신축 아파트에 투자해 놓고 무슨 소리냐고 묻고 싶을지 모르겠다. 하지만 앞서 말했듯, 이 아파트는 평촌 신도시에 포함되지는 않아도 기존 인프라를 활용할 수 있는 입지를 가지고 있었다. 그저 허허벌판에 위치한 새 아파트가 아니라는 말이다. 지금은 시장이 뜨거운 상황이기에 신축 아파트라고 하면 무조건 많은 사람이 찾게 될 거라고 생각할 수 있지만, 아파트의 진짜 가치는 결국 입지로 결정된다. 투자를 고려할 땐 입지를 우선순위로 보고, 그다음으로 신축인지 구축인지를 따져보는 것이 현명하다.

당연히 입지가 어느 정도 받쳐주는 상황이라면 신축이 좋다. 아주 드물기는 하지만, 내손동 E 아파트처럼 비교적 입지가 괜찮으면서 매매가와 전세가의 차이가 적은 신축이라면 투자처로 적합하다. 단, 무조건 신축 아파트라는 이유 하나만으로 투자를 결정하지 않기를 바란다. 특히 최근 수도권 시장처럼 열기가 뜨거운 상황에서 입지가 좋지 않은 지역에 고분양가로 분양되는 아파트라면, 좀 더 깊게 고민해 봐야 한다. 현재 부동산 시장만 보면 앞으로 하락장 따윈 절대 없을 것 같지만, 하루아침에도 시장 분위기가 바뀔 수 있다는 것을 잊어선 안 된다. 현재 고전을 면치 못하고 있는 지방 부동산을 보라. 활황기에 높은 가격에 분양받았는데 건설 기간 동안 하락장이 돼 시세가 잔뜩 떨어진 상태에서 입주해야 한다면 어떻겠는가? 입주를 위한 잔금 마련은 물론, 공실에 따른 관리비와 대출이자 등을 감당하며 버티는 건 결코 쉬운 일이 아니다. 그러니 투자 시에는 신중하게 생각해 보고 결정해야 한다.

여기서 잠깐!

건물보다는 입지

부동산 공부를 하다 보면 '입지'라는 말을 정말 많이 듣게 된다. 입지란 무엇일까? 사전에서 단어를 찾아보면 '인간이 경제활동을 위해 선택하는 장소'라고 설명되어 있다. 맞는 말이다. 하지만 개념을 명확히 알기 위해 조금 더 생각해 보자. 경제활동을 위해 선택할 수 있는 장소는 한두 군데가 아니다. 무엇보다 그중에는 사람들이 더 선호하는 곳이나 기피하는 곳이 있을 수 있다. 바꿔 말해, 좋은 입지와 덜 좋은 입지가 존재한다는 것이다. 그러니 입지는 곧 사람들의 선호도를 의미한다고 볼 수 있다. 강남의 입지가 가장 좋다는 건, 사람들의 선호도가 높아 수요 역시 가장 많다는 의미다.

그렇다면 이 입지는 어떻게 결정되는 걸까? 바로 위치에 의해 결정된다. 그 부동산이 어디에 있느냐에 따라 입지가 결정된다는 말이다. 위치에 의해 가치가 결정되는 건 부동산은 움직일 수 없기 때문이다. 예를 들어, 고급 자동차의 대명사는 '벤츠'다. 그러나 벤츠라는 차가 벤츠여서 좋은 것이지, 그게 독일에 있어서 좋은 것은 아니다. 자동차는 그 성능을 유지한 채 계속 이동하니까. 반면 부동산은 어떤가? 서울 강남의 아파트는 강남에 있기에 그 가치를 인정받는다. 강남에는 사람들이 선호하는 여러 가지 요인(일자리, 교통, 환경, 학군 등)이 다른 위치에 비해 월등하게 조성되어 있고, 이러한 요인 역시 강남을 떠날 수 없다. 따라서 그 위치에서만 가질 수 있는 특성을 갖게 된 것이다. 이것이 부동산의 입지이며, 결국 가치다. 이렇게 생각하면 입지는 곧 그 땅이 어디에 있는가를 뜻한다.

그렇다면 부동산의 입지는 어떻게 판단할 수 있을까? 지금 이 시대를 살아가는 사람들이 좋아하는 것을 항목별로 생각해 보면 된다. 대표적으로 일자리, 교통, 주변 환경, 학군 등이 있다. 각각의 항목이 우수할수록 그 땅에 대한 선호도가 높고 수요가 많으며 더 높은 가치를 지닌다.

| 집값도 할인이 된다

나는 내손동의 E 아파트가 평촌 신도시의 입지와 인프라를 공유하고 있는 신축 아파트라는 점에서 투자하기로 마음먹고, 보다 적극적으로 투자할 매물을 찾았다. 열심히 중개소를 찾아다닌 끝에 마침내 3,000만 원 이내로 투자할 수 있는 매물을 만났다. 당시 25평 아파트의 전세가가 4억 1,000만 원가량이었는데, 매매가 4억 4,000만 원짜리 매물이 나온 것이다. 이미 '네이버 부동산'에서 찾아보고 부동산 중개소에 전화해 시세조사까지 마친 터라, 그 가격대라면 저렴한 편이라는 걸 알았다. 주변의 신축 아파트 물건들도 샅샅이 뒤져서 비교한 후, 이 물건에 투자하기로 최종 결정했다. 다른 아파트를 매입하는 데도 비슷한 규모의 투자금이 필요했지만 선호도에서는 E 아파트와 X 아파트가 가장 인기였기 때문이다. 또 X 아파트 20평형대에는 당시 좋은 조건의 매물이 없었다.

지금에 비해 협상력이 부족한 시절이라 매매하기까지 많은 우여곡절을 겪었다. 그래서 더 기억이 많이 난다. 중개소를 통해 파악한 사실은 이 아파트의 매도자가 인근 지역을 중심으로 다양하게 투자를 하고 있던 투자자라는 것이었다. E 아파트는 최초 분양가가 비싼 편이었는데 입주 후에도 시세상승이 미적지근한 상태라 매도자가 정리를 하고 싶어 했다. 또 그때는 미국의 금리인상이 예견되는 상황이어서 이것이 주택 시장에서 악재로 받아들여지고 있었다. 그러니 매도자는 더더욱 아파트를 팔고 싶은 마음이 강한 상태였다. 이런 상황을 고려하여, 나는 처음 4억 4,000만 원이던 매도호가를 4억 3,000만 원으로 조정하고 싶었다. 하지만 매도자는 4억 3,500만 원까지, 그 이하는 절대 안 된다고 했다. 매도자가 제시한 가격도 다른 지역의 새 아파트들에 비하면 나쁘지 않았는데, 인근 과천의 재건축 이주수요로 인해 전세 매물이 귀한 상황이었기에 나는 일단 매매를 결정하고, 계약서를 쓰는 날 중개인을 통해 추가로 가격 조정을 해보기로 마음먹었다. 그렇게 매도자와 중개소 소장님, 나 이렇게 세 사람은 부동산 중개소에 마주 앉았다.

내가 떨리는 마음으로 말을 꺼냈다. "저… 선생님, 제가 정말 돈이 없어서 그러는데 조금만 가격을 깎아주실 수 없을까요?" 옆에서 중개소 소장님도 거들었다. "사장님, 젊은 사람이 돈이 정말 없어서 그래요. 조금만 더 빼주세요." 매도자는 "이미 500만 원을 깎아줬는데 뭘 또 깎아요?"라고 말했지만, 분위기가 나쁘지 않았다. 임신한 아내가 떠올랐다. 나는 얼마 전 본 '깎는 만큼이 하루 일당'이라는 글귀를 떠올리면서 냉큼 말을 이었다. "선생님, 300만 원 정도가 모자라서요. 정말 사고 싶은데 부탁 좀 드릴게요." 그런데 돌아온 매도자의 반응은 예상치 못한 것이었다. "아니, 젊은 양반이 부동산 거래를 안 해봤구나 싶기도 하고 사정이 딱한 것 같아서 한 50만~100만 원 정도 빼줄까 싶었는데, 뭐라고요? 무슨 장난하는 것도 아니고 300만 원? 저 이 계약 못 해요!" 갑작스럽게 흥분한 매도자의 반응에 나도 중개소 소장님도 정말 난감했다. 하지만 자리를 뜬 매도자를 붙잡고 2, 3시간 사정을 이야기하며 매달린 끝에, 결국 4억 3,200만 원에 계약을 마무리할 수 있었다.

이 과정에서 배운 것도 많았다. 애초에 가격 조정을 마친 후 계약서를 써야지, 매도자 면전에서 가격 협상을 하는 건 정말 어려운 것이며, 계약이 깨질 확률도 높다는 것이다(하마터면 계약이 깨질 뻔했다). 좋은 결과가 있었기에 이렇게 소개할 수 있게 되었지만, 사실 그때 나의 행동은 정말 아마추어 같았다.

당시 나는 그 아파트를 간절히 갖고 싶었다. 하지만 그건 어디까지나 내 사정이다. 세상 모든 사람이 나의 간절함에 귀 기울여야 할 의무는 없다. 그런데도 나는 떼쓰는 아이처럼 굴었다. 그 아파트에는 월세 임차인이 살고 있었지만, 만약 매도자가 거주 중이었다면 계약 이후에 전세 임대를 위해 집을 보여줘야 할 때 비협조적인 상황을 만들 수도 있었다. 당장 눈앞에 보이는 이익을 조금 더 취하려다가 큰 어려움에 봉착할 수도 있었던 것이다.

| 이주수요와 신축의 힘

그렇게 우여곡절 끝에 매매 계약을 마치고 실거래가를 들여다보니, 기분이 좋았다. 싸게 매입했기 때문이었다. 그러나 보통 전세금을 레버리지로 삼는 투자는 사는 것이 가장 쉽다. 어려움은 오히려 사고 나서 임대를 놓는 과정에서 시작된다.

E 아파트를 매입하던 3년 전만 해도 물량이 부족한 시기였기에

나는 매매 계약 후 단 이틀 만에 전세 임차인을 구할 수 있었다. 인근의 과천 재건축 이주로 인한 전세수요가 적지 않았던 데다, 그 근방에서는 구하기 힘든 신축 아파트였기에 많은 수요가 집중된 것이다.

2018년 하반기에 들어서면서 이 지역의 전세 시장은 썩 좋지 않다. 수도권 외곽이긴 하지만 신축 아파트들이 하나둘 입주를 시작하면서 공급 물량이 상당히 많아졌기 때문이다. 당연히 전세 물건을 구하는 수요자에겐 선택지가 늘어나기에 내 입장에서는 전세 임대를 놓기가 어려워졌다. 또 부동산 상승장이 지속되자 매수 대기자들의 상당수가 주택을 매입하기로 결정하면서 그만큼 임대수요가 줄어든 탓도 있다. 거기에 최근 부동산 정책의 영향으로 늘어난 임대사업자들이 내놓는 증액 제한 전세 임대 물건들이 어느 정도 시장을 안정시킬 것으로 보인다.

당신이 경험이 많은 투자자라면 나름의 임대 노하우를 갖고 있겠지만, 이제 갓 시장에 진입하고자 하는 투자자라면 전세가 잘 나가지 않는 상황을 대비해 자금을 철저히 준비해야 한다.

| 부동산은 입지, 투자는 관계

엎어질 뻔한 계약을 되살리고 빠른 시간에 임대까지 마칠 수 있었던 건, 부동산 중개소 소장님의 도움이 컸다. 투자 경험이 쌓이면서 크게 깨닫게 되는 것 중 하나는 중개인과의 관계가 투자 결과에 미치는 영향 또한 작지 않다는 것이다. 투자를 하면서 모든 일은 결국 사람끼리 한다는 것도 알게 되었다. 경험 부족으로 아마추어 같이 행동했지만, 중개소 소장님은 자신을 진심으로 대하고 신뢰해 준 나를 좋게 봐주었다. 투자 전부터 좋은 관계를 쌓은 덕분이다. 나는 부동산 거래를 마칠 때마다 최선을 다해주어 감사한 마음이 드는 중개인들에게는 사소한 선물이라도 준비한다. 또 특별한 일이 없을 때도 가급적 자주 전화를 해 안부를 묻는다.

이런 모습이 '속 보이는 비즈니스'처럼 보일지 모르겠다. 하지만 당신이 만약 임대사업을 단순한 부업 정도가 아니라 인생을 바꾸는 데 필요한 수단으로 여긴다면, 그 정도의 관심과 표현은 필수다. 자주 보면 정이 든다고, 자주 연락하다 보면 자연스럽게 관계가 돈독해질 수밖에 없다. 부동산 투자를 시작하면 필연적으로 많은 사람을 만나게 된다. 그 과정에서 당신이 상대에게 좋은 사람으로 기억된다면, 당신의 투자 성과도 더욱 빛나게 될 것이다. 이 사실을 잊지 않았으면 좋겠다.

투자를 시작하고 만나게 된 투자 선배와 동료 들의 도움도 엄청났다. 시장에는 다양한 투자 성공담이 있다. 그런 것들에 비하면 내 사례가 그다지 특별하지 않을지도 모른다. 한두 번의 운 좋은 성과를 거둔 초보 투자자일 경우, 자신이 잘해서 성과가 난 거라 착각하는 순간 언젠가 그 자만심이 큰 화로 되돌아올 수 있다. 그 자만심이 투자 대상을 객관적으로 보는 시각에 왜곡을 가져오고,

자신의 '감'만 믿고 실행한 섣부른 투자가 자신을 위협하는 부메랑으로 돌아올 수 있다.

경험상, 실제로 투자할 부동산을 찾고 매입한 뒤 임대를 놓는 일을 다섯 번 정도 하기 전까지는 자신의 역량보다 주변의 도움이 투자 결과에 더 큰 영향을 미치는 것 같다. 따라서 초보 투자자라면, 먼저 주변인들 사이에서 본인이 누구나 신뢰할 수 있는 좋은 사람이 되도록 노력하자.

｜투자 결과

여러 가지 노력을 기울이고 동시에 운도 좋았던 덕분에, 나는 좋은 가격에 E 아파트를 매매하고 임대까지 마칠 수 있었다. 중개 수수료와 취득세 등의 각종 부대비용을 포함해 실제 들어간 투자금은 고작 2,060만 원에 불과했다. 지금 이 아파트를 매도할 경우 약 2,000만 원의 투자로 1억 4,000만 원에 가까운 시세차익을 얻을 수 있다. 물론 현재는 투자금을 모두 회수한 상태라 수익률이 무한대가 되었지만, 시세차익을 기준으로 실제 투자금 대비 수익률을 계산하면 700%에 달한다. 어떻게 이런 거짓말 같은 수익률이 가능했던 걸까?

내가 가진 돈만으로는 마련하기 어려운 자산(매매가 4억 3,200만 원짜리 아파트)을 무이자로 빌릴 수 있는 전세금(전세가 4억 2,000만 원)

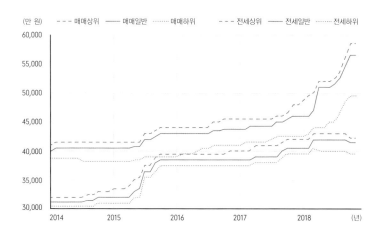

의왕시 E 아파트의 시세 변화

(만 원) --- 매매상위 —— 매매일반 .... 매매하위   --- 전세상위 —— 전세일반 .... 전세하위

을 활용하여 취득했기 때문이다. 자산의 종류를 막론하고 2,000만 원짜리 자산이 2년 뒤에 1억 4,000만 원 가까이 상승할 확률은 정말 낮다. 하지만 레버리지를 활용해 덩치가 큰 자산을 사들인 덕분에 그것이 한 바퀴, 두 바퀴 구르며 7배에 달하는 수익을 가져온 것이다(앞서 언급한 눈덩이 효과를 떠올려보라).

시간이 흐른 지금, 소액으로 투자한 내손동 E 아파트에서 큰 수익을 거둘 수 있었던 이유가 무엇인지 돌이켜봤다. 이 지역에는 현재 철도 동탄-인덕원선, 월곶-판교선 개통과 과천지식정보타운 개발 등의 호재가 존재한다. 게다가 인근의 분양가 높은 아파트들이 부동산 상승장을 맞아 완판되고, 거기에 프리미엄까지 붙어 강한 시세상승 분위기가 형성되었다. 나에게 미래의 호재까지 내다볼 능력이 있었던 걸까? 전혀 그렇지 않다. 여기에서 투자자로서 반드시 고려하고 기억해야 할 기준을 하나 알려주겠다.

내가 E 아파트를 매입할 당시 이 지역은 전반적으로 저평가되어 있었다. 앞으로도 언급하겠지만, 내가 투자를 결정할 때 첫 번째 기준으로 삼는 것은 '해당 물건이 현재 저평가된 상태냐 아니냐' 하는 것이다. 이것이 '잃지 않는 투자'의 선결 조건이다. 해당 부동산의 가치가 가격에 충분히 반영되지 않은 상황이라는 판단이 서면, 그것만으로 투자 결정 신호등이 빨간색에서 주황색 그리고 녹색으로 바뀐다. 그렇다면 호재는? 나는 부동산 호재를 투자 결정의 조건이 아닌 보너스 개념으로 생각한다. 이미 가치 대비 저렴한 것을 샀다면 이후 발생하는 호재는 상승세를 더욱 강하게 만드는 역할을 하기 때문이다.

앞에서 언급한 호재들을 보라. 저렇게 나열한 호재들 모두, 언제 현실화할지는 아무도 모른다(특히 철도사업이 정해진 시간 안에 실현될 가능성은 하늘의 별 따기에 가깝다). 바꿔 말해, 이러한 호재만 믿고 투자하는 건, 투자자로서 해서는 안 되는 행동이라는 것이다. 현시점에서 우리나라 지방 부동산 시장을 보면 알 수 있듯, 시장의 분위기가 반전되면 아무리 큰 호재가 있다 해도 사실상 큰 영향을 주지 못한다.

정리해 보자. 투자자는 투자 대상으로 고려하고 있는 부동산이 현재 저평가되어 있는지 아닌지를 가장 먼저 체크해야 한다. 물론 호재가 불에 기름을 붓는 역할을 하기에, 저평가된 부동산에 호재까지 있다면 더없이 좋다. 그러나 기름이 아무리 많아도 불꽃이 튀지 않는다면 불은 활활 타오르지 않는다는 걸 기억하라. 엄청난 호재가 있어도 그것이 부동산 가격에 이미 반영되어 저평가된 상태가 아니라면, 그 대상에 투자하지 않는 것이 좋다. 부동산 투자에서 잃지 않는 투자를 하고 싶다면, 이 말을 꼭 명심하길 바란다.

의왕시 E 아파트 25평
(단위 : 만 원)

2016년	매매가	전세가	매매가 - 전세가	실제 투자금
	43,200	42,000	1,200	2,060

2019년	매매가	전세가	시세차익	수익률
	57,000	45,000	13,800	∞(무한대)

투자 교훈

❶ 레버리지는 리스크를 감수해야 하는 투자 수단이지만, 잘만 활용하면 수익률을 극대화할 수 있다.

❷ 부동산 투자에 있어 주택이 신축이냐 구축이냐보다 중요한 것은 입지다.

❸ 부동산 거래가 내 생각대로 늘 순조롭게 진행되는 건 아니다. 따라서 나의 입장만 주장하지 말고 상대방의 입장도 고려하며 인내심을 가지고 임해야 한다.

❹ 부동산 거래는 나와 매도자 둘 사이의 거래일 뿐 아니라, 기존 인

맥과 중개인, 임차인 등 많은 사람이 함께 인연을 맺는 일이다. 좋은 결과를 얻기 위해서는 좋은 관계가 우선되어야 한다는 걸 잊지 말아야 한다.

⑤ 호재보다 저평가 여부가 잃지 않는 투자를 위해선 더 중요하다. 호재의 불확실성을 염두에 두라.

02

저평가 아파트에서 얻은
1억 2,000만 원

: 분당 21평 아파트

투자를 해본 사람은 안다. 투자 대상으로 적합한 물건을 찾기에 수월한 시기가 있다는 걸. 장마철이 시작되는 6월 초부터 한여름 휴가철에 속하는 8월 중순까지의 여름 비수기, 대학 수능시험이 있는 11월 초부터 설 명절이 있는 1월 말까지의 겨울 비수기가 그 시기다. 이유는 간단하다. 계절상의 이유로 이사하기 좋은 봄·가을 이사철에 많은 사람이 거처를 옮기고. 야외활동이 힘든 너무 덥거나 추운 날씨엔 손님이 뜸해지기 때문이다. 그래서 그때까지 시장에서 선택받지 못한 매물들이 남아 있기 쉽다. 나는 지금도 이 두 시기를 적극적으로 활용해 투자하고 있다.

| 투자 이유

2016년 여름, 나는 여름 비수기를 맞아 투자처를 찾기 위해 광명과 구로, 금천 지역의 모든 아파트를 직접 밟으며 열심히 임장했다. 지독하게 더웠던 2018년 여름만큼은 아니었지만, 사시사철 냉·난방이 잘 되는 사무실에 편히 앉아 일하는 것이 익숙했던 난 그때 우리나라의 여름이 정말 뜨겁다는 것을 실감했다.

그렇게 고생하며 다녔는데도 '이거다!' 싶은 물건은 좀처럼 나타나지 않았다. 당시 이 지역들 외에도 투자하기 좋은 지역이 꽤 많았는데, 그저 경험을 쌓아야겠다는 생각에 조급한 마음을 다스리며 임장에 열을 올렸다.

마침내 몇 군데가 눈에 들어왔는데, 그중에서도 경기도 광명시의 철산역 인근에 가격이 저렴한 아파트들에 관심이 갔다. 당시 철산역에서 도덕산으로 가는 길에 위치한 P 아파트가 대표적이었다. 철산역 인근은 광명에서 가장 번화한 상권뿐 아니라 각종 관공서와 병원까지 있어, 생활하기에 편리하다. 또 안양천을 가로지르는 철산대교를 지나면 서울 서남권의 대형 일자리 밀집 지역인 가산디지털단지가 있어서, 직주근접을 원하는 직장인 수요도 풍부하다. 이런 이유로 이 지역 부동산엔 수도권 상승장 초기인 2014년 이후 가파른 시세상승이 있었는데, 당시 아파트의 전세가도 꾸준히 상승해 3,000만~4,000만 원의 비교적 소액으로 투자할 수 있는 단지들이 꽤 있었다. P 아파트 역시 여기에 해당했다.

그 시절 나는 매일 아침 가방에 운동화를 넣고 출근해 회사에서 열심히 일한 뒤, 퇴근해서는 운동화로 갈아 신고 바로 임장지역으로 향하는 생활을 했다. 토요일, 일요일도 따로 없이 매일같이 임장 또 임장이었다. 그렇게 2개월을 보내고 나니 처음에는 불가능해 보였던 구로, 금천, 광명의 모든 아파트를 다 둘러보게 되었고, 아파트별로 분위기가 어떤지 어떤 사람들이 거주하는지를 자연스럽게 익힐 수 있었다. 인근의 환경을 따져보고 어느 것이 좋고 나쁜지 나름의 기준도 갖게 되었다. 그러던 어느 날, 경사진 P 아파트의 입구를 향해 걸음을 재촉하는데 불현듯 이상한 기분이 들었다.

'이상하다. 여기 어디에선가 본 것 같은데. 어디지?'

아마 당신도 본격적으로 투자를 시작해서 여러 지역을 돌아다니다 보면, 분위기나 느낌이 비슷한 지역과 아파트를 심심찮게 만나게 될 것이다. 그 시절 온종일 아파트 생각뿐이었던 나는 외관만 비슷해도 '다른 지역의 어떤 아파트와 비슷하게 생겼네'라는 생각을 하곤 했다.

P 아파트는 최근 분양한 철산 CP 아파트 사업지를 지나 도덕산으로 올라가는 길목에 있다 보니 경사가 꽤 가파른데, 이 아파트 입구에 다다랐을 때 전에 임장했던 분당의 구미동 J 아파트와 비슷하다는 느낌이 들었다.

광명을 돌기 2, 3개월 전에 분당에 임장을 다녀온 터라, 여기와 비슷한 분당의 아파트의 시세가 얼마나 변했을지 궁금해졌다. 확인해 보니 임장 당시 21평형 아파트 매매가가 2억 6,000만 원가량이었는데 그사이 가장 저렴한 매물이 2억 7,000만 원으로, 약 1,000만 정도 올라 있었다. 전세가는 2억 4,000만~2억 5,000만 원 선. 투자한다면 실제 투자금도 얼마 들지 않을 것 같았다.

그렇게 분당의 J 아파트 시세를 확인한 뒤 다시 내 눈앞에 있는 광명 철산동 P 아파트의 가격을 살펴봤다. 나는 놀라지 않을 수 없었다. 이미 나온 매물이 많았는데도 저렴한 매물의 가격이 3억 1,000만~3억 2,000만 원이었다. 전세가는 2억 7,000만~2억 8,000만 원. 물론 이곳 역시 소액으로 투자할 수 있었다.

그런데 이상했다. 경기도 광명도 입지는 괜찮지만, 분당에 비하면 지역적 위상에서 차이가 있다. 물론 구미동의 경우 분당 끝자락에 있고 물리적인 거리상으로도 서울과 먼 편이라, 분당 중에서 가장 낮은 시세를 형성하고 있다. 그럼에도 불구하고 굳이 따지자면, 입지적 측면에서 분당이 광명보다 떨어지지 않는 것이다.

입지는 여러 가지 항목에 따라 구성되고 상황에 따라 우선순위를 조금 다르게 두어 결정해야 할 때도 있다. 그럼에도 나는 대개 해당 지역 인근의 직장, 강남 등으로 향하는 교통, 편의시설이나 자연 등의 환경, 중·고등학교와 학원가로 평가할 수 있는 학군 등을 입지 판단의 주요 요소로 본다.

나는 분당의 J 아파트와 광명의 P 아파트의 입지 구성 요소들을 하나씩 비교하며 따져보았다. 이견이 있을 수는 있지만, 분당의 J

구미동 투자지역 인근 지도

구미동은 분당의 끝자락에 위치하고 있지만, 택지로 조성되어 있어서 바로 아래 죽전동과
는 분위기가 사뭇 다르다.

아파트가 입지적으로 광명의 P 아파트에 뒤지지 않는다는 결론을
내렸다. 직장 항목의 경우 인근의 판교테크노밸리가 가산과 구로
디지털단지보다 규모는 작지만, 급여 수준 등에서 우위에 있었다.
서울 강남까지의 접근성은 비슷한 편이지만, 도로를 통한 접근에
서는 분당이 다소 우위에 있었고, 특히 환경과 학군은 분당이 확실
히 비교 우위에 있었다. 그런데도 오히려 가격은 분당의 아파트가
더 저렴했다. 무려 4,000만 원이나!

▎저평가 부동산을 보는 안목

결국 나는 분당의 J 아파트가 저평가된 상태라는 결론을 내렸다. 또 아파트는 이러한 방식으로 저평가 여부를 판단할 수 있다는 것도 알게 되었다.

만약 당신이 그동안 부동산에 관심이 있었다면, 저평가된 아파트에 투자해야 한다는 말을 들어봤을 것이다. 나 역시 그랬다. 그런데도 도대체 무엇이 저평가인지, 어떻게 이를 알 수 있는지는 감조차 잡지 못하고 있었다. 쉽게 말해, 저평가란 가치 대비 가격이 저렴한 것을 뜻한다. 가치와 가격, 두 가지 요소로 판단할 수 있기에 어떤 물건의 저평가 여부를 알려면 그 가치와 가격을 동시에 볼 줄 아는 안목이 있어야 한다. 그런데 두 요소 중 가격은 이미 일반인에게도 알려진 정보이므로, 특별한 안목이 요구되진 않는다. 포털 사이트 부동산이나 현장의 중개소 등에서 어렵지 않게 가격을 알아볼 수 있기 때문이다. 따라서 고수든 초보자이든 어떤 매물의 가격을 알아내는 능력에는 큰 차이가 없다. 아파트일 경우 더욱더 그렇다.

그렇다면 결국 가치를 볼 줄 아는 안목, 그것이 부동산 물건의 저평가 여부를 판단하는 데 가장 중요하다는 이야기가 된다. 사실이는 부동산뿐 아니라 모든 투자 대상을 볼 때도 마찬가지다. 투자의 귀재 워런 버핏이 다른 주식 투자자들보다 뛰어난 수익을 내는 것도 특정 기업의 현재 주가가 그 기업이 가진 잠재력과 가치에 비해 저렴하다는 것을 알아보는 안목을 가졌기 때문이다. 따라서 당신이 부동산 투자를 통해 좋은 성과를 내고 싶다면, 부동산의 가치를 볼 줄 아는 안목을 갖춰야 한다. 문제는 그 가치가 쉽게 눈에 보이지는 않는다는 것이며, 그래서 열심히 공부해야 한다.

그렇다면 물건의 가치를 알아보는 안목은 어떻게 갖출 수 있을까? 부동산, 그중에서도 아파트의 특징을 한번 생각해 보자. 아파트는 같은 단지 안에서도 향, 동, 층, 내부 상태 등에 의해 가격에 차이가 벌어진다. 또한 부동산은 가격 정찰제가 적용되는 재화가 아니다. 그렇다면 이 같은 재화를 '잘' 사려면 어떻게 해야 할까? 정답은 당신도 이미 알고 있다. 스마트폰을 예로 들어 생각해 보자. 스마트폰의 경우 제품은 같아도 파는 곳에 따라 가격이 천차만별이다. 당신은 스마트폰을 새로 장만해야 할 때 어떻게 하는가? 휴대전화 대리점 여러 곳을 둘러보고 가격을 비교해 본 후 그중에 가장 저렴하다 싶은 곳에서 사지 않는가? 부동산도 이와 같다. 앞서 이야기했듯, 부동산의 가치는 입지로 결정된다. 앞에서 말한 네 가지 가치 요소가 기준이다. 이 요소들을 따져본 후 다른 것과 비교해 보는 과정을 거쳐야만, 해당 물건이 싼지 비싼지 판단할 수 있다. 이것이 바로 '비교평가'다. 이것이야말로 부동산의 저평가 여부를 판별할 수 있는 강력한 도구다.

다시 나의 사례로 돌아가 보자. 사실 광명에 가기 전 분당의 J 아파트에 이미 가보긴 했지만, 당시에는 그 아파트가 싼지 비싼지 알 수 없었다. 비교해 볼 수 있는 다른 대상이 없었기 때문이다. 이 아파트가 저평가된 상황이란 걸 인지하게 된 건 광명의 P 아파트를 본 후다. 비교해 볼 수 있는 대상이 생긴 후, 그 두 대상의 가치(입지)와 가격을 모두 확인했기 때문이다. 나는 지금도 투자 물건의 저평가 여부를 따질 때, 이와 같은 방법을 사용한다. 비교하고 또 비교해서 가치를 따져보고 현재의 가격이 그 가치에 어울리는 수준인지 판단한다. 가치에 비해 가격이 싸다면 저평가되었다고 결론 내린다. 그렇게 분당의 J 아파트는 투자 결정의 첫 번째 단계를 통과한 셈이다.

비교 대상이 많을수록 물건의 가치 판단은 정교해질 수밖에 없다. 휴대전화 대리점을 한 군데 갈 때보다는 두 군데, 두 군데보다는 세 군데, 네 군데 갈 때 좋은 조건의 스마트폰을 구할 가능성이 커지는 것과 같은 이치다.

이제 당신은 저평가된 물건을 찾아내고 여기에 투자하기 위해서는 무엇을 해야 하는지 알게 되었을 것이다. 당신은 비교할 대상을 많이 가져야 한다. 그런데 부동산은 말 그대로 옮길 수 없다. 당신이 책상에 앉아 부동산 투자서를 펴놓고 아무리 열심히 공부한다고 해도, 각종 부동산 물건이 당신 눈앞에 올 리는 만무하다. 아무리 유명 블로거나 전문가 들의 칼럼을 읽는다고 해도, 당신이 '제대로 안다'고 말할 수 있는 아파트의 수가 늘어나지 않는다. 그렇게 해서는 당신의 비교 대상 샘플이 늘어나지 않기 때문이다.

그렇다면 어떻게 해야 할까? 당연히 자유롭게 이동할 수 있는 당신이 움직여야 한다. 당신이 두 발로 직접 현장에 나가서 해당 물건 주변의 직장은 어떻게 조성되어 있는지, 교통은 어떤지, 어떤 사람들이 어떤 환경에서 살며, 자녀들을 어떤 학교와 학원에 보내는지 알아봐야 한다. 이것이 '부동산 투자의 성공 비결은 발품에 달렸다'고 하는 이유다. 명심하라. 부동산은 발로 하는 것이지, 책상에서 kb 시세로 그래프를 그려가며 하는 것이 아니라는 사실을. 나 역시 이 사실을 깨닫기까지 많은 시행착오를 거쳤다.

상대가 원하는 것 파악하기

광명의 P 아파트를 임장한 바로 다음 날 회사 점심시간에, 나는 일전에 임장했을 때 알게 된 분당의 부동산 중개소 소장님에게 전화했다. 네이버 부동산에 올라온 J 아파트 로열층 2억 7,500만 원짜리 매물이 있는지 확인하기 위해서였다. 다행히 있었다. 소장님은 내게 요즘에는 전세가 귀하니 매입해서 임대를 내놓는 게 어떤지 물었다. 나는 약속을 잡고 퇴근 후에 바로 중개소로 향했다. 해당 아파트는 로열층인 데다 사이드에 위치한 것도 아니었다. 당시 거주하던 임차인은 아이가 태어나 조금 더 넓은 집으로 이사하려는 상황이었고, 집주인이 전세 만기 시점에 집을 내놓은 것이었다. 수리가 된 것은 아니었지만 대단히 깨끗하고 상태도 좋았다. 임차인과 이런저런 이야기를 나눠보니, 본인들이 전세금을 받아 무리 없이 이사를 하려면 협조해야 한다고 생각해서인지, 원래 타인에게 호의적인 성향인지는 몰라도 굉장히 친절했다. 매입한 뒤 나중에 전세를 내놓아도 그처럼 호의적이라면 임대 과정에서도 문제가 없겠다는 생각이 들었다. 여러모로 조건이 좋았다. 가격만 조금 조정된다면 참 좋겠는데!

집을 보고 중개소 사무실로 돌아오면서, 나는 소장님에게 여러 가지 질문을 했다. 보통 매도자와 가격을 협상하기 전에는 그가 집을 팔려고 하는 이유를 묻는다. 물론 이때 중개소 소장님이 매수자인 나보다 매도자와 더 사이가 끈끈하다면 유용한 대답을 듣기 어려울 수도 있다. 하지만 거래에 대한 신뢰가 쌓이면 어느 정도 구체적인 이야기를 들을 수 있다. 또한 등기부 등본처럼 열람에 제한이 없는 서류를 통해서도 매도자의 사정을 짐작할 수는 있다. 해당 물건의 경우 투자자가 매입한 지 2년 만에 매도하는 것이었는데, 당시 분당과 인근 죽전에 투자했던 매도자가 지인과 함께한 사업이 어려워져 두 물건 모두 급하게 처분하고 싶어 한다는 이야기를 들을 수 있었다. 그러면서 소장님은 여름 비수기인 만큼 어느 정도 가격 조정이 가능할 것 같다고 귀띔해 주셨다. 나는 상대가 원하는 것과 내가 감수할 수 있는 것이 무엇일지 생각해 보았다. 그리고 이렇게 하기로 결정했다.

나는 중개소 소장님을 통해 매도자에게, 약 1,000만 원 정도를 깎은 2억 6,500만 원에 매매 계약을 진행해 준다면, 가계약금으로 통상적인 경우보다 많은 3,000만 원을 지금 바로 송금하겠다고 했다. 보통 가계약금으로는 200만~300만 원을 걸고, 계약서 작성 시에 매매대금의 10% 선에서 미리 지급한 가계약금을 뺀 나머지 금액을 입금하는 것이 관례다. 그런데 돈이 급한 매도자의 입장을 고려해, 지금 당장 가계약금을 더 많이 지급하는 조건을 제시한 것이다. 소장님을 사이에 두고 2시간여 동안 매도자와 밀고 당기기를 거듭한 결과, 매도자가 내 조건을 받아들였다.

여기서 잠깐!

부동산 전세투자 시 일반적인 거래 순서

- **1단계 : 매매 가계약 체결**

  매도자에게 매수자가 가계약금을 지급한다(통상적으로 200만~500만 원가량).

- **2단계 : 매매 계약 체결**

  매도자와 매수자가 만나서 매매 계약서를 작성하고 가계약금을 제한 나머지 계약금(통상 매매대금의 10%)을 지급.

- **3단계 : 전세 가계약 체결 및 1차 매매 중도금 지급**

  매도자에게 신규 임차인이 전세 계약에 대한 가계약금을 지급(통상 200만~500만 원가량)하며, 이를 매매 계약의 중도금으로 봄.

- **4단계 : 전세 계약 체결 및 2차 매매 중도금 지급**

  매도자와 신규 임차인이 만나 전세 계약서를 작성하고, 임차인이 가계약금을 제한 나머지 계약금(통상 전세금의 10%)을 매도자에게 지급.

- **5단계: 매매 및 전세 잔금 지급**

  매도자와 매수자, 신규 임차인이 함께 만나, 임차인이 치르는 전세 잔금으로 매수인이 매도인에게 매매 잔금을 지급.

예시) 매매 3억 원, 전세 2.5억 원인 아파트를 거래할 경우

단계	내용	매도자	매수자	신규 임차인
1	매매 가계약	200만 원 입금	200만 원 출금	–
2	매매 계약	2,800만 원 입금	2,800만 원 출금	–
3	전세 가계약 매매 1차 중도금	200만 원 입금	–	200만 원 출금
4	전세 계약 매매 2차 중도금	2,300만 원 입금	–	2,300만 원 출금
5	매매 잔금 전세 잔금	2억 4,500만 원 입금	2,000만 원 출금	2억 2,500만 원 출금
	총 거래 금액	3억 원 입금	5,000만 원 출금	2억 5,000만 원 출금

나는 무엇을 줄 수 있는가

사람들은 통상 본인이 원하는 것만 주장한다. 그러나 협상의 기본은 주는 것에 있다. 내가 상대에게 무엇을 줄 수 있느냐에 따라 원하는 것을 얻느냐 얻지 못하느냐가 결정된다. 개인적으로는 투

자 이전까지 이 같은 협상을 해본 적이 없었다. 그래서 타인의 생각을 읽고 마음을 헤아리려고 노력해 본 적도 없다. 직장인 대부분이 그럴 것이다. 우리는 사무실에 앉아서 일하고 그 일에 대한 급여를 받고, 받은 돈으로 물건이나 서비스를 구입한다. 그 과정에서 아쉬운 소리를 해야 하거나 상대의 입장을 깊이 헤아리고 배려해야 할 일은 거의 없다. 그렇다 보니 어떤 사안을 두고 타인과 협상해야 하는 상황이 되면, 결국 나의 자존심이 가장 중요하게 된다. 훈련이 되지 않아서 어려운 일이다. 내 제안을 상대가 받아주면 하는 거고, 아니면 말고 식이 되기 쉽다. 좋은 협상이 되기 힘든 이유다. 다만 생각을 바꿀 필요가 있다.

"제가 정말 선생님의 집을 사고 싶은데요, 돈이 조금 모자랍니다. 그래도 제가 할 수 있는 최선을 다해 성의를 표하겠습니다. 이 작은 성의가 매도자분께 도움이 되었으면 좋겠습니다. 한번 고려해 주실 수 있을까요?"

이런 말을 그대로 하라는 게 아니라, 이 같은 태도로 접근해야 한다는 뜻이다. 막상 거래에 임하면 이런 자세와 태도를 보이기가 쉽지 않을지 모른다. 나 또한 처음에는 내 입장만 주장하고 아님 말고 하는 식으로 계약을 진행하려 했지만, 얼마 지나지 않아 이런 태도로는 좋은 결과를 얻기 힘들다는 사실을 깨달았다. 그래서 조금 더 상대방 입장에서 생각하려고 노력했다. 나의 의견만 상대에게 관철하려 하지 말고, 다소 그 과정이 힘겹고 진이 빠지는 일이 된다 해도 상대방과 터놓고 이야기하며 조금씩 견해 차이를 좁혀 가는 것이 최선인 것이다. 그렇게 하다 보니, 온실 속 화초처럼 지내던 직장인에서 가족을 위해 나를 내려놓고 때론 굽힐 줄도 아는 사람이 되었다. 그런 자세로 임하니, 가격을 내려달라는 요청에 난색을 표하던 매도자도 결국, 그 대신 관례보다 많은 액수의 계약금을 바로 송금하겠다는 나의 제안을 받아주었다.

같은 상황도 어떻게 보느냐가 중요하다

여름에 물건을 매입한 후 잔금 납부 시기를 가을로 맞추는 것. 이것이 비수기 투자의 정석이다. 앞서 말했듯 매매가 뜸한 시기에 저렴한 가격에 집을 사서 임대수요가 풍부한 이사철에 임대를 놓을 수 있다. 그러나 가을로 접어든 시점부터 수도권의 전세 물량이 조금씩 늘어나기 시작했고, 상대적으로 전세가 잘 나가지 않는 단지였던 분당의 J 아파트는 잔금일이 임박한 상황에서도 좀처럼 전세가 나가지 않았다. 애초에 집 내부를 모두 수리한 뒤 수리되지 않은 다른 매물보다 1,000만 원가량 올린 2억 6,000만 원에 전세를 내놓으려 했지만, 여의치 않았다. 심지어 나중에는 가격을 내렸는데도 전세 임차인을 구하기 어려웠다.

그러던 중 잔금일이 3주가량 남은 시점에 전세가를 2억 3,000만 원에 낮춰주면 들어오겠다는 임차인이 나타났다. 지금이라면 굳이 그렇게까지 하지 않았을 텐데, 나는 기존 가격을 고수했다. 대출을 받아 잔금을 치르기로 결심했기 때문이다. 대출을 받으면 주택담보대출의 중도상환수수료와 대출이자, 임대가 완료되어 대출금을 상환할 때까지의 기회비용, 소유권 이전 이후의 관리비 등 여러 가지 비용이 추가로 발생한다. 그런데도 대출을 받아서 잔금을 치르려고 했던 데는 다른 이유가 있었다.

나는 당시 대출에 대한 막연한 두려움을 가지고 있었다. 물론 여러 재테크서를 읽은 뒤엔 대출도 잘만 활용하면 레버리지 효과로 빠른 시일에 훨씬 유리한 결과를 얻을 수 있는 방법이라는 것을 알게 되었지만, 막상 경험이 없으니 그 두려움을 완전히 떨칠 수가 없었다. 이 기회에 오랜 기간 내 마음속에 자리 잡고 있던 두려움을 극복해 보고 싶었다. 나는 이곳저곳의 금융기관에 알아보면서 대출을 받으면 충분히 잔금을 치를 수 있고 다른 비용도 감수할 수 있다는 걸 확인했다. 그렇게 대출을 받아 잔금을 치르는 과정에서 대출에 대해 공부하고, 실제로 발생하는 비용이 정확히 얼마나 되는지 경험해 보기로 했다.

투자자의 자산목록 1호

투자를 하면서 나는 여러 오프라인 모임을 통해 새롭게 투자 시

3 | WHAT

장에 진입한 초보 투자자들을 만났다. 그들을 볼 때마다 처음 투자를 시작하던 내 모습이 떠오르곤 했다. 사실과는 다른 고정관념과 선입견에 여전히 발목 잡혀 있는 사람들. 나도 그들과 별반 다르지 않았다. 그래서 처음 투자를 시작하고 부동산 10채를 마련하기까지는 최대한의 경험을 해보려고 애썼다. 그때 내게 가장 중요한 화두는 '잃지 않는 선에서 경험 쌓기'였다.

분당 J 아파트에 투자했을 때도 마찬가지였다. 잔금을 치른 뒤 수리를 진행할 경우 보다 높은 전세가로 임대를 내놓을 수 있기에 돈이 적게 묶이고 무엇보다 대출에 대해 배울 수 있을 것 같았다. 결과적으로 나는 담보대출과 1금융권 마이너스 통장, 2금융권의 신용대출까지 모두 개설해 받은 돈을 활용했다. 이 과정에서 대출 과정부터 대출의 종류와 각 금융권별 대출상품, 금리에 관해 상당히 자세히 알게 되었다. 이 경험은 이후 대출이라는 무기를 활용해 더 좋은 물건을 매입하는 방식을 터득하는 데 큰 도움이 되었다.

투자 시장에 들어와서 첫 투자를 통해 돈을 벌었다면, 당신은 운이 좋은 것이다. 다만 이런 행운이 매번 찾아오는 건 아니라는 걸 명심하라. 오히려 그 행운이 투자자의 눈을 가리게 된다면 다음 투자에서 고배를 마실 수도 있다. 실제로 그런 경우를 적지 않게 목격했다. 인간이 무언가를 배운다는 건, 결국 시행착오를 반복하면서 얻는 살아 숨 쉬는 경험과 교훈으로 실력을 가다듬는 과정이 아닐까? 투자, 그중에서도 소액으로 부동산에 투자하는 사람들은 이를 꼭 기억했으면 좋겠다. 가진 돈이 많지 않은 상태에서 원하는 목표에 도달하려면 필연적으로 여러 번의 투자를 해야 한다. 그렇기에 지역이나, 물건, 상황도 많이 겪어본 사람에게 유리할 수밖에 없다.

처음 10채의 부동산을 마련하기까지 나는 다른 지역, 다른 평형, 다른 상황에 도전했다. 분당, 평촌, 의왕, 서울, 부천, 용인, 고양 등 지역도 달랐고, 10평형, 20평형 초반, 20평형 중반, 30평형 초반까지 국민주택규모 이하의 모든 면적에 도전했다. 매도자인 주인이 살던 집, 전세 임차인이 살던 집, 월세 임차인이 살던 집, 공실, 임차인 전세 기간 중간에 매매 등 매입 당시 상황 또한 모두 달랐다. 신축 아파트, 구축 아파트는 물론이거니와 구축 아파트 중에서는 올수리된 집, 일부만 수리된 집, 전혀 수리가 되지 않은 집까지 상태도 달랐다. 다양한 투자를 진행해 본 덕분에 자신감이 붙었다. 마치 《수학의 정석》에 나와 있는 모든 기본 문제와 예제를 섭렵해 나가는 느낌이었다.

그렇게 다양한 경험을 한 덕분에 어느 정도 시간이 지나고 나자, 투자 동료들이 던지는 여러 가지 질문에도 막힘없이 대답할 수 있게 되었다. 힘들고 어려운 일도 많았지만, 그동안의 경험이 안겨준 지혜가 내 안에 쌓인 것이다. 잃지 않는 투자인 동시에 큰 수익이 돌아오는 투자를 할 수 있게 된 비결이다.

대출을 받아 J 아파트의 매매 잔금을 치르고 수리까지 진행하고 나니, 마침 시중에 나와 있던 전세 물건도 소진이 되었다. 전세 물건이 귀해진 시기, 원하던 2억 5,500만 원에 임차인과 전세 계약을 체결했다.

| 투자 결과

결과적으로 보면, 수리비 920만 원까지 포함해도 실제 투자금이 3,000만 원도 채 안 되는 돈으로 수도권 주요 입지인 분당의 아파트를 1채 마련하게 된 것이다. 2019년 당시 매도할 경우 1억 원이상의 시세차익을 얻을 수 있는 셈이니, 수익률도 500%에 가깝다. 그러나 이 투자를 통해 저렴한 아파트, 즉 가치 대비 저렴한 저평가 아파트의 의미를 제대로 알게 되었다는 게 내겐 가장 큰 의미였다. 대출에 대한 막연한 두려움을 극복하고 익혀 이후 투자에 잘 활용할 수 있게 되었다는 점 또한 중요한 성과다. 임대 과정에서 벌어진 어려움 역시 좋은 경험으로 되살려 앞으로 수월하게 임대를 놓을 수 있는 비결도 터득할 수 있었다.

어떻게 3,000만 원도 안 되는 비교적 적은 금액으로, 1억 2,000만원의 시세차익을 얻을 수 있었던 걸까? 분당은 수도권에서도 입지가 우수한 지역이다. 분당이라는 지역명 자체가 브랜드가 될 정도다. 물론 앞서 말했듯 구미동은 분당 내에서 가장 외곽에 위치하기에, 분당 중심부의 가격이 움직인 후 후행하는 경향이 있으나 그럼에도 결국 그 흐름에 영향을 받는다. 이처럼 입지가 우수한 지역일경우 실수요 자체도 풍부하지만, 부동산 상승장에서 전체적으로강한 상승 기류가 형성될 때 투자수요 또한 빠르고 강하게 유입된다. 이런 곳은 보통 입지가 우수한 강남이나 잠실, 분당과 흡사하게 하나의 브랜드가 된 곳들이다. 2018년 하반기 기준, 서울을 둘

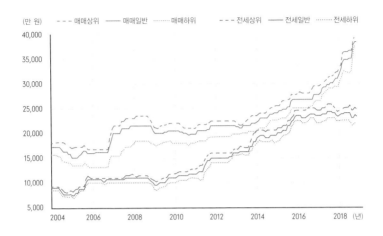

분당 J 아파트의 시세 변화

(만 원)   - - - 매매상위   ── 매매일반   ……… 매매하위   - - - 전세상위   ── 전세일반   ……… 전세하위

러싸고 있는 '똑똑한 한 채' 신드롬에서 이런 움직임을 포착할 수 있을 것이다. 수요가 공급보다 많은 경우 가격이 오르는 것은 당연한데, 이런 지역의 경우 그 수요에 실수요뿐 아니라 가수요까지 포함되기 때문이다. 가수요까지 포함돼 수요층이 두껍다 보니 상승의 기세가 강하고 상승폭 또한 크다. 강남 부동산의 가격이 오를 때 더욱 가파르게 오르는 것도 이러한 이유에서다.

다만, 나는 가급적 절대적인 가격 수준이 그다지 높지 않은 물건들에 투자한다. 우선, 절대 가격이 높으면 전세가율이 높다 해도 투자금이 많이 들어가기에 수익률 면에서는 대단한 장점이 없다. 예를 들어, 매매가 10억 원, 전세가 6억 원인 아파트와 매매가 3억 원, 전세가 2억 6,000만 원인 아파트가 있다고 하자. 10억 원짜리 아파트에 투자하려면 4억 원이 필요하지만 3억 원인 아파트에는

4,000만 원만 있으면 투자할 수 있다. 물론 10억 원짜리 아파트가 상승장에서는 매매가 자체가 더 높게 상승할 수 있으나 두 물건의 수익률이 엇비슷해지려면 10억 원짜리가 3억 원짜리에 비해 매매가 상승폭도 10배 더 커야 한다. 그런데 현실에서는 이런 일이 쉽게 벌어지지 않는다. 또한 과거의 수도권 부동산 시장의 움직임을 추적해 보면, 고가 주택이나 가격이 많이 오른 주택일수록 하락장에서의 하락폭이 컸다는 것을 알 수 있다. 받아줄 수요층이 그만큼 얕기 때문이다. 직관적으로 생각해 봐도, 가지고 있는 자산의 가격이 클수록, 즉 비쌀수록 매매가든 전세가든 안정성이 떨어지는 것은 당연하다.

따라서 나는 부동산의 절대 가격에 있어서는 가급적 상한선을 두고 투자를 하는 편이다. 최근 여기저기서 똘똘한 부동산 한 채에 대한 이야기가 나오고 있는데, 재미있는 건 바로 이전 부동산 상승 사이클에 해당하는 2004~2007년에도 이 같은 현상이 있었다는 사실이다. 좋은 입지에 위치한 비싼 집은 상승장에서 가격이 많이 오른다. 하지만 그만큼 변동성도 크게 마련이다. 그러니 당신이 초보 투자자라면, 충분한 경험을 통해 실력을 갖추기 전까지는 가격 자체가 비싼 집은 투자처로서 조심할 필요가 있다. 무조건 비싸고 좋은 집이 아니라, 당신에게 투자 대비 쏠쏠한 수익을 안겨줄 알토란 같은 투자처에 집중하라. 그리고 잃지 않는 선에서 경험을 쌓아라. 그 경험이 당신에게 더 적은 금액으로 많은 이익을 거둘 수 있는 좋은 투자처를 찾게 도와줄 것이다. 투자는 단순히 내가 어느 지역에 집이 있다고 자랑하려고 하는 것이 아니다. 서울 강남에 투자했어도 돈을 잃었다면 투자론 낙제점이라는 걸 잊지 말자.

분당 J 아파트 21평

(단위 : 만 원)

2016년	매매가	전세가	매매가 - 전세가	실제 투자금
	26,500	25,500	1,000	2,450

2019년	매매가	전세가	시세차익	수익률
	38,500	24,500	12,000	489%

투자 교훈

❶ 해당 부동산이 가진 입지 가치에 비해 가격이 저렴한 것을 찾아 투자하는 것이 중요하다.

❷ 실전 투자자로서 중요한 것은 다양한 경험을 쌓는 것이다.

❸ 전장에 나가는 군인이 자신이 가진 총알 개수를 알아야 하듯, 투자자는 대출 가능액 등을 점검하여 자신이 유용할 수 있는 자금 동원력을 확인해 둬야 한다.

❹ 초보 투자자라면 보다 안전한 투자를 위해 가격이 지나치게 높지 않은 물건에 투자하면서 경험을 쌓는 것이 좋다.

03

수익률 440%,
아는 지역을 늘린 대가
: 수지 32평 아파트

투자를 시작하고 지금까지 부동산에 관해 공부하면서 가장 크게 달라진 건, 아는 지역이 늘어났다는 것이다. 그사이 전국에 걸쳐 제법 많은 지역의 부동산 현장에 직접 나가서 보고, 개별 단지와 아파트 들의 특징을 정리한 덕분이다.

지극히 당연한 말이지만, 이처럼 아는 지역을 늘려나가는 건, 투자처를 찾기 위해서다. 아는 곳이 많아질수록 투자할 물건을 찾는 일도 점점 더 쉬워진다. 여러 곳에 그물을 던져둘수록 더 많은 물고기를 잡을 수 있는 것처럼.

| 투자 이유

경기도 용인시 수지구는 내게 익숙한 곳이었다. 이번 사례에서 소개할 물건에 투자하기 전에 이미 이 지역의 20평형대 아파트 2채에 투자했기 때문이다. 그러니 수지구는 내가 '아는 지역'이었다. 나는 보통 어느 지역에 임장을 다녀온 뒤에는 그곳의 대장 격인 아파트 단지와 실제 투자를 검토했던 단지 위주로 꾸준히 시세를 모니터링한다. 그렇다 보니 임장을 통해 아는 지역이 늘어날수록 시세를 모니터링하는 지역의 수도 늘어나고, 이에 따라 자연스럽게 수도권 각지의 움직임을 전반적으로 관찰할 수 있게 되었다.

임장한 지역과 해당 부동산의 시세를 모니터링하는 건 일종의 모의투자와 비슷하다. '이곳에 투자했다면 어느 정도의 수익을 얻게 되었을까?', '내가 놓쳤던 그 지역의 잠재력이나 함정 같은 것은 없었나?' 등을 짚어가며 차츰 내공을 쌓아갈 수 있다. 이처럼 '임장 후 모니터링'은 각 지역의 부동산 시세 흐름과 변화를 찾아내고 그 원인을 공부함으로써 투자에 대한 안목을 쌓는 데 도움이 되는 아주 좋은 공부법이다. 이러한 안목이 성공적인 투자에 발판이 된다는 건 두말할 필요도 없다.

호재를 믿는다는 것

수지구는 경부고속도로를 축으로 동과 서로 나뉜다. 서쪽의 동천동, 풍덕천동, 상현동에는 신분당선이 지난다. 용인시에는 '난개발'이라는 이미지가 박혀 있지만, 그중에서 풍덕천동은 비교적 깔끔한 택지지구(수지1지구, 2지구)로 구성되어 있다. '수지구'라고 하면 가장 먼저 떠오르는 것 중 하나가 신분당선이다. 신분당선 개통 전에는 광역버스를 제외하고는 대중교통망이 열악한 편이었으나 개통 이후 강남 접근성이 획기적으로 개선되었다. 부동산 시세도 수도권 상승이 시작된 2013년 이후 2016년 신분당선 개통 이전까지 꾸준히 상승했다.

다만, 소액으로 투자하기에 적합한 전세가는 좀처럼 형성되지 않았다. 통상적으로 철도개통 등의 호재는 사람의 심리를 자극해 개통 전에 이미 매매가에 반영되는데, 전세가는 실사용 가치를 의미하기에 선 반영되지 않는 것이다. 개통되고 나서야 그 지하철을 이용할 사람들이 비로소 새로운 임대수요, 즉 실사용수요가 되기 때문이다. 개통되지 않은 지하철을 이용하려고 그 지역에 전셋집을 구하는 사람이 있겠는가? 시간이 흘러 신분당선이 개통하는 2016년 1월 말이 됐는데, 상황이 재미있게 흘러갔다. 지난 상승장 초입 구간에서의 가파른 매매가 상승과 당시 국정 농단이라는 사회적 이슈 등에 따른 피로감이 쌓인 탓에, 막상 개통 시기에는 오히려 매매가에 정체 구간이 나타난 것이다. 그럼에도 신분당선 개통이 사용가치를 끌어올리고 이 노선을 이용하고자 하는 전세수요가 늘어나면서, 매매가와는 다르게 전세가가 꾸준히 상승했다. 결국, 2016년 겨울이 되자 이 지역 아파트의 매매가와 전세가가 비슷해졌다. 타깃이 나의 사정거리 안으로 들어온 것이다.

풍덕천동 투자지역 인근 지도

경부고속도로를 기준으로 서쪽에는 풍덕천동. 동쪽에는 죽전동이 있다. 택지인 풍덕천동
에 비해 죽전동은 난개발 이미지가 강하다.

나는 이미 수지 풍덕천동의 20평형대 역세권 아파트 2채를 각
각 1,500만 원, 2,000만 원으로 매입하고, 다른 지역을 임장하면서
아는 지역을 열심히 넓혀가고 있었다. 앞서 말했듯, 나는 한 번 임
장한 지역은 이후에도 꾸준히 시세 흐름을 모니터링하는데, 보다
보니 시간이 흘러 소폭의 시세상승이 있었음에도 여전히 다른 지
역에 비해 가격이 저렴하다는 걸 알 수 있었다. 특히 20평형대 아
파트는 나와 같은 시기에 진입한 투자수요와 꾸준한 실수요에 반
응해 어느 정도 가격이 상승했지만, 30평형대는 여전히 약보합 내

지는 정체 상태였다. 수도권 동남부(용인, 화성(동탄), 수원 등)에 예정된 입주 물량 때문이었다. 입주 물량이 많으면 가장 먼저 아파트 전세가가 내려간다. 전세가는 매매가에 비해 가격이 쉽게 움직이는 편이다. 물량이 많아서 임차인을 구하기 쉽지 않은 상황이 되면, 집주인들이 그들 입장에서 가장 큰 위기가 되는 공실을 막기 위해서라도 전세 보증금을 내리기 때문이다. 보증금은 어차피 임차인에게 돌려주어야 하는 돈이라는 인식이 있어서다. 그러나 매매가는 다르다. 당신이 집주인의 입장이라고 생각해 보라.

이렇게 아파트의 전세가 상승이 주춤하면 어떤 일이 생길까? 전세 보증금을 레버리지로 활용하는 투자자들의 움직임 역시 주춤하게 된다. 투자금이 많이 들기 때문이다. 당시 용인뿐 아니라 동탄과 수원 등에 예정된 입주 물량이 사상 최대에 이른다는 뉴스에, 실수요는 물론 투자수요 또한 위축되었던 것이다. 이로 인해 수지 지역은 일시적으로 매수세가 얼어붙었다. 나는 전세가와 입주 물량들을 살펴보면서 진입할 기회를 찾았다.

입주 물량 vs. 입지

해당 지역의 입주 물량은 정말 중요하다. 다만 나는 비교적 안정적인 현금 흐름을 가진 데다 맞벌이를 하는 직장인이기에, 투자를 고려하는 대상이 수도권에 있다면 입주 물량보다는 해당 물건의 저평가 여부를 먼저 고려한다. 가치 대비 저렴한지, 그렇다면 얼마나 싼지에 집중하는 것이다. 물론 입주 물량이 감당하기 어려울 정도로 많고 장시간 지속되는 경우라면, 저평가된 상태라도 투자 대상에서 제외한다. 투자금 회수와 시세차익 실현에 너무 오랜 시간이 걸리고, 최악의 경우 돈을 잃을 수도 있으니까. 다만 투자 대상이 확실히 저평가되어 있고 주변 입주 물량 또한 단기간에 정리될 것으로 보인다면, 2년 뒤 한 차례 정도 역전세♥가 발생해 추가로 자금이 투입된다고 해도 매입하는 경우가 있다. 입주 물량이 많다는 이유 하나만으로 무조건 투자를 미루지는 않는다는 것이다. 나에게 최우선 투자 기준은 저평가 여부이기 때문이다. 단, 여기서 주의할 것이 있다. 이런 지역일 경우에는 같은 시기에 여러 채에 투자해서는 안 된다.

투자를 결정한 용인시 수지 J 아파트의 30평형대는 당시 시세 기준으로 매매가가 3억 8,000만 원, 전세가는 3억 5,000만 원이었다. 30평형대의 경우 평형의 특성상 학군이 중요한 요소가 되는데, 수지는 주택가격 대비 학군이 좋기로 이미 유명한, 흔히 말하는 '학군 가성비'가 높은 지역이다. 교통과 학군의 수준을 생각할 때 32평 아파트의 매매가가 4억 원이 채

♥ **역전세**란 전세 갱신이나 새로운 임차인과 계약을 체결해야 하는 시점에, 이전 전세 계약 시점보다 보증금이 낮아지는 상황을 의미한다.

안 된다니 저렴해 보일 수밖에. 이는 그보다 교통과 학군이 월등히 떨어지는 다른 지역의 아파트와 가격이 비슷한 수준이었다. 아울러 전세가 또한 비슷한 효용가치를 지닌 다른 지역에 비해 저렴했다. 이처럼 아파트의 전세가도 비교해 볼 필요가 있다. 이를 통해 전세가 수준을 판단할 수 있는 건 물론이요, 지금 투자할 경우 2년

뒤 전세금 상승분을 취할 수 있는지, 반대로 전세가가 떨어진다면 그 폭이 대략 얼마나 될지를 가늠할 수 있기 때문이다. 아파트의 매매가와 전세가 모두 저렴한 상황이라면 보다 큰 시세차익을 얻을 확률도 높아진다. 기대수익이 그만큼 커지는 것이다.

때마침 인근에 신축 아파트가 준공을 마치고 입주를 시작하고 있어서, J 아파트 단지에서는 일시적으로 낮은 가격대의 매물이 나오기 시작했다. 주변 신축 아파트의 입주와 겨울철 비수기, 입주 물량에 대한 우려 등이 겹치면서 매수세가 싸늘하게 얼어붙은 것이다. 팔고 싶은 사람은 많은데 사고 싶어 하는 사람은 없는 상황. 그렇게 매수자 입장에선 더없이 좋은 분위기가 형성되었다. 동시에 인근 신축 아파트를 선두로 전세 물건이 매우 빠른 속도로 소진되고 있었다. 그렇게 2017년 말로 접어들자, 그 신축 아파트의 전세가는 입주 개시 당시의 저렴한 물건의 전세가보다 무려 1억 원이나 상승했다. 단 4, 5개월 만에 벌어진 일이다. 통상 입주 물량이 생기면 전세가 하락에 대한 공포가 심해지는 경우가 있는데, 이곳처럼 입지가 비교적 우수하면서 동시에 물량은 제한적인 지역이라면 새 아파트의 입주 물량이 빠르게 소진된다. 결국 새 아파트 입주 초기 저렴한 전세 물건이 순식간에 사라지면서, 전세 호가가 5억 원에 이르렀다. 그렇게 되자 드디어 상대적으로 가격이 저렴한 인근 구축 아파트의 전세 물건도 소진되기 시작했다. 매매가는 떨어지고 전세 매물이 자취를 감추는 타이밍이 된 것이다. 신축 아파트의 경우 매매가가 34평 기준 6억 원대 중반이었는데, 바로 옆의 구축 J 아파트 32평은 매매가가 3억 원대 중·후반으로, 신축 아파트 매매가의 60%에도 미치지 못하는 상황이었다. 비록 구축이긴 했으나 길 하나를 건너 마주 보고 있으니 입지에는 차이가 없는데, 가격이 절반을 조금 넘는 정도였다. 나는 J 아파트가 저평가되었다고 판단하고 2년 뒤 일시적인 역전세에 대비할 수 있는지를 검토한 후 투자를 결정했다.

| 대안이 있으면 급할 것이 없다

투자 초기엔 투자할 만한 물건을 찾는 데 나의 역량 100%를 쏟아부을 수 있다. 그러나 시간이 지나 조금씩 시스템을 갖추게 되면, 기존에 투자한 물건을 관리하는 데도 일정 부분 시간과 노력을 투입해야 한다. 이러한 이유로 나는 기존에 거주하는 임차인의 임대만료 기간이 남아 있는 물건도 적극적으로 검토한다. 집을 매입한 후 따로 임차인을 구해야 하는 수고로움에서 벗어날 수 있기 때문이다. J 아파트가 여기에 해당했다.

매도자는 얼마 전 다른 지역에 두 번째 주택을 매입한 상태라 일시적 1가구 2주택자에 대한 양도세 비과세 혜택을 받기 위해 J 아파트를 내놓은 것이었다. 다만 해당 단지 내 아파트에 결혼한 자녀가 손녀와 거주하고 있고, 자녀 부부가 출근하면 손녀를 돌봐주어야 하는 상황이라, 아파트는 팔더라도 임차인으로라도 계속해서 거주하길 원했다.

투자자 입장에서 꽤 반길 만한 사례다. 우선 매도인의 매도 사유가 분명하고 꼭 집을 팔아야 하는 입장이기에 가격을 조정하기 수월하다. 또한 매도자가 계속해서 거주하길 원하므로 임대 계약도 쉽다. 다만 매도자인 주인이 같은 곳에 세입자로 거주할 경우, 전세가가 시세와 비슷한 상황이면 매매가를 시세보다 비싸게 부르고, 매매가가 시세와 비슷한 상황이면 전세가를 시세보다 저렴하게 요구할 때가 많다. 그렇기에 건당 투자금액 기준을 3,000만 원가량으로 삼고 있는 내겐 조건이 맞지 않을 때가 있었다. J 아파트의 매도자 역시 처음에는 매매가 3억 8,000만 원, 전세가 3억 4,000만 원을 고집했다. 매매가는 시세와 비슷했지만, 전세가는 당시 시세 3억 5,000만 원에 비해 저렴한 수준이었다. 이때 투자자가 중시해야 할 것은 매매가와 전세가의 차이가 아닌, 매매가 그 자체다. 간혹 이처럼 전세가가 맞춰진 물건에 투자할 때 투자금을 줄이는 데 집착하느라 오히려 가격이 더 비싼 물건을 매입하는 경우를 종종 보게 된다. 수익을 추구하는 투자자로서 바람직하지 않다. 자산 시장에서 투자자가 꿰어야 할 첫 단추는 '싸게 사는 것'이므로 나는 가격을 최우선 기준으로 삼고 협상을 시작했다.

어떤 협상에서든 중요한 것 중 하나는 서두르지 않는 것이다. 매도자는 해당 아파트에 전세가 3억 4,000만 원에 거주하고 싶다면서 매도가로 3억 8,000만 원을 제시했다. 나는 싸게 매입하는 게 더 중요했기에 3억 7,000만 원이면 매매하겠다는 의사를 전달했다. 다만 나의 주장만 일방적으로 강요할 수는 없으니 대신, 전세가를 3억 3,000만 원으로 낮추겠다고 했다. 물론 투자금으로는 평소보다 1,000만 원이 더 많은 4,000만 원이 필요했지만, 3억 7,000만 원이면 저층 아파트 가격과 비슷한 수준이었고 입지가 비교적 우수한 지역이었기에 나의 투자 금액 기준보다 더 든다 해도 나쁠 게 없다고 생각했다(세금 문제로 빨리 매도해야 하는 다소 급한 상황이었음에도 매도자는 시세 수준에서 거래하고 싶어 했고, 나는 매수 분위기가 다소 식은 상황이라 1,000만 원가량을 더 깎고 싶었던 것이다). 이처럼 서로 간의 입장 차를 확인했으나 나는 조급하게 달려들지 않았다. 부동산 중개소 소장님과 대화를 통해 매도자가 과거 투자로 어려움을 겪은 뒤 입주 물량에 대한 공포감을 가지고 있다는 것과 등기부 등본을 통해 매도자가 해당 아파트를 3억 2,000만 원에 매수했다는 것도 알게 되었다. 매도자 입장에서는 투자를 통해 어느 정도 이익을 얻었고 이제 입주 물량이 늘어난다는 뉴스가 들리는 상황이다 보니, 1가구 2주택 비과세 혜택을 받으며 매도하고 싶은 마음이 강할 터였다. 나는 소장님을 통해 어차피 팔 건데 자칫 기한을 놓치면 비과세 혜택을 받을 수 없으니, 임자가 나타났을 때 팔자고 매도자를 설득했다. 몇 시간의 협의 끝에, 드디어 매도자는 내가 제시한 조건을 받아들였다. 가계약금을 입금하기 위해 매도자의 계좌번호를 받기로 했는데, 연락이 없었다. 중개소에 다시 연락해 보니, 망설이던 매도자가 남편과 상의해야 한다며 계좌번호를 끝내 주지 않았던 것이다.

다음 날, 나는 좌절하지 않고 중개소에 다시 방문했다. 다른 일들이 적지 않았기에 가급적 빨리 이 건에 대한 투자를 마무리 짓고 싶어서였다. 매도자는 소장님과 통화하면서 본인과 나의 의견을 절충해 3억 7,500만 원에 거래하자고 제안했다. 그러면서 3억 7,000만 원에 파느니 차라리 아들에게 매도하겠다는 말도 했다. 수화기 너머로 그 이야기를 들은 나는 조금 큰 목소리로 슬쩍 물었다. "자녀분에게 매도해도 취·등록세를 다 내야 하잖아요. 그럼 대충 계산해도 400만~500만 원이 깨지는데, 그럴 바엔 그냥 속 편하게 제게 넘기시는 게 낫지 않나요?" 아무 말도 들리지 않았다. 내가 원하는 대로 거래가 진행될 것 같은 예감이 들었다. 상대가 실제로는 집을 정말 팔고 싶은데, 그저 가격 조정에서 양보하고 싶지 않아 마음에도 없는 이야기를 한 것처럼 보였기 때문이다.

▎알면 보인다

열심히 그리고 꾸준히 임장하면서 아는 지역을 넓혀가다 보면, 어느 순간부터는 쏠쏠한 수익이 예상되는 여러 개의 투자처가 눈에 들어오기 시작한다. 그때가 되면, 다양한 물건을 후보군에 올려두고 여러 가지 상황과 투자 시기를 저울질해 가며 가장 적합한 물건을 찾는 여유도 가질 수 있다.

J 아파트를 두고 협상하고 있을 당시에도 나는 다른 지역에 투

자할 만한 물건을 여러 개 물색해 둔 상태였다. 그러니 급할 것이 없었다. 이 물건이 안 되면 저 물건, 저 물건이 안 되면 다른 물건을 알아보면 되는 상황이었던 셈이다. 나는 부동산 중개소 소장님에게 고려하고 있는 다른 지역의 물건을 직접 네이버 부동산에서 찾아 보여주며, 3억 7,000만 원에 거래가 안 되면 투자하기에 적합한 다른 지역 물건으로 결정하겠다고 했다. 거래가 힘들던 시기였기에, 내가 허풍이 아니라 진짜 투자할 만한 다른 곳을 알아보고 있음을 확인한 소장님은 어렵게 나타난 매수자를 놓칠까 싶어 적극적으로 매도자를 설득하기 시작했다. 그렇게 나는 중개소 소장님의 지원에 힘입어 협상 과정에서 점차 유리한 위치를 점하게 되었다. 이후에는 이틀가량 따로 연락하지 않고 혹시라도 계약이 성사되지 않을 가능성에 대비해 다른 후보 지역의 중개소와도 접촉했다. 이틀 뒤, 매도자로부터 내가 제시한 조건에 계약하자는 연락이 왔다. 나의 조건을 받아들이기로 한 것이다.

대안이 있는 사람은 급할 것이 없다. 투자할 수 있는 지역과 물건을 얼마나 아느냐에 따라 그 결과 역시 달라진다. 이것이 안 되면 저것, 저것이 안 되면 다른 것을 택하면 된다. 이처럼 아는 지역을 늘려두면, 저평가된 투자처를 발굴할 때뿐 아니라 실제 협상에서도 강력한 무기를 손에 쥘 수 있다.

매도자가 전세로 거주하길 희망했기에, 협상을 마친 후엔 매매와 동시에 전세 계약까지 진행했다. 덕분에 연말을 맞아 이래저래 시간이 부족했는데, 순조롭게 투자를 마칠 수 있었다.

계약한 지 4개월가량이 지난 시점, 이제 임차인이 된 매도자에게서 연락이 왔다. 급하게 이사를 해야 한다는 것이었다. 이에 새로운 임차인을 구해야 했는데, 당시 수지 지역 30평형대 아파트의 전세 물건은 20평형대에 비해 여전히 부족한 상황이었다. 나는 시세였던 3억 6,000만 원보다 저렴한 3억 5,000만 원에 전세 물건을 내놓았고, 일주일 만에 임차인을 구할 수 있었다. 이로써 투자한 지 4개월 만에 2,000만 원의 투자금을 회수하게 되었다. 굉장히 운이 좋은 사례였다.

| 투자 결과

수지 J 아파트 투자의 경우, 투자한 지 오래 지나지 않아 임차인이 나가면서 2,000만 원을 회수한 덕분에 투자금이 적게 들었고, 특히 전세가율이 높아 안정성을 확보할 수 있었다. 현재 이 아파트의 매매가는 4억 후반대까지 올랐기에 나는 약 1억 2,000만 원이라는 시세차익까지 거둘 수 있게 되었다. 반복해서 강조하지만, 나는 투자 대상의 저평가 여부를 판단한 뒤 매입하고 수익률을 극대화하기 위해 임차인에게 무이자로 전세 보증금을 빌린다. 대신 나는 임차인에게 그에 상응하는 임대 서비스를 제공한다.

결국 가장 중요한 것은 가치 대비 싸게 사는 것이다. 다만 나는 내가 매입한 아파트의 가격이 언제 제대로 된 가치를 찾아갈지는

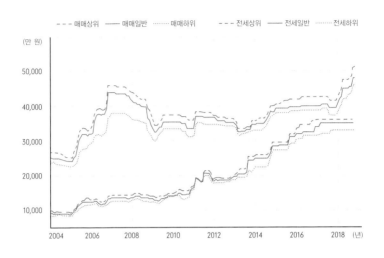

수지 J 아파트의 시세 변화

- - - 매매상위 ── 매매일반 ········ 매매하위 - - - 전세상위 ── 전세일반 ········ 전세하위

(만 원)

50,000

40,000

30,000

20,000

10,000

2004 2006 2008 2010 2012 2014 2016 2018 (년)

예단하지 않는다. 싸게 사고 장기 보유하면서 가치에 어울리는 가격이 될 때까지 기다릴 뿐이다. 투자자로서 나는 내가 할 수 있는 것만 한다. 신의 영역에 도전하지 않는 것이다.

　그런데 수지 J 아파트의 경우 매입한 지 얼마 되지 않아 시세가 상승했다. 사전에 예측할 수는 없었지만, 시간이 지났으니 분석할 수 있게 되었다. 도대체 왜 이런 일이 생긴 걸까?

　J 아파트를 매입한 후 얼마 지나지 않아 서울 및 경기도 주요 지역 부동산의 가격이 상승했고, 그 과정에서 수지 인근의 대표적 선호 지역인 분당의 아파트 가격도 크게 올랐다. 이에 따라 분당과 수지 간 격차가 벌어졌다. 그러면서 실수요자나 투자자 들이 가격이 저렴한 데다 투자처로 접근할 경우 투자금도 얼마 들지 않는 수

지 지역 아파트들에 주목하게 되었다. 말 그대로 '갭 메우기'가 시작된 것이다. 갭 메우기는 '키 맞추기'나 '순환매' 등 다양한 표현으로 불리는데, 의미하는 바는 사실상 같다. 사람들이 선호하는 지역과 붙어 있는 부동산일 경우 상승장에서 선호 지역의 가격이 상승하면 그 여파가 다음 지역으로 옮겨 붙는 현상을 말한다. 이 같은 분위기 속에서 내가 해당 아파트의 잔금을 치르고

3, 4개월가량이 흐른 2018년 봄, 용인시 수지구에는 지방의 투자자들이 많이 진입했다. 그들도 아마 나와 비슷한 생각을 했을 것이다. 강남 접근성이 30~40분대인 데다, 거주민의 소득이나 학군 수준도 괜찮은 아파트 가격이 그들이 거주하는 지방의 아파트보다 저렴하니, 저평가되었다고 판단한 것 같다. 특히 수도권 남동부 지역의 지속적인 호재(GTX A노선 신설, 신분당선 연장, 판교 제2·제3 테크노밸리 건설, 분당 지역 내 일자리 증가 등)는 투자자들의 심리를 더욱 강하게 자극했을 것이다.

물론 공급에 대한 우려는 여전히 남아 있다. 하지만 신분당선과 우수한 학군 같은 요소가 수요 이탈을 어느 정도 방지해 주고, 현재 예정된 입주 상황을 보면 공급 문제도 어느 정도의 시간만 지나면 잦아들 것으로 보인다. 매달 월급이 나오는 직장인으로서 안정적인 현금 흐름이나 자금 동원력을 갖춰 역전세가 발생하더라도 일시적으로 돈을 내주며 방어할 수 있다면, 나는 수지구 정도의 입지는 무조건 피할 것이 아니라 도전해 볼 가치가 있다고 생각했다.

결과론적이긴 하지만, 공급 물량의 문제보다 가치 대비 저렴한 가격으로 물건을 매입하는 '가치투자의 본질'에 집중한 것이 좋은 결과를 가져왔다. 모든 사람에게 위협적이기만 한 상황은 없다. 최악의 경우를 인지하고 준비해 대응할 수만 있다면, 오히려 좋은 성과로 이어질 수 있다.

잃지 않는 부동산 투자를 하고 싶다면, 다음 세 가지를 갖춰야한다. 첫째는 부동산의 저평가 여부를 판단할 수 있는 안목, 둘째는 적은 투자금으로 투자의 효율성을 극대화하는 기술, 셋째는 역전세 등에 대비하여 내 자산을 방어할 수 있는 자금 동원력이다. 이 세 가지를 갖추고 자산 규모를 늘려간다면, 누구나 부동산의 계단식 상승 구간이 나타날 때마다 생각지도 못한 속도로 순자산이 늘어나는 경험을 하게 될 것이다. 당신이 일하고 있을 때뿐 아니라먹고, 자고, 쉬는 동안에도 말이다.

아는 지역을 늘린다는 것

앞서 말했듯, 나는 시장을 예측하거나 예단하지 않는다. 대신, 언제가 될지는 모르지만, 가치 대비 싼 가격의 물건을 사서 그것이 스스로 제 가치를 찾아가는 시기까지 즐겁게 생활하며 기다리는 투자를 한다. 많은 사람이 투자자라면 소위 미래 기대가치를 내다볼 줄 알아야 한다고 말하지만, 나는 그 부분은 인간이 접근할 수 있는 영역이 아니기에 깔끔하게 포기한다. 또 투자할지 말지 판단하는 과정에서 '앞으로 이렇게 저렇게 되면 이곳이 정말 좋아질 거야'와 같은 기대는 애초에 하지 않는다. 그저 철저히, 현재 가치를 볼 때 가격이 저렴한 편인지 아닌지에 집중한다.

이유는 간단하다. 미래 기대가치의 실현 여부는 내가 통제할 수 있는 영역이 아니지만, 현재 기준으로 저평가된 것을 매수하면 그것만으로도 수익을 낼 수 있기 때문이다. 나는 내가 어찌할 수 없는 이유로 철석같이 믿었던 미래 기대가치가 실현되지 않는 위험까지 감수하고 싶지 않다. 지하철 개통이 늦어지는 것을 통제할 수 있는가? 개발계획이 좌초되는 것을 막을 수 있는가? 지하철이 개통되거나 근처가 개발되면 지금보다 훨씬 좋아질 거라는 소리는 누구나 쉽게 할 수 있지만, 정작 우리는 그렇게 되지 않았을 때 벌어질 수 있는 위험의 크기를 가늠조차 할 수 없다. 그저 '발표가 되었다', '이건 확실하다'와 같은 다른 사람의 말이나 아무도 책임지지 않을 신문의 기사만 믿고, 어렵게 번 수천만 원의 돈을 묻는 건 정말 불안하기 짝이 없는 행동이다.

서울 아파트의 평균 평당 매매가가 2,200만 원에 육박하던 2017년 말, 나는 용인시 수지 정도의 입지를 갖춘 지역의 32평 아파트가 서울의 절반 가격인 3억 7,000만 원(평당 1,160만 원)에 불과하다는 것이 의아했다. 이 아파트가 저평가된 상태라 판단한 이유다. 어떻게 이러한 판단을 내리고 남보다 한발 앞서 좋은 투자타이밍을 잡을 수 있었던 걸까? 투자의 이유에서 밝혔듯, 이미 수지 지역을 속속들이 알고 있는 한편, 그 지역과 비교해 볼 수 있는 수도권의 다른 지역들 또한 많이 알고 있었기 때문이다. 그리고 이는 좋은 투자처가 보이지 않던 순간에도, 또 당장 투자금이 없어 어차피 투자를 실행할 수 없던 시기에도 꾸준히 발로 현장을 직접 찾아갔기에 가능했다.

나는 주변의 투자자들에게 항상 이렇게 말한다. '준비된 자에게 기회가 온다'라는 말은 부동산 투자에 있어서 '아는 지역이 많아야 투자 시점에 보다 빨리 자신 있게 실행할 수 있다'라는 의미라고. 시간이 갈수록 성장하고 좋은 투자를 하고 싶다면, 투자할 수 있는 상황이든 아니든 아는 지역을 넓혀가기 위해 노력해야 한다.

부동산 투자에서는 발품이 가장 중요하다. 귀로 들어 배우거나 손품으로 투자에 어느 정도 접근할 수는 있지만, 내가 하는 선택에 확신을 주고, 실제 좋은 성과로 이어주는 것은 결국 내 발이다. 발로 걸어야 아는 지역이 된다. 아는 지역이 많아야 내가 시장을 들여다보는 지금 시점에 어느 지역의 어떤 물건이 싸고 투자금이 적게 드는지, 같은 투자금으로 접근 가능한 물건 중 어느 것이 제일 좋은지를 더 정교하게 판단할 수 있다.

이러한 이유로 부동산 투자는 고되고 힘들다. 그래서 시장 상황과 무관하게 꾸준히 수익을 내는 투자자가 많지 않은 것이다. 다만 같은 이유로 부동산 투자는 정직하다. 땀 흘린 만큼 좋은 투자를 할 수 있게 되니까. 화려한 기술과 어렵고 복잡한 분석 도구를 가지는 것보다 현장에서 흘리는 땀방울이 더 큰 가치로 실현되는 것이 부동산 투자다.

남보다 똑똑하거나 특별할 것도 없는 지극히 평범한 나 같은 사람에게 부동산 투자가 매력적인 이유다. 물론 당신도 충분히 해낼 수 있다.

수지 J 아파트 32평   (단위 : 만 원)

2017년	매매가	전세가	매매가 - 전세가	실제 투자금
	37,000	35,000	2,000	2,740

2019년	매매가	전세가	시세차익	수익률
	49,000	35,000	12,000	440%

투자 교훈

❶ 단순히 공급 물량만으로 투자 여부를 결정하지 말고, 가격이 가치 대비 저렴한지 먼저 고려해야 한다.

❷ 부동산 투자의 기준 세 가지. 저평가, 적은 투자금, 자금 동원력.

❸ 아는 지역을 늘린다는 것은 투자 후보군을 늘려가는 동시에, 협상에서도 유용하게 활용할 수 있는 무기를 갖추는 일이다.

❹ 때로는 매매 계약 후 새로 임차인을 구하지 않아도 되는 물건에 투자하는 것도 좋다.

04

3,000만 원으로 구한
역세권 대단지 초품아

: 평촌 21평 아파트

　2019년 기준, 내가 투자하기에 적합하다고 판단한 부동산 투자금은 3,000만~5,000만 원이다. 2,000만 원이라는 격차는 입지나 상품에 따른 것이다. 2016년 말부터 2017년 초까지는 수도권 선호 지역 중에도 이 정도의 금액으로 투자할 수 있는 곳이 꽤 많았다. 분당 야탑동의 M 아파트도 그중 하나였는데, 25평 아파트의 매매가가 3억 4,000만 원, 전세가는 2억 9,000만 원 선이었다. 그러다 3억 2,500만 원에 나온 물건을 발견하고 투자하려는 찰나, 나와 동시에 물건을 본 신혼부부 실수요자가 먼저 계약금을 넣는 바람에 놓치고 말았다. 좀 기운이 빠져 다른 물건들로 눈을 돌렸지만 내 기준에 맞는 것들이 좀처럼 보이지 않았다.

그러던 중 2016년 1년간 주변에 대략 6,000세대에 가까운 입주가 집중되면서 수도권 다른 지역에 비해 매매가 상승이 더뎠던 경기도 안양시의 평촌을 주목하게 되었다.

▎투자 이유

평촌은 식빵 같은 모양으로 구성된 수도권의 대표적 1기 신도시로, 지하철 4호선이 지역의 중심을 가로지른다. 1기 신도시 중 분당 다음의 지역적 위상을 갖추고 있으며, 시세도 그에 맞게 형성되어 있다. 교통편의 측면에서도, 4호선과 연결되는 1호선이나 2호선 환승을 통해 강북 도심과 구로 및 가산디지털단지, 여의도, 강남 등 서울 주요 업무지구에 어렵지 않게 이동할 수 있다. 거대 업무지구로 새롭게 떠오르고 있는 판교와도 기존의 외곽순환 고속도로뿐 아니라 새로 개통된 안양-성남 고속도로 덕분에 접근성이 매우 뛰어나다. 이 밖에도 평촌 학원가는 그 규모 또한 학부모들 사이에 널리 알려져 있을 만큼, 분당이나 일산 신도시와 함께 학군이 우수한 지역으로도 손꼽힌다.

다른 1기 신도시들이 그렇듯 1990년대 초반 입주를 시작해 지은 지 30년이 가까운 구축 아파트들이 몰려 있긴 하지만, 그럼에도 장시간에 걸쳐 형성된 각종 인프라와 학군이 여전히 적지 않은 수

평촌 투자지역 인근 지도

요를 끌어당기고 있다.

이 같은 특징을 갖춘 평촌에 2016년 한 해 동안 신도시 동쪽과 서쪽 외곽으로 2개의 대단지가 입주했다. 7월에는 평촌역 북부 스마트스퀘어 근처에 T 아파트, 11월엔 범계역 서쪽 만안구에 M 아파트가 자리를 잡은 것이다. T 아파트는 1,460세대, M 아파트는 4,250세대라 둘을 합하면 5,700세대에 이르는 대규모 입주였다.

이러한 대량 입주로 공급 물량이 늘어날 경우, 구축 아파트 위주로 구성된 평촌 신도시의 시세는 일시적으로 부정적인 영향을 받을 수밖에 없다. 안양시의 인구가 60만 명에 조금 못 미치기에 적정 입주 물량은 3,000세대인데, 그 2배에 가까운 주택이 일거에 공급되는 것이기 때문이다. 이러한 이유로 추세적으로 수도권 전체가 부동산 상승장이던 2016년에도 평촌 신도시의 시세는 상승폭이 미미했다. 하지만 매매가가 답보 상태였기에 오히려 투자하기에 적합한 상황이 조성되었는데, 사실 대규모 입주에 따라 아파트의 매매가뿐 아니라 전세가 또한 약세였기에 투자자 입장에서 임차인을 구하는 것이 만만치 않았다. 위기가 한편으론 기회가 되듯, 모든 기회에는 위기가 숨어 있게 마련인 것이다.

상황이 어떠하든, 평촌은 입지 측면에서 수도권에서도 사람들의 선호도가 높은 지역이다. 전세 임차인을 구하기 어렵다는 리스크만 감당할 수 있다면, 좋은 가격에 물건을 잡을 수 있는 기회였다. 결국 나는 임차인을 구하지 못해 잔금을 치르고 일정 기간 공실이 발생한다고 하더라도 투자를 해야겠다고 결심했다. 그래서 잔금을 치를 수 있는지 자금 상황을 체크한 후 투자를 실행했다.

▎결국은 입지

평촌의 대표적 번화가는 동쪽의 평촌역 근처와 서쪽의 범계역 근처에 조성되어 있다. 평촌역 상권에는 범계역보다 유흥업소 같은 기피시설이 다소 많이 들어와 있는데, 평촌역 인근에 스마트스퀘어 등의 산업단지가 들어오면서 자연스럽게 다른 색깔의 상권이 형성된 것이다. 나는 교통이나 학군 등 다른 입지 조건이 비슷할 경우에는 유흥업소 같은 유해시설은 적고 병원이나 학원, 근린시설 위주의 업종으로 구성된 상권을 선호한다. 이러한 이유로 먼저 범계역 주변의 아파트 단지들을 둘러보았다.

일단 전세가율이 높아 3,000만 원 이내의 소액으로 투자할 수 있는 단지 중 괜찮아 보이는 5~6개의 물건을 정리한 뒤, 해당 부동산 중개소에 방문했다. 그중 비산동의 아파트들이 눈에 띄었는데, 우여곡절 끝에 범계 역세권 S 아파트를 찾았다. S 아파트는 범계역 북쪽에 위치한 역세권 아파트로, 대단지인 데다 단지 내에 초등학교와 아담한 공원을 품고 있고, 지적에 대형 마트가 있어서 생활하기에 편리해 보였다. 현지 거주민들 사이에서도 선호도가 높은 편이라, 투자가 가능하다면 우선순위에 둘 수 있는 단지였다.

내가 본 21평 아파트는 매매호가가 3억 원, 전세가는 2억 6,000만 원가량이었다. 다만 당시에는 주변에 신축 아파트의 입주가 계속 진행되고 있는 상황이라 거래가 소강상태였기에, 매도자 역시 3억 원 이하로도 팔 마음이 있어 보였다. 매도자가 거주하고 있던 아파트에 직접 들어가 보니, 실거주 목적으로 수리도 잘 되어 있었다. 그 시기 일산 신도시 3호선 역세권 지역의 비슷한 평형대 아파트와도 시세가 거의 비슷했는데, 그 둘을 비교할 때 평촌의 S 아파트가 저평가된 상태라는 판단이 섰다. 1기 신도시가 아닌 다른 지역과 비교해도 비슷한 가격의 다른 물건이 이곳보다 입지 면에서 떨어졌다. 마침내 나는 S 아파트가 우수한 입지에 비해 저평가되어 있으므로 투자에 적합하다고 결론 내렸다.

당신은 왜 집을 파는가?

내게 평촌의 S 아파트 투자 사례는 특별한 기억으로 남았다. 매매 거래를 하기까지 오래 걸리기도 했거니와 순조롭지 않았기 때문이다. 해당 물건이 단지 내 로열동에 속하고 당시 3억 원이라는 매매가가 가장 저렴하기도 했지만, 주변에 쏟아진 입주 물량으로 거래가 어려운 상황인 만큼, 매도자가 부른 가격보다 1,000만 원 정도도 저렴하게 매입하고 싶었다.

나는 보통 부동산 시장 분위기가 좋지 않거나 계절적 비수기일 때 매입을 진행하는데, 그건 그 시기가 매수자 우위 시장, 즉 매수자에게 유리한 시장이기 때문이다. 이럴 때는 현장 분위기에 따라 같은 단지의 아파트라고 해도 불과 몇 주, 심지어 며칠 사이에도 1,000만~2,000만 원의 매매가 차이가 생길 수 있다. 같은 이유로 나는 매도자 우위 시장에서는 웬만해서는 투자하지 않는다. 실제로 투자 초기 시절, 매도자 우위인 시장에서 투자를 진행했다가 좋지 않은 가격에 아파트를 매입한 경험이 있기도 해서다.

부동산 포털 사이트에서 이 물건 정보를 찾았을 때도 좀 의아한 생각이 들었다. '로열동의 로열층 물건인데, 왜 단지 내에서 가장 저렴한 가격에 내놓았지?' 부동산 중개소에 전화해 약속 시각을 정하고 방문한 뒤에야 소장님을 통해 매도 이유에 대해 들을 수 있었다. 매도자가 본인이 이사할 집을 먼저 구한 뒤 현재 살고 있는 집을 처분하려고 했는데, 막상 집을 매도하려고 하니 주변의 입주 물량이 풀리면서 매매 시장이 활발하게 돌아가지 않았다. 물건을 내놓은 지 2개월이 지났는데도 거래가 되지 않자, 한 차례 가격을 낮춘 것이다. 나는 기회가 왔음을 직감했다.

매도자가 걱정하는 것은 무엇일까?

나는 보통 매물을 확인할 때, 집을 보고 나오면서 현재 거주하는 사람에게 언제쯤 이사할 계획인지 질문한다. 이 질문으로 대화의 문을 열어 이런저런 이야기 속에서 거주자의 사정을 파악하려는 의도다. 대화하다 보면 실제 이사 날짜가 정해졌는지 아닌지도 알 수 있고, 집을 매도하고 싶은 마음이 어느 정도인지, 또 상대가 타인에게 친절하고 호의적인 성격인지 아닌지도 짐작할 수 있다.

나는 당시 매도자가 거주하고 있던 S 아파트를 둘러보고 나오면서 물었다. "저, 혹시 이사는 언제쯤으로 생각하고 계세요?" "네, 저희는 ○월 △일에 이사하려고요"라고 대답하는 매도자의 표정이 걱정스러워 보였다. 이 간단한 대화를 통해, 나는 이미 그의 이사 날짜가 확정되어 있다는 걸 알게 되었고, 현시점에서 2개월도 남지 않은 상황이라 매도자가 이사할 집의 잔금 마련을 걱정할 수 있겠다는 짐작도 했다. 이러한 상황이라면 가격 조정이 가능하겠다는 생각이 들어, 중개소로 돌아온 뒤 소장님을 통해 1,000만 원을 내린 2억 9,000만 원에 매매하고 싶다는 의견을 전달했다. 잠시 생각해 보겠다던 매도자는 500만 원을 깎아주겠다는 조정안을 제시했다. 평촌 지역 내 투자할 만한 다른 물건도 많은 상황이라 나도 생각해 보겠다는 말을 남기고 집으로 향했다.

중개소를 나서기 전, 소장님에게 해당 부동산의 등기부 등본을 떼어 달라고 부탁했는데, 보통 등기부 등본에는 해당 주택의 기본적인 사항 외에도 현재 근저당 설정 여부와 권리관계, 매도자가 해당 주택을 매입한 가격 등이 기재되어 있어서, 부동산 매입을 고려할 때는 반드시 확인한다. 특히 어느 정도 차익을 실현한 매도자라면 가격 조정 시 가격을 깎는 데 조금 수월하기 때문이다. 등기부 등본을 확인하니 매도자가 해당 아파트를 2억 1,000만 원에 매입했다는 걸 알 수 있었다. 내가 제시한 2억 9,000만 원에 매도하더라도 8,000만 원가량의 적지 않은 시세차익을 얻는 셈이었다. 특히 이미 구해놓은 집으로 이사할 날짜가 얼마 남지 않은 상황이라면 시간이 갈수록 매도자의 마음이 급해지기에 가격을 조정하기 유리하다. 나는 이러한 내용을 소장님께 이야기하며, 매도자에게 이미 적지 않은 시세차익을 얻었으니 매매하려는 사람이 나타났을 때 놓치지 말고 거래하라고 설득해 주길 부탁했다.

하지만 다음 날이 돼도 연락이 없었다. 먼저 연락하면 가격 조정에 불리할 수 있기에 하루를 더 기다렸다. 그래도 연락이 없어서, 퇴근 후 중개소를 다시 찾았다. 소장님은 어제 다른 손님이 그 집을 보고 갔다고 했다. 그게 사실이든 아니든 매도자가 2억 9,500만 원을 고수하고 있다는 게 확실했다. 나는 소장님에게 다시 부탁했다.

"소장님, 죄송한데, 2억 9,100만 원에 하자고 좀 이야기해 주세요." 퉁명스러운 대답이 돌아왔다. "아, 그거 어렵다니까. 팔고 싶었으면 진작 이야기를 꺼냈겠지." 내가 다시 이야기했다. "그래도 혹시 모르잖아요. 어차피 손님도 별로 안 드는데, 다시 한번 이야기 좀 해주세요. 퇴근하자마자 여기까지 달려왔는데!" 소장님이 다시 전화해 이 의견을 매도자에게 전달했다. 잠시만 생각해 보겠다던 매도자는 조금 뒤 다시 전화를 걸어 기존 입장을 고수했다. 아쉬웠지만 실망하지 않았다. 매도자 역시 고민하고 있다는 걸 느꼈기 때문이다. 나는 다음 날에 또다시 찾아가 2억 9,200만 원에 거래하고 싶다고 했다. 그날도 또다시 같은 대답이 돌아왔다. 그다음 날 또 찾아갔다. 3일째 찾아갔더니 문을 여는 순간 소장님도 나도 서로 웃음이 나왔다. 나는 평촌 내에 위치한 투자 가능한 다른 단지를 중개소 소장님에게 보이며 말했다. "소장님, 이 단지 보이시죠? 저 오늘 2억 9,300만 원에도 거래 안 되면 이 단지를 살 거예요. 매도자에게 이 말을 꼭 전해주세요." 그날 밤에서야 매도자가 나의 제안을 수락했다.

투자를 하며 협상을 시작한 물건을 모두 매입한 것은 아니다. 협상 과정에서 합의에 이르지 못해 매입하지 못한 물건도 당연히 있다. 하지만 시간이 지나 돌이켜보니, 결국 200만~300만 원 조정이 안 돼서 투자하지 못한 물건들이 훗날 가격이 훌쩍 상승한 경우가 많았다. 물론 투자를 계속해 나가는 이상 가격 협상은 피할 수 없기에 매번 최선을 다해 조금이라도 이익을 챙기는 것도 중요하다. 하지만 이미 저평가된 물건이란 확신이 들어 투자하기로 마음을 먹었다면, 작은 것을 얻으려다 큰 것을 놓치는 우를 범하지 말아야 한다. S 아파트의 매도자가 끝까지 2억 9,500만 원을 고수하며 더 이상 협상은 없다고 했다면, 나는 아마 그 조건으로 이 아파트를 매입했을 것이다. 그런데도 협상에 최선을 다했다. 협상도 경험이다. 비록 실수하거나 잘못되어 계약이 깨진다 해도 그런 것들 하나하나가 귀한 자산이 된다.

이 물건이 기억에 오래 남는 건 임대 과정 역시 정말 힘들었기 때문이다. 해당 단지는 물론이요, 수도 없이 많은 부동산 중개소에 홍보 전단을 돌리며 노력한 끝에서야 겨우 임차인을 구했다. 이 경험을 통해 비로소 매매 후 임대를 놓는 과정에 영향을 미치는 요인들을 구체적으로 알게 되었고, 수월하게 임대를 놓는 노하우도 쌓였다(이는 4장에 공개하겠다). 그럼에도 평촌의 S 아파트는 내게 적지 않은 수익을 안겨주었고, 매매부터 임대에 이르기까지 모든 과정에서 값진 경험을 선사했다.

투자 결과

S 아파트를 매입하고 2년여가 지나는 동안, 수도권 시장은 격렬하게 움직였다. 특히 2017년 정부의 8·2 부동산 대책으로 수도권을 중심으로 투기지역, 투기과열지구, 청약조정대상지역 등이 지정되자, 수도권 내 비규제 지역 중 입지가 우수한 지역에는 오히려 이전보다 더 많은 투자수요가 유입되었는데, 그중 대표적인 곳이

평촌 S 아파트의 시세 변화

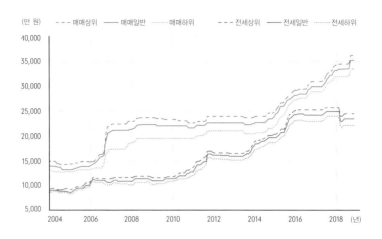

안양의 평촌 신도시였다.

　투기지역, 투기과열지구, 청약조정대상지역의 경우 여러 가지 정부 규제에 영향을 받았는데, 그중에서도 수요를 억제하는 측면의 대출 규제가 가장 영향이 컸다. 투기지역과 투기과열지구를 대상으로 하여 무주택자를 기준으로 기존의 LTV가 기존 70%에서 40%로, DTI를 기존 60%에서 40%로 줄였다. 이렇게 되면 일반적으로 주택을 매매할 때 활용할 수 있는 대출 가능 금액이 줄어들므로 수요 억제책이 되는 것이다. 반대로, 공급 측면에

　LTV Loan to Value란 주택담보인정비율이란 뜻으로, 주택을 담보로 금융기관에서 대출받을 때 주택 가격 대비 대출액의 비율로 표현한다. '대출액÷주택가격×100%'로 계산할 수 있다. 쉽게 말해, 집값의 얼마까지 대출이 가능한지를 결정하는 지표다.

　DTI Debt to Income란 총부채상환비율이란 뜻으로, 총소득에서 부채의 연간 원리금 상환액이 차지하는 비율로 표현한다. '대출 상환액÷총소득×100%'로 계산할 수 있다. 쉽게 말해, 빚을 갚는 데 소득의 얼마까지 쓰는지를 표현하는 지표다.

서 큰 영향을 미친 건 양도세 중과 정책이다. 2018년 4월 1일 이후로 청약조정대상지역 안의 주택을 매도할 경우 양도세를 기존 10%에서 20%까지 더 부과하기로 한 것이다. 이 정책은 결과적으로 해당 청약조정대상지역 내의 매물을 감소시키는 영향을 미쳤다.

통상 이런 부동산 규제 정책이 나오면, 그 효과의 불확실성이 완전히 해소될 때까지는 관망세가 확산되고 이에 따라 부동산 시세에 보합 내지 일시적 조정의 장세가 드러나게 마련이다. 그런데 시장은 예상과 다르게 흘러갔다. 시장에 현금 유동성이 풍부하다는 것에는 변화가 없었기에, 투자수요가 규제 대상이 되지 않은 지역으로 유입된 것이다. 우수한 입지를 갖춘 지역일 경우 투자수요 유입도 상대적으로 이른 시기에 강하게 나타나는데, 평촌이 이에 해당했다. 언론에서도 '풍선 효과'라는 수식을 붙여가며 평촌 지역의 부동산 시세상승을 자주 언급했다.

앞서 말했듯, 나는 호재는 물론 정책에 따른 시장 흐름의 변화, 즉 풍선 효과 등을 예측해 물건을 선점하는 식의 투자를 하지 않는다. 이 또한 예측의 영역이다. 내가 평촌 S 아파트에 투자한 이유는 일시적 공급으로 인한 '눌림목 현상'♦과 그에 따른 저평가, 거기에 높은 전세가율로 소액 투자가 가능했기 때문이다. 이후 시장에서 상승세가 가팔라지면서 그로 인해 규제와 풍선 효과 등이 생겼을 뿐이다. 나는 이를 예측하지 않았고 사실 정확히 예측하는 것조차 불가능하다고 생각한다.

♦ **눌림목 현상**은 상승세를 타고 있던 물건이 정책 등의 요인 탓에 일시적으로 하락세를 보이는 상황을 뜻한다.

선호 지역엔 이유가 있다

만약 당신이 투자에 적합한 물건을 여럿 알고 있는데 그중 어디에 투자해야 할지 행복한 고민을 하고 있다면, 입지 선호도와 지역의 위상이 높아 가수요든 실수요든 먼저 몰려드는 지역의 물건에 우선 투자하는 게 좋다. 가수요 유입의 특징은 실수요에만 의존하는 시세상승에 비해 더욱 상승 기간이 짧고 폭은 더 큰 경우가 많다는 것이다. 최고의 입지와 위상을 자랑하는 서울 강남의 부동산 가격이 가장 먼저 그리고 많이 오르는 것도 이 때문이다. 평촌의 S 아파트는 당시 규제 지역이 아닌 곳 중에서 입지 선호도와 위상이 높은 지역이었다.

최근 서울과 수도권에서도 이러한 움직임을 쉽게 목격할 수 있다. 많은 이의 선망을 받으며 집값이 치솟은 강북의 마용성(마포, 용산, 성동구), 강남 3구(강남, 서초, 송파), 그 외에 영등포구, 양천구, 강동구, 동작구, 광진구 그리고 경기도의 과천, 판교, 분당, 평촌, 광명 같은 지역이 여기에 해당한다. 이런 지역은 부동산 상승장에서 실수요뿐 아니라 가수요 또한 풍부하게 몰리기에, 가격의 상승 속도가 매우 빠르고 그 폭도 크다. 물론 상승이 절정으로 치달을수록 이 지역들 외 인근 지역으로도 온기가 퍼져 나가지만, 이 지역에 소액으로 투자를 할 수 있는 상황이라면 다른 지역보다 우선순위에 두고 검토해야 한다.

물론 이러한 선택은 당신이 투자를 시작하고 부지런히 임장해 아는 지역을 넓혀나간 후 해야 한다. 명심하길 바란다. 무조건 좋은 지역에 투자할 생각을 하기보다, 먼저 자신이 세운 투자 기준에 충족되는지 살핀 후 그 안에서 가장 좋은 지역에 투자하는 순서를 따르자. 투자의 목적은 자금을 효율적으로 운용해 최상의 수익을 내는 것이다.

평촌 S 아파트 21평
(단위 : 만 원)

2017년	매매가	전세가	매매가 – 전세가	실제 투자금
	29,300	26,500	2,800	3,390

2019년	매매가	전세가	시세차익	수익률
	37,000	25,000	7,700	227%

투자 교훈

① 괜찮은 입지임에도 부동산 상승장이 진행되는 동안 다른 지역에 비해 상승세가 주춤한다면, 예의주시해야 한다.

② 매도자의 매도 사유를 대화와 협상 과정에서 파악해야 한다. 등기부 등본 열람은 필수다.

③ 경험이 쌓여 투자 가능한 곳이 여러 군데로 늘어날 경우 입지와 위상을 고려하라.

3장 요약

─────────────────────────

✓ 전세투자란 전세 보증금을 레버리지로 하여 무이자로 돈을
  빌려 자산을 사는 방식의 투자다.

✓ 투자자는 부동산의 매매 과정은 물론 임대하는 과정에도
  신경 써야 한다.

✓ 전세투자 성공의 핵심은 저평가된 아파트를 찾는 것이다.

✓ 경험이 쌓일수록 점점 더 좋은 투자를 할 수 있다. 경험이
  실력으로 전환되기 때문이다.

memo.

_____

_____

_____

_____

_____

지금까지 투자 입문자가 알아야 할 기본, 즉 투자의 이유와 방향 그리고 나의 투자 사례를 통한 실제 결과까지 살펴보았다. 이제 당신은 투자를 왜 해야 하는지, 당신과 당신의 돈이 어떤 방향성과 목표를 향해 나아가야 하며, 실제로 이를 아파트 투자에 적용할 때 어떠한 과정을 거치게 되는지 대략적으로 알게 되었을 것이다.

말했듯이, 나는 여러 투자 종목과 방식 중에서 아파트, 그중에서도 전세 보증금을 레버리지로 활용하는 투자를 해왔다. 당신이 나와 비슷한 처지에 놓인 직장인(혹은 자영업자)이라면, 이와 같은 투자 방식을 활용하길 추천한다. 그렇다면, 아파트 전세 레버리지 투자로 노후를 준비하려면 무엇을 어떻게 어디서부터 시작해야 할까? 남은 4, 5, 6장에서는 아파트 전세 레버리지 투자의 기본적인 개념과 실천법 그리고 마침내 성공적인 투자자로 살아남을 수 있는 마음가짐에 대해 살펴보자.

4장
CONCEPT
성공 투자를 위한 필수 지식

투자는 위험한 것이 아니다.
투자를 배우지 않는 것이 위험한 것이다.

로버트 기요사키|Robert Toru Kiyosaki, 사업가이자 《부자 아빠 가난한 아빠》의 저자

01

돈이 없다는 당신을 위한
종잣돈 마련법

투자의 목적은 무엇인가? 비근로소득, 즉 내가 직접 시간을 투입해 일하지 않아도 돈(자본)이 스스로 일해 창출하는 소득을 마련하는 것이다. 그렇다면 이제 비근로소득 창출 시스템을 만들기 위해 필요한 '종잣돈'을 어떻게 마련할지 고민해야 한다.

종잣돈을 마련하는 방법은 크게 두 가지로 나눌 수 있다. 첫째는 현재 내 가계로 들어오는 수입에서 지출을 뺀 금액을 알뜰하게 모으는 것, 둘째는 거주 등의 이유로 묶여 있는 큰돈(흔히들 '깔고 앉은 돈'이라고 부른다)을 일할 수 있는 상태로 만드는 것이다. 당신의 돈이 당신을 위해 효율적으로 일하길 원한다면, 이 두 가지 방식

모두를 이해하고 자금을 운용해야 한다.

쓰는 것부터 체크하라

'종잣돈 마련'이라고 할 때 대부분의 사람이 가장 먼저 떠올리는 건 무엇일까? 나도 그랬지만, 대개는 '절약'이란 단어다. 그런데 절약을 하려면 현재 가계에 들어오는 돈과 밖으로 나가는 돈의 흐름을 빠짐없이 정리하는 게 우선되어야 한다.

모든 사람이 돈을 쓰고 산다. 자본주의 사회는 말 그대로 '숨만 쉬어도 돈이 나가는 세상'임이 분명하다. 처음 투자를 시작하고 종 잣돈을 마련하기 위해 내가 가장 먼저 한 것은, 지출을 관리하는 것이었다. 당장에 소득을 늘릴 방법이 없기도 했고, 혹여 있다 해도 더욱 생산적인 일을 벌일 수 있는 시간을 잡아먹는 일뿐이었다. 그래서 지출을 정리하는 일에 착수했다.

지출 관리를 해야겠다고 마음먹은 나는 다음과 같은 방식으로 접근했다. 먼저 지출의 성격을 구분했다. 여기에는 회사생활을 통해 배운 지식, 즉 회계학의 비용 구분을 활용했다. 그렇게 지출의 성격을 구분한 뒤 줄일 수 있는 것을 단번에 줄여나가는 방식으로 지출을 통제하고자 한 것이다.

구체적으로 하나씩 짚어보자. 먼저 모든 지출은 '고정비'와 '변동비'로 구분할 수 있다. 고정비란 말 그대로 주기적으로 통장에서 빠져나가는 고정적인 지출을 의미하는데, 나의 경우 연금과 각종 보험 상품의 보험료, 휴대전화 요금, 교통비, 식비, 육아도우미의 급여, 부모님의 생신과 명절 때 드리는 용돈, 각종 공과금 등이 이에 해당했다. 반면, 지출되는 금액의 크기나 시기가 매번 달라지는 변동비에는, 여행 경비, 옷이나 그때그때 구매욕을 일으키는 소모품 구입비, 경조사비, 커피값 등의 잡비가 포함됐다.

이렇게 나가는 돈을 지출의 성격에 따라 구분한 후, 나름의 기준으로 비용을 구분했다. 기준이란 그 지출의 필요 여부였다. 편의상 '필요비'와 '불필요비'라 하자. 지출하지 않으면 당장 큰 문제가 생기는 비용이 필요비, 지출하지 않아도 당장 문제 될 게 없는 것이 불필요비다. 이렇게 구분하고 나자, 정리할 영역이 명료해졌다. 고정비와 변동비를 통틀어서 가장 규모가 큰 불필요비를 통째로 없애는 것이 첫 번째 과제였다. 그다음은 필요비 중 지출 규모를 줄일 수 있는 것들을 찾아 줄여나가는 것인데, 이 과정에서 가계부 앱을 사용했다.

나의 경우, 불필요비 중에서 가장 큰 규모를 차지하는 건 보험료였다. 종신보험, 연금, 실손의료보험, 질병보험, 자동차보험 등에 가입한 상태였는데, 이 중에서 종신보험만 정기보험(사망 시까지 보장하는 종신보험과 달리 일정 연령까지의 사망만 보장하는 보험)으로 변경하고, 나머지는 모두 정리했다. 실손의료보험 역시 회사에서 직원에 대한 복리후생으로 지원하고 있어서 중복으로 가입된 상태라, 함께 정리했다. 이후 갓 태어난 아이를 위해 가입한 태아보험 외에는 보험료 지출을 과감하게 줄였다. 여기서만 월 60만 원이 넘는 지출액을 절감할 수 있었다. 월 60만 원이면 연간으로 계산할 때 1,000만 원에 육박하는 거금이다. 아파트 한 채를 매입하는 데 투자금이 1,000만 원도 채 들지 않았던 경우를 생각하면, 결코 적은 금액이 아니다.

그다음으로, 여행 경비와 소모품 구입비 등은 거의 전액에 가깝게 줄였다. 투자를 시작한 후 2년 동안 여행을 가지 않았고, 사지 않아도 문제가 없을 것 같은 건 아예 사지 않았다. 거기에 더해 사람들과 따로 약속을 잡지도 않았고, 중요하지 않은 모임에는 거의 참석하지 않았다. 사실 직장생활과 투자를 병행하다 보니 늘 시간이 부족했기에, 자연스럽게 그렇게 된 면도 없잖아 있었다. 당시 내 주변의 사람들도 그렇게 살았기에 어려운 일이 아니었다.

가장 놀라웠던 건 음료비였다. 그동안 나는 하루에 커피를 두 잔씩 마시곤 했는데, 카드 이용내역을 뽑아 보니 한 달에 무려 30만 원 가까이를 음료비로 쓰고 있었다. 나는 이 비용을 줄이기 위해 커피 전문점에서 판매하는 100개들이 아메리카노 인스턴트커피를 2만 원에 사서 사무실에 두었다. 종종 커피 한잔하자는 동료들의 제안을 거절해야 하긴 했지만, 이렇게 하자 매달 25만 원 이상이 절감됐다. 보험료와 커피값, 기타 지출만 줄였을 뿐인데 월 100만 원에 가까운 돈이 절약된 것이다. 덕분에 나는 연간 1,000만 원 이상의 저축액을 늘릴 수 있었다.

구분	고정비	변동비
필요비	휴대전화 요금, 교통비, 식비, 육아 도우미 급여, 부모님 용돈, 자동차세, 수도세, 전기세 등 각종 공과금	경조사비
불필요비	보험료 (정리우선순위 1)	여행경비, 소모품 구입비, 음료비, 약속이나 모임 회비 (정리우선순위 2)

No, 짠돌이

그렇게 사람을 만나는 것도 줄이고, 커피 한잔 사 마실 돈까지 아껴야 하냐고 묻는 사람이 있을지 모르겠다. 하지만 기회비용을 생각하면 이야기가 조금 달라질 것이다. 나는 커피값으로 절약한 30만 원을 투자 관련 강의를 수강하거나 책을 사는 데 지출했다. 그 돈까지 아끼기 위해 책을 빌려볼 수도 있었겠지만, 낮에는 꼼짝없이 회사에 묶여 있는 직장인이기에 책을 빌리기 위해 도서관에 가는 일 역시 시간 지출에 해당했다. 어찌 됐든 이렇게 돈을 쓰는 대상만 바꿨을 뿐인데도, 생각보다 큰 긍정적 효과가 나타났다. 한번 생각해 보라. 지출 정리로 생긴 월 100만 원 정도의 금액으로 책을 사서 읽고 강의를 들으며, 꾸준히 모아 투자를 한다면 어떻게 되겠는가? 아무리 그래도 그렇게까지는 못하겠다고? 나는 이러한 작은 변화가 과거와 다른 삶을 만드는 씨앗이 된다고 생각한다. 돈을 대하는 자세를 바꾼 후 희생이 따르는 절약과 끊임없는 노력으로 시간을 보낸 사람이, 그저 기분 내키는 대로 돈을 써온 사람과 같은 내일을 맞이한다면, 그거야말로 불공평하지 않겠는가?

나는 원하던 것을 갖기 위해 소비하던 과거의 삶보다 지금의 삶에 더 큰 만족감을 느낀다. 물론 절약해서 모은 종잣돈을 그저 은행에 넣어두는 게 전부라면 힘들기만 할 것이다. 하지만 나는 아끼기만 한 게 아니라, 예전보다 오히려 더 큰돈을 쓰고 있다. 그것도 아주 펑펑! 그 소비 대상이 기존의 소비 자산에서 생산 자산으로 바뀌었을 뿐이다. 감가상각만 있는 소모품이 아닌, 나 대신 일할 수 있는 입지 좋은 곳의 부동산으로 말이다.

이 책을 읽고 있는 당신이 정말 투자를 통해 돈으로 인한 어려움을 극복하고 싶다면, 먼저 해야 할 것이 있다. 그동안 갖고 있던 경제적으로 여유롭고 폼 나는 투자자의 이미지를 머릿속에서 지우는 것이다. 오히려 주변 사람으로부터 '왜 저렇게까지 할까?'라는 소리를 들을 각오도 해야 한다.

그런데 생각해 보라. 내가 따른 전략은 그저 허리띠를 졸라매고 필요비까지 극단적으로 줄여서, 통장에 돈을 모셔놓는 방식이 아니다. 지출하는 건 똑같다. 그 지출의 대상만 앞서 말한 소비 자산이 아닌 생산 자산으로 바꾸는 것이다. 그리고 경험해 본 결과, 투자를 통해 얻는 만족감은 옷이나 차나 시계를 샀을 때 얻을 수 있는 만족감과 비교할 수 없었다. 나는 진심으로 당신이 그 기분을 느껴보길 바란다.

자본 재배치

종잣돈을 마련하는 두 가지 방법 중 두 번째는, 거주 등의 이유로 묶여 있는 돈이 스스로 일할 수 있게 만드는 것이다. 투자를 마음먹었을 당시, 나는 2억 원짜리 아파트에 전세로 거주하고 있었다. 당장 유용할 수 있는 현금은 통장에 있는 5,000만 원이 전부였다. 투자라는 게 나 대신 돈이 일하게 만드는 것임을 몰랐다면, 그저 아내와 함께 허리띠를 졸라매고 무조건 돈을 아끼는 것 외에 다른 방법을 생각하지 못했을 것이다. 하지만 여러 책을 읽고 투자 선배들을 만나면서, 돈을 이용해 시간에 투자하는 것이 성공 원리임을 깨닫게 되었다. 자연스럽게 전세 보증금 2억 원을 깔고 앉아 있는 것이 아깝게 느껴져, 투자에 필요한 최소한의 실력을 갖추게 되면 이를 투자에 활용하리라 다짐했다. 그리고 이를 실행할 날은 생각보다 빨리 찾아왔다.

내가 어떻게 깔고 앉아 있던 돈을 활용했는지 궁금하지 않은가? 수많은 대안을 두고 고민한 끝에, 묶여 있던 돈을 풀기 위해 이사를 단행했다. 마침 거주하던 집의 전세 만기가 가까워져 오는 데다, 아내가 임신한 상태였기에 우리 부부는 처가 근처로 이사하기로 결정했다. 다만 전세금으로 묶여 있는 돈을 활용하려면 보증금이 적은 월세를 택해야 했다. 일반적으로 보증금 규모가 가장 작아서다. 하지만 당시엔 대출금리가 매우 낮은 상황이었기에, 전세자금 대출을 받는 것도 고려했다. 나는 월세로 거주하는 방식과 전세자금 대출을 받아 전세로 거주하는 방식 중 어느 쪽이 더 적은 비용이 드는지 계산해 보기로 했다.

당시 이사를 고려하던 처가 근처의 아파트는 월세의 경우 보증금 5,000만 원에 매월 80만 원, 전세의 경우 보증금이 3억 원이었다. 전세자금 대출을 받을 경우엔 보증금의 80%까지 대출을 받을 수 있고, 금리가 2.3%였다. 다만, 주택보증공사의 보증 한도액이 2억 2,200만 원이라 그 금액까지만 대출받을 수 있었다. 결론적으로, 내가 전세자금 대출을 받는다면, 깔고 앉게 되는 금액이 7,800만 원(전세금 3억-대출금 2억 2,200만 원)이 되고, 월 이자로 43만 원(2억 2,200만 원×2.3%÷12)을 은행에 납입해야 하는 구조였다. 이렇게 자세히 계산해 보니, 집주인에게 월세를 내는 것(묶이는 돈 5,000만 원, 거주 비용 월 80만 원)보다는 은행에서 대출을 받아 이자를 내는 편(묶이는 돈 7,800만 원, 대출이자 월 43만 원)이 훨씬 유리했다. 계산 결과를 바탕으로, 나는 전세자금 대출을 받아 처가 근처 아파트의 전세살이를 결정했다. 덕분에 기존에 살던 집 전세금 2억 원에 현금 자산 5,000만 원을 더한 총 2억 5,000만 원 중 거주에 7,800만 원만 사용하게 되니, 투자에 활용할 수 있는 돈이 1억 7,200만 원으로 늘어났다.

이와 같은 방법으로 깔고 앉는 돈을 최소화해 나의 돈이 나를 위해 일할 수 있게 배치하는 방식을, '자본 재배치'라고 한다. 기존 자본을 다시 배치해 최적의 포메이션formation을 구성하는 것이다. 이건 마치 열한 명으로 구성된 축구팀에서 세 명은 공격수, 네 명

자본재배치 흐름도

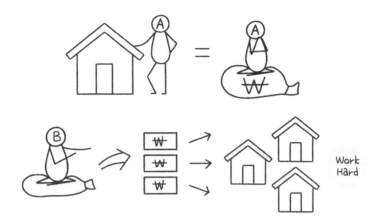

절약과 자본을 재배치해 마련한 종잣돈을 바탕으로, 생산 자산을 늘린다.

은 미드필더, 세 명은 수비수, 마지막 한 명은 골키퍼로 세우는 것과 비슷하다. 반면 자산 전부를 거주하는 집에 투자해 깔고 앉는건, 열한 명의 골키퍼로 게임을 치르는 것과 같다. 여러 명이 골문을 지키고 있으니 안전할진 몰라도 게임에서 이기기는 어려울 것이다. 골은 넣지 못할 테니까.

돈은 없지 않다

만약 당신에게 투자할 마음은 간절하나 당장 투자에 활용할 돈이 없다면, 현재의 지출을 관리해 수입에서 지출을 뺀 저축액을 늘리는 것과 동시에, 깔고 앉아 있는 돈을 적당한 수준으로 재배치하는 일까지 두 가지를 병행할 방법을 모색해야 한다.

일반 직장인의 경우 첫 번째 방법만으로는 충분한 종잣돈을 마련하기 힘들 것이다. 반면 두 번째 방법만으로 돈을 모아 투자를 한다 해도, 몸에 절약하는 습관이 배어 있지 않다면 지속해서 가계를 운영하는 데는 어려움이 따를 수 있다. 무엇보다 자본을 재배치하는 방식으로 종잣돈을 마련해 투자를 감행하는 것은 절약으로 종잣돈을 마련해 투자하는 방법에 비해 리스크가 크다. 따라서 투자를 하기 전 심사숙고해야 한다. 자본 재배치를 통해 마련한 돈을 잃을 경우, 월세가 아니면 거주조차 불가능한 상황이 될 수 있기 때문이다. 따라서 성공적으로 투자를 실행하기 위해서 이 두 가지 모두를 잘 이해하고 활용해야 한다.

내가 이사를 통해 자본을 재배치하는 방법으로 투자금을 마련한 건, 투자를 준비한 지 9개월쯤 지난 시점이었다. 깔고 앉아 있던 돈을 빼서 투자하는 방식의 효용과 위험을 알고 있었기에, 나는 절대 잃지 않는 투자를 하기 위해 필요한 최소한의 실력과 상황을 만들고자 무척 애를 썼다. 첫 투자에 나서기 전 경제 및 투자 관련 도서를 100권 이상 읽었고, 10여 개의 강의를 수강해 부동산 투자의 이론과 지식을 쌓아나갔다. 그 기간 50명 이상의 투자 동료들을 만났으며, 그들에게 신뢰감을 주고 앞으로의 투자 여정에 함께하고 싶은 동반자로 여겨질 수 있도록 최선을 다했다. 독서와 강의를 통한 이론적 무장은 물론이요 실질적인 도움을 주고받을 수 있는 동료들과의 관계까지 마련되자, 비로소 어떤 대상에 어떻게 투자하면 되는지 길이 보이기 시작했다.

물론 지금 와 돌이켜보면 그때도 많이 부족했다는 생각이 들지만, 적어도 그 정도의 준비는 마쳐야 나와 가족의 안위가 걸려 있는 소중한 돈을 무기 삼아 전투에 나설 수 있는 것이다. 노파심에서 한 번 더 이야기하자면, 자본 재배치를 통해 무조건 돈부터 만들 게 아니라, 잃지 않는 투자를 할 수 있는 실력을 갖추는 것이 우선되어야 한다. 실력이 뒷받침된 후에야 비로소 돈을 만들 자격이 생긴다는 걸 기억하라.

02

직장인에게 꼭 맞는
시세차익형 투자

'월 ○○만 원이 꼬박꼬박 내 통장에!'

부동산 투자를 시작한 뒤 어디를 가든 주변을 관심 있게 살펴보게 되자, 이런 글귀가 적힌 전단이나 현수막이 눈에 잘 띄게 되었다. 나도 투자를 하기 전에는 부동산 투자로 월세 이익을 얻는 상상을 하며 흐뭇해하곤 했다. 그런데 최근 몇 년간 수도권을 중심으로 부동산 상승장이 이어지면서 시장이 점차 과열 양상을 띠게 되었고, 이에 따라 새 정부도 정책 방향을 '완화'에서 '규제'로 전환했다. 그 결과, 대출까지 규제 사항에 포함되면서 매월 월세를 받고 싶다는 꿈을 즉각 실현하기가 어려워졌다(물론 임대사업자 기금대출

등을 활용하는 방법도 있지만, 내겐 맞지 않았다).

사실, 부동산 시장에 대한 정부의 규제 완화 혹은 강화 정책은 대한민국 경제사에서 늘 반복되던 일이며, 일종의 패턴도 있다. 투자 수요를 억제하기 위한 규제책으로 대출 조건을 손보는 내용 역시 빠지지 않는 단골 메뉴다. 결국 나는 시장 분위기에 따른 정책 변화로 대출을 극대화한 월세투자를 진행하지 않았다. 그러나 시간이 흐른 지금에 와서 돌이켜보니, 투자의 효율성 측면에서 볼 때, 직장인인 내게는 지금까지 해온 전세금을 레버리지로 활용하는 투자 방식이 더 좋은 선택이었던 것 같다.

월세투자 vs. 전세투자

우선 많은 사람이 꿈꾸는 월세 이익을 얻는 투자 방식에 대해 생각해 보자. 소액으로 투자하려는 사람이라면, 2019년 시점 서울과 수도권 지역의 아파트에는 월세투자 자체가 적합하지 않다는 걸 느끼고 있을 것이다. 매매가가 높아서 투자금이 많이 필요한 반면, 들어오는 월세는 그만큼 많지 않다 보니, 수익률 자체가 떨어지기 때문이다. 그래서 월세투자에 관심이 있는 사람은 처음 투자를 접할 때 오피스텔이나 지방의 소형 아파트를 가장 먼저 주목한다. 오피스텔이나 지방에 있는 아파트, 특히 매매가는 저렴하고 월세 시세는 높은 곳에 투자해야만 높은 수익률을 기대할 수 있어서다. 그런데 그런 물건에 투자하는 것이 최근 부동산 시장 흐름을 감안할 때 좋은 투자라고 볼 수 있을까?

더욱 쉬운 이해를 위해 사례를 들어보자. 다음은 수도권에서 강남까지 지하철 환승 없이 도달할 수 있는 신분당선 역세권에 위치한 오피스텔과 그 바로 옆에 위치한 아파트의 시세 흐름을 비교한 표이다. 이는 실제 지역과 물건의 시세다.

(단위 : 만 원)

2016년 11월	오피스텔		아파트	
	대출X	대출O	대출X	대출O
매매가	17,000	17,000	37,000	37,000
보증금	1,000	1,000	2,000	2,000
대출금	0	11,900	0	25,900
실제 투자금	16,000	4,100	35,000	9,100
월 임대료	55	55	95	95
월 대출이자	0	35	0	75
연수익	660	240	1,140	240
수익률	4.1%	5.9%	3.3%	2.6%

해당 오피스텔은 공급면적이 $55m^2$(17평형)이며, 2016년 6월에 입주를 시작한 신축 건물이다. 같은 해 11월 실거래가를 보니 매매가는 1억 7,000만 원, 임대 시세는 보증금 1,000만 원에 월세 55만 원가량이었다. 따라서 이 오피스텔에 월세 목적으로 투자했다면 수익률은 4.1%였을 것이다. 또 투자금을 줄이기 위해 70%

대출을 받아 투자했다면 실제투자금이 4,100만 원 정도로 줄어 수익률은 약 5.9% 정도가 된다.

한편, 해당 오피스텔에서 걸어서 5분 거리에 있는 한 대단지 아파트의 경우 2012년 4월에 입주를 시작한 공급면적이 81 m^2(24평형)짜리다. 2016년 11월 기준 실거래가를 보니 매매가는 3억 7,000만 원, 월세로 거주할 경우 보증금 2,000만 원에 월세 95만 원가량이다. 이 아파트에 월세를 목적으로 투자할 경우 수익률은 3.3% 남짓이며, 투자금을 줄이기 위해 70% 대출을 받았을 경우엔 실제투자금은 약 9,000만 원이지만 대출이자 등으로 수익률은 2.6%에 불과하게 된다.

꼬박꼬박 들어오는 월세에 관심이 많은 당신이 타임머신을 타고 2016년으로 돌아갈 수 있다면, 어디에 투자하겠는가? 대출을 받아 오피스텔에 투자하지 않겠는가? 투자금이 4,000만 원가량으로 가장 적은데, 수익률은 단연 앞서니 말이다. 이렇게 수치만 놓고 보면 대단히 좋은 투자 방식임이 틀림없어 보인다. 그래서 실제로 많은 투자서와 부동산 컨설팅 회사에서 이 같은 방식을 추천한다.

그런데 한 가지 고민해 볼 필요가 있다. 그 고민은 '현재 시장 어딘가에 더 나은 투자 방식이 있지는 않을까?' 하는 생각에서 출발해야 한다. 그에 대한 답을 찾기 위해 앞의 사례에서 만약 전세금을 레버리지로 이용하는 투자를 했다면, 어떤 결과가 나왔을지 비교해 보자. 그 결과가 우리 같은 평범한 직장인에게 여러 가지를 알려줄 것이다.

노력 대비 효용

아래 표는 앞선 사례에서 소개한 오피스텔에 월세투자를 했을 경우와 같은 지역의 아파트에 전세투자를 했을 경우를 비교한 것이다. 실제로 2018년까지 오피스텔의 매매가가 전혀 상승하지 않았기에 수익은 월 임대료가 전부였다. 2년간 투자금 대비 수익률은 대략 11.7% 정도다. 반면 같은 입지에 있는 아파트의 경우, 지난 2년간 매매가가 가파르게 상승해 2018년 기준 4억 6,000만 원가량으로, 무려 9,000만 원의 시세차익이 발생했다. 대출을 받지 않았기에 대출이자 등도 발생하지 않았고, 투자금도 5,000만 원으로 오피스텔 투자와 비교해도 큰 차이가 없다. 그런데 결과는 어떤가?

(단위 : 만 원)

구분	오피스텔 월세투자 시		아파트 전세투자 시	
	2016년	2018년	2016년	2018년
매매가	17,000	17,000	37,000	46,000
보증금	1,000	1,000	32,000	32,000
대출금	11,900	11,900	–	–
실제 투자금	4,100	4,100	5,000	5,000
월 임대료	55	55	–	–
월 대출이자	35	35	–	–
2년 수익	480		9,000	
2년 수익률	11.7%		180.0%	

비교할 수 없을 만큼의 큰 차이(480만 원 수익 vs. 9,000만 원 수익)가 생긴다. 이 두 대상이 서로 다른 지역이 아닌 길 하나를 경계로 맞닿아 있는 물건임에도 그렇다. 당신이 만약 최근 시장에서 부동산 투자를 진행해 본 경험이 있다면, 이 차이를 더욱 금방 이해할 수 있을 것이다. 실제로 근래 부동산 시장에서 나타난 일반적인 현상이었기 때문이다.

아파트 전세투자와 오피스텔 같은 수익형 부동산에 대한 월세투자의 기회비용 대비 수익 차이는 앞의 사례처럼 극명하게 엇갈린다. 실제로 내 주변에는 전라도나 경상도처럼 수도권과 상당히 떨어진 지역에 거주하면서도 지난 3년간 주말마다 올라와 이 같은 방식으로 전세투자를 해 적지 않은 수익을 올린 투자자들이 있다. 그들이 만약 단순 수익률만 고려해 지방의 소형 아파트나 오피스텔에 월세투자를 했다면, 지금과 같은 이익을 얻을 수 있었을까?

물론, 단돈 20만~30만 원이라도 매월 돈이 들어온다면 좋을 것이다. 더군다나 투자를 업으로 하는 경우 안정적인 현금 흐름이 생기니 시간을 활용하는 투자를 할 수 있다. 월세투자를 통한 현금 흐름을 창출하는 방식은 단순한 수익의 크기 이상의 안정감을 안기기도 한다. 다만 투자를 업으로 삼지 않는 직장인이라면, 조금 다른 관점에서 생각해 봐야 한다. 일단 자신에게 물어보라. "월세를 받고자 하는 이유가 무엇인가?"

명확한 이유도 없이 그저 '남들도 받는다니 나도 월세 한번 받아보고 싶어서'에 그친다면, 그 효용 가치를 꼼꼼히 따져봐야 한다.

나도 이러한 고민을 통해, 소소한 월세 수익보다는 자산의 크기 자체를 키워 점점 더 큰 눈덩이를 만드는 것으로 투자 방향을 정했는데, 다행히 지금까지 그 방향성이 시장의 흐름과 잘 맞아떨어졌다. 만약 '급여'라는 강력한 무기를 가지고 있고, 앞으로도 전국을 무대로 투자를 지속해 나가고 싶은 직장인이라면, 이러한 방식이 맞을 것이다.

직장인에게 가장 좋은 투자 방식

투자를 하다 보면 자연스럽게 알게 되겠지만, 월세든 전세든 부동산을 한 채 매입해서 임대를 놓기까지의 과정은 비슷하다. 다만 월세투자로 매입한 부동산일 경우 전세투자로 매입한 경우보다 더 많은 신경을 써야 한다. 자잘한 하자 보수는 물론이요, 대개 대출을 지고 있기에 '공실'이 될 위험에도 더욱 민감해질 수밖에 없다. 심지어 그 물건이 지방에 있다면 서울에 거주하는 투자자일 경우 더 많은 노력과 시간을 들여야 한다. 문제는 직장인 대부분이 출·퇴근 시간을 포함해 하루에 10시간 가까이 회사와 관련된 일에 묶여 있을 수밖에 없다는 것이다. 결국 수면 시간과 식사 시간까지 고려할 때 하루 중 온전히 4, 5시간을 다른 일에 투자하는 건 쉬운 일이 아니다. 혹여 육아까지 감당해야 하는 경우라면, 수면과 식사 시간마저 줄여야 할지 모른다. 즉 시간이 귀한 직장인 투자자의 입장에선 시간 대비 결과물이 상당히 중요하다. 이 같은 상황에서 직장인인 당신이 투자를 위해 비슷한 시간과 노력을 투입해야 하는 상황이라면, 좀처럼 가격 상승이 일어나지 않는 오피스텔이나 지방의 외진 지역의 아파트에 월세투자를 하겠는가, 아니면 아직 남아 있는 수도권의 저평가 아파트나 지방의 입지 좋은 아파트에 전세투자를 하겠는가? 효율 대비 수익이나 운영의 장·단점을 고려한다면 어렵지 않게 답을 낼 수 있을 것이다.

하나 더 생각해 봐야 할 것은 급여다. 의외로 직장인들은 월급을 그저 '통장을 스칠 뿐'이라고 여기며 그에 대한 가치를 잘 모르는 것 같다. 당연하거나 혹은 익숙하게 여기기 때문이리라. 모든 직장인은 어찌 됐든 정해진 날에 정해진 만큼의 급여를 받는다. 하지만 월세투자의 경우, 한두 건만으로는 수익의 절대 크기가 급여보다 적기에 현시점에서 그 효용 가치가 떨어진다. 당장 직장에서 내몰리는 상황이 아니고 10년 이상 직장생활을 할 수 있는 상황이라면, 그래서 급여라는 안정적인 현금 흐름을 유지할 수 있는 사람이라면 당장 얼마 되지 않는 월세 수익보다는 장기적으로 볼 때 절대적인 자산의 규모를 키우는 것이 현명한 방향이다. 커다란 눈덩이는 한 번만 굴러도 작은 눈덩이보다 더 큰 눈이 들러붙듯, 10년 동안 월급으로 불린 자산의 크기가 시간이 지나 은퇴한 당신에게 더 큰 수익을 가져다줄 테니 말이다.

정리해 보자. 당신이 10년 이상 직장생활을 통해 당장 생활비를 걱정할 필요가 없다면, 매월 통장에 들어오긴 해도 좀처럼 뭉쳐지지 않는 크기의 월세 수익에 시간과 노력을 투입하기보다, 전세투자를 통해 자산의 크기 자체를 불려나가는 방식을 활용하는 게 더 주효한 전략이다. 이렇듯 전세투자는 급여라는 안정적인 현금 흐름을 가지고 있는 직장인에게 아주 매력적인 투자법이다.

변치 않는 투자 진리란 없다

지금까지 부동산의 전세투자와 월세투자 방식을 비교해 봤다. 나는 그중 전세투자 방식의 손을 들어주었다. 단, 이는 독자들이 나 같은 직장인이라는 내부적인 상황과 현재 시장이라는 외부적인 상황에 있다는 가정하에 판단한 것이다. 그러니 전세투자가 월세투자보다 누구에게나 언제나 우월한 방법이라고 오해하지 않기를 바란다. 또다시 시간이 흐르면 언제 그랬냐는 듯, 최근까지의 부동산 활황장에서 불황장으로 시장도 바뀐다. 또 그 상황이 어느 정도 지속되면, 결국 정부 역시 정책 방향을 규제에서 완화로 바꿀 것이다. 그렇게 되면, 경매 등을 활용한 월세투자 방식 또한 좋은 투자법이 될 수 있다. 언젠가 당신에게 투자를 통한 자산 형성보다 현금 흐름이 더 중요한 시기가 온다면, 그때 월세투자를 해도 늦지 않다. 어느 시기에, 어떤 물건에, 어떤 전략을, 어떻게 활용할지는 시장과 자신의 상황을 잘 파악한 후 결정해야 한다.

다만 전세금을 레버리지로 활용하는 전세투자를 추천하는 나에게 누군가는 이렇게 물을지도 모르겠다. 이제 서울과 수도권 부동산에 소액으로 투자하기는 힘들지 않으냐고. 그 질문에 대해 나는 이렇게 대답하겠다. 소액 투자처로서 수도권은 여전히 유효하다. 행여, 소액으로 투자 가능한 남은 물건마저 사라지는 시장이 되더라도 조금만 눈을 돌리면 같은 방식으로 투자할 곳은 전국 도처에서 얼마든지 찾을 수 있다. 당신이 이제 막 투자 시장에 입문하는 초보자라 해도, 2년가량 열심히 노력한다면 투자처가 없어 투자를 못 하는 것이 아니라, 투자금이 떨어져 투자를 못 한다는 선배 투자자들의 말을 이해하게 될 것이다.

03

절대로
돈을 잃지 않는 투자법

앞에서 현금 흐름을 추구하는 월세투자와 시세차익을 추구하는 전세투자를 비교해 보았다. 또 노후 준비를 목표로 삼고 있는 직장인이라면 순서상 전세투자를 시도하는 것이 적합하다고도 이야기했다. 그런데 투자의 필요성을 충분히 이해하고, 또 전세투자라는 방식을 이해한 사람이라고 해도, 선뜻 투자에 나서지 못하는 건 왜일까? 혹시나 잘못된 투자로 가진 돈까지 잃으면 어쩌나 하는 두려움 때문이 아닐까? 그래서 시세차익형 투자를 하되, 절대로 잃지 않는 방법에 관해 이야기하고자 한다.

나는 주식 투자에 관해서는 부동산 투자만큼 잘 알지 못한다.

하지만 투자 원리만 놓고 보면, 주식 투자가 시세차익형 전세투자의 원리와 매우 흡사하다는 생각이 든다. 주식 투자 분야에서 살아있는 전설이라 불리는 워런 버핏은 본인의 투자 원칙으로 다음 두 가지를 제시했다.

첫째, 잃지 않는다.

둘째, 첫 번째 원칙을 지킨다.

시세차익형 투자를 시도할 경우 정말 돈을 잃지 않는 것이 중요하다. 아홉 번 성공해서 수익이 생기더라도 한 번 잃게 되면 '누적수익률' 측면에서 엄청난 손해를 감수해야 한다. 심지어 마지막에 모든 것을 걸고 시도한 투자라면 단 한 번의 실수로 모든 것을 잃을 수도 있다. 그렇다면 절대 잃지 않기 위해 필요한 것은 무엇이며, 그것을 얻기 위해서는 어떻게 해야 할까?

저평가

예전에는 나도 투자와 투기의 개념을 혼동했다. 본격 투자를 하며 경험을 쌓고 나서야 점차 투자와 투기를 구분하는 나만의 기준이 생겼는데, 그 기준이란 매우 간단하다. 사는 순간 돈을 버는 것이 투자이고, 막연하게 오를 것으로 생각하는 것에 돈을 투입하는 건 투기다. 사람들은 흔히 '이 물건은 아마 이렇게 될 거야. 꼭 가격이 오를 거야' 정도로 판단한 후 이를 기정사실로 믿어버린다. 맞든 틀리든 그렇게 내린 판단의 근거가 있다면 그나마 다행이지만, 대개는 근거조차 없이 막연하게 확신하는 사람들이 많다는 게 문제다. '다른 부동산도 오르고 있으니 내가 사려고 하는 이 물건도 앞으로 계속 오르겠지' 하면서 믿어버리는 것. 그 외에는 그 투자를 실행하려고 하는 분명한 이유도 없다. 이는 투기에 가깝다. 앞서 말했듯 미래를 예측하는 건 인간의 능력 밖이다. 누가 미래를 예측할 수 있는가. 설령 예측한다고 해도 그것이 내가 투자를 실행할 때마다 맞아떨어질 거라고 누가 장담할 수 있는가.

따라서 좋은 투자란 사는 순간 버는 것이어야 한다. 이는 현재 가치 대비 싼 것을 산다면 가능하다. 물건을 매입한 이후 시장이 나의 바람과 달리 하락장으로 접어든다고 해도, 가치보다 싸게 샀기에 안전 마진까지 확보한 상태라 잃지 않는 것이다. 투자를 고려 중인 물건이 본연의 가치에 비해 싸다는 확신이 들 때 투자해야, 잃지 않는 투자를 할 수 있다. '저평가'된 물건을 사는 것이 잃지 않는 투자의 필요충분 조건인 셈이다. 그렇다면 부동산의 저평가 여부를 판단하려면 우선 저평가가 무엇인지부터 제대로 이해해야 한다.

저평가란 물건의 가치 대비 가격이 싼 상태를 의미하는데, 부동산의 가치는 입지로 결정되기에, 입지보다 가격이 싼지 적정한지 비싼지에 따라 저평가 여부를 판단할 수 있다. 정리하자면, 다음과 같은 공식이 성립한다.

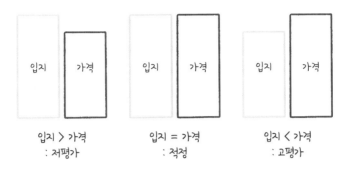

입지 > 가격   입지 = 가격   입지 < 가격
: 저평가   : 적정   : 고평가

　결국 저평가 여부를 판단하기 위해서는 부동산의 가치(입지)와 가격, 이 두 가지를 모두 볼 수 있는 안목이 필요하다. 그런데 둘 중 가격은 가치(입지)에 비해 상대적으로 파악하기 쉽다. 가격은 개인적인 판단이 개입되는 요소가 아니라, 정보에 해당하기 때문이다. 부동산, 특히 아파트의 경우 네이버 부동산 사이트에서만 찾아봐도 가격을 알 수 있다. 물론 손님을 유인하기 위한 허위 매물도 있고, 시장이 급변하는 장세에서는 실시간으로 가격이 변하므로 중개소에 전화하거나 방문해야 정확히 알 수 있지만, 평상시라면 인터넷상의 정보만으로도 충분히 가격을 파악할 수 있다.

　결국 저평가 여부를 판단하려면, 그 가치인 입지를 알아보는 요령을 터득하는 것이 중요하다. 관심 있는 물건의 가격이 100원일 때 가치가 100원 이상인지, 딱 100원 정도인지, 아니면 100원보다 못한지를 알아볼 수 있는 눈. 그 안목이 돈을 잃지 않고, 나아가 더 많이 벌 수 있는 시세차익형 투자를 하는 데 꼭 필요하다. 이에 대해 조금 더 자세히 알아보자.

저평가 여부 확인하는 법

부동산의 가격은 어떻게 결정되는가? 거래 당사자가 서로 수긍하고 합의한 선에서 결정된다. 이와 비슷한 속성을 가진 대표적인 물건 중 하나인 소고기를 예로 들어보자. 일반적으로 소고기는 지방이 적당한 비율로 섞여 있는지, 색이 좋은지, 조직이 우수한지 등으로 그 가치를 따지고 이를 등급으로 표시한다(1등급++, 1등급+ 등이 바로 그것이다). 구체적으로 예를 들어보자.

당신이 주말에 있을 집들이 준비를 위해 장을 보러 갔다고 하자. 손님들에게 대접할 소고기를 사기 위해 집 근처의 가격도 저렴하고 품질도 좋은 상품을 파는 전통시장으로 향했다. 시장에 도착한 지 얼마 되지 않아 한 정육점이 눈에 들어왔다. 곧 이끌리듯 정육점으로 들어간 당신은 환상적인 마블링의 소고기를 마주했다. "이 고기는 얼마인가요?" 그러자 상점 주인이 대답했다. "이 고기 엄청 좋은 거예요. 한 근(600g)에 3만 원입니다."

그런데 문제가 있다. 사실 당신은 평소 고기 가격에는 전혀 관심이 없었는데, 그저 배우자의 심부름으로 장을 보러 왔을 뿐이었다! 소고기를 먹을 줄만 알았지 가격이 얼마나 되는지는 전혀 모른다. 그렇다면 상점 주인이 말하는 소고기 가격이 적당한지 아닌지를 바로 구분할 수 있을까? 아마 쉽지 않을 것이다. 잠시, '귀찮은데 그냥 살까?'란 생각이 들었지만, 웬만한 먹방도 시시하게 만들 만한 지인들의 식성이 떠올라 "네, 일단 알겠습니다"라고 말하며 첫 번째 정육점 문을 나섰다. 그런 뒤 당신은 근처의 다른 정육점을 찾기 시작했다. 아마 당신은 이러한 방식으로 시장에 있는 여러 정육점을 돌아다니며 품질 대비 가격이 저렴한 소고기를 찾기 위해 노력할 것이다. 그렇게 하다 보면 처음에 봤던 그 환상적인 마블링의 소고기 가격이 품질(가치) 대비 싼지, 아니면 이후 방문한 정육점에서 본 다른 소고기가 품질(가치) 대비 싼 것인지 등 점차 감을 잡게 된다. 아마 그 시장에 있는 모든 정육점에 들어가 소고기와 가격을 확인한다면, 더욱 확실하게 품질(가치) 대비 싼 소고기가 어느 것인지 알게 될 것이다. "오늘 본 소고기 중에서 아까 그게 제일 괜찮은 것 같아. 역시 난 합리적 소비자야!" 하면서.

재미있는 건 부동산도 이와 같다는 것이다. 부동산과 소고기의 차이는 가치를 판단하는 기준뿐이다. 소고기의 가치를 판단하는 기준이 지방 배치, 색상, 조직도를 기반으로 하는 등급이라면, 부동산의 입지를 판단하는 기준은 직장이나 교통, 정주 환경, 학군 정도다. 결국 부동산도 물건 하나만 봐서는 그것이 싼지 혹은 비싼지를 판단할 수 없다. 그런데 몇만 원짜리 소고기도 그렇게 비교해 보고 사면서, 수억 원에 달하는 주택은 어떻게 한두 채만 보고 금세 마음을 빼앗겨 도장을 찍는다는 말인가!

만약 당신이 실거주용이든 투자용이든 부동산을 매입하는 계약서에 도장을 찍으려는 순간 긴가민가한 심정에 손까지 떨렸다면, 여러 개의 대상을 비교해 보고 그중 내가 지금 계약하려는 이 물건이 가장 좋고 가격도 싸다는 확신을 하게 되는 과정을 생략했기 때문일 것이다.

이제 부동산의 입지를 알아보고 저평가되었는지를 판단하려면 어떻게 해야 하는지 자명해졌다. 바로 당신이 관심을 두고 있는 물건이 있다면, 계약하기 전에 더 많은 대상을 살펴보고 이와 비교해 봐야 한다. 비교 대상이 많으면 많을수록 더 좋은 판단을 내릴 수 있을 테니 말이다. 부동산 투자에 일가견이 있는 사람들이 입을 모아 말하는 '부동산은 발품이다'라는 말도 결국 많은 곳을 둘러보며 아는 지역을 늘리고, 비교할 수 있는 아파트 단지와 물건을 늘려야 저평가된 물건을 발견할 수 있다는 말과 같다. 생각해 보라. 지금 살고 있는 곳 외에 다른 곳에는 가본 적도 없고 그래서 전반적인 부동산 가격이 어떻게 형성되어 있는지도 모르는 사람과 서울 수도권 곳곳과 전국 방방곡곡을 직접 가봐서 입지와 가격이 어떤지 알고 있는 사람이 있다면, 둘 중 누가 부동산을 접할 때 그 가격이 가치 대비 싼지 비싼지 제대로 판단할 수 있겠는가? 앞서 평촌의 투자 사례에서 말했듯, 2017년 초 경기도 안양시 동안구 평촌의 아파트와 군포시 산본의 아파트 가격은 비슷한 수준이었다. 당신이 이 두 지역에 대해 조금이라도 알고 있다면 뭔가 이상하다는 생각이 들 것이다. 반면, 이 문장에서 아무것도 느낄 수 없다면 당신은 아직 수도권 부동산에 대해 잘 모르는 사람일 가능성이 크다.

지금 당장 포털 사이트나 스마트폰 앱에서 지도를 펼쳐 평촌과 산본의 위치를 살펴보라. 서울 강남을 기준으로 볼 때 평촌이 산본보다 가깝고, 도시의 규모나 환경 면에서 우위에 있다는 것을 알

수 있다. 땅의 가치, 즉, 입지 측면에서 평촌이 산본보다 우수하다
는 이야기다. 그런데도 당시 평촌의 방 3개짜리 복도식 아파트의
가격이 산본의 같은 조건 아파트의 가격과 1,000만 원 정도밖에
차이가 나지 않았다. 이를 이해하기 쉽게 부등호로 표시하면 다음
과 같다.

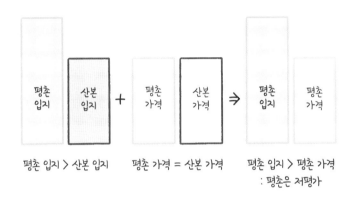

평촌이 산본보다 입지적 측면에서 우수한데, 당시 유사한 조건의 아파트 가격은 거의 비슷했다.

이러한 판단 과정을 거쳐 나는 평촌의 아파트가 저평가되어 있
다고 결론 내린 후 투자를 진행했다. 이런 결정이 가능했던 것은
적어도 내가 평촌과 산본 두 지역의 입지와 적당한 가격을 알고 있
었고 그 둘을 비교했기 때문이다.
　이처럼 당신이 잃지 않는 투자를 위해 저평가된 지역을 찾아내
고자 한다면, 먼저 아는 지역을 늘려가야 한다(품질 대비 저렴한 소고
기를 사고 싶다면 아는 정육점을 늘려야 하는 것과 같다). 서울이나 광역

시의 경우 구 단위로 5곳, 그 외 지역의 경우 시 단위로 5개 이상의 지역을 선정해, 알아가라. 그리고 그 안에서 가치(입지) 대비 싼 물건을 찾고, 그들 중 전세가율이 높아 투자금이 적게 드는 물건에 투자하라.

실패 없는 부동산 투자법

앞에서 언급한 방식은 시세차익이 목적일 경우 부동산뿐 아니라 어떤 종목에도 적용할 수 있는 방식이다. 다만 부동산, 특히 우리나라 부동산 투자에서 돈을 잃지 않기 위해 활용할 수 있는 방법이 하나 더 있다. 바로 부동산의 매매가와 전세가의 차이를 비율로 표시한, '전세가율'을 활용하는 것이다.

앞서 말했듯, 부동산의 전세 제도는 전 세계 어느 나라에서도 찾아볼 수 없는 우리나라에만 존재하는 제도다. 전세가율과 잃지 않는 투자의 관계를 이해하려면, 이 전세 제도에 대해 더욱 깊이 이해할 필요가 있다. 부동산은 주식과는 달리 투자재인 동시에, 필수재다. 주식의 경우 투자재로서의 가치를 잃으면 전부를 잃는 것과 같지만 부동산, 그중에서도 아파트는 거주 기능을 수행하는 필수재의 성격을 가지고 있으므로 다르다. 따라서 아파트값이 하락한다고 해도 어쨌든 사람들은 아파트에 거주하길 원한다. 물론 가격이 하락하고 있는 상황이라면 실수요자일 경우 매매가 아닌 전세로 거주하는 방식을 택할 것이다. 눈앞에서 가격이 뚝뚝 떨어지고 있는 아파트를 사지 않을 확률이 높으니까 말이다.

예를 들어 살펴보자. 만약 A라는 아파트의 매매가가 3억 원이고 전세가가 2억 7,000만 원이라면, 전세가율은 90%다(전세가÷매매가×100). 이런 경우 부동산 시장이 하락세에 접어들어 아파트 매매가가 떨어지는 상황이 되면, 수요자들은 매매가 아닌 전세를 선택한다. 거주는 해야 하지만 내가 가지고 싶진 않을 테니 말이다. 이에 따라 전세수요는 오히려 늘어난다. 이 같은 상황에서 해당 아파트 주변에 주택 공급이 많지 않다면 어떻게 될까? 오히려 수요가 늘어난 아파트의 전세가는 떨어진 매매가와 상관없이 여전히 2억 7,000만 원 근방에 머무르거나 어쩌면 더 오른 수준으로도 형성될 수 있다. 게다가 부동산의 매매가가 전세가보다 낮아질 수 없다는 건 바뀔 수 없는 명제이기에, 결국 그렇게 형성된 전세가는 부동산의 매매가가 전세가 아래로 내려가는 것을 방어하는 '하방 지지선' 역할을 하게 된다. 이는 부동산의 매매가가 하락할 때 일반적인 경우 전세가 수준까지 하락할 수 있다는 말과 같다.

이것이 실제 투자를 하는 개인 입장에서는 어떤 의미를 가질까? 바로 시세차익형 전세투자를 할 경우, 매입 이후 가격이 하락하게 돼도 내가 잃을 수 있는 돈은 매매가와 전세가의 차이, 즉, 투자금만큼이라는 뜻이다. 이것이 전세가율이 높아 매매가와 전세가의 차이가 적은 물건을 투자 대상으로 삼아야 하는 또 하나의 이유가 된다. 돈을 쌓아놓고 있거나 신출귀몰한 투자 실력을 갖춘 사람이 아닌 이상, 투자 건당 리스크를 줄이는 것이야말로 모든 투자자가 지향해야 할 일이기 때문이다.

사람들 중에는 부동산의 매매가와 전세가의 차이가 적은 것에 투자하는 방식이 적은 돈으로 자산을 매입하는 비상식적 행위라고 비난하는 이들도 있다. 하지만 투자 관점으로 볼 때는 투자 한 건당 잃을 수 있는 돈을 줄이는 합리적인 행위인 셈이다. 물론, 최근 지방 부동산 시장을 보면 알 수 있듯이 부동산의 매매가가 전세가보다 떨어지는 상황이 절대 일어나지 않는 건 아니다. 지방처럼 상대적으로 수요층은 두껍지 않은데 주변 지역에 지속해서 많은 주택이 공급되는 경우, 2년 전 계약 당시 전세가보다 낮은 가격으로 매매가가 하락하는 경우도 생긴다. 수도권보다 인구나 세대수 규모가 작고 외부 유입이 활발하지 않아 공급량에 더욱 민감하게 움직이는 지방에서 이런 현상이 종종 목격되는데, 이는 역시나 과다한 입주 물량 탓이다. 만약 이와 같은 '전세가의 매매가 하방 지지선' 역할이 사라지는 최악의 경우가 걱정된다면, 인근 지역의 향후 공급량을 더 보수적으로(예를 들어, 향후 공급량이 지역 인구수의 약 0.5% 미만인지) 확인한 후 투자하면 된다. 반면, 수도권의 경우에는 워낙 대체 수요가 풍부하므로 매매가가 전세가보다 더 낮아지는 현상은 거의 찾아보기 힘들다.

정리해 보자. 시세차익형 전세투자를 하는 경우, 투자자의 상황에 따라 주의 깊게 고려해야 할 사항들이 더 있겠지만, 다음 두 가지 조건을 충족시키는지는 반드시 확인해 보길 바란다.

첫째, 여러 지역의 물건과 비교해 본 결과, 저평가된 것이 확실한가?

둘째, 전세가율이 높아 투자금이 적게 들어가며, 건당 리스크는 작은 물건인가?

이 두 가지 조건을 충족시키는 물건에 지속적으로 투자해 나간다면, 횟수가 반복될수록 돈을 잃지 않는 것은 물론이요, 경험이 축적됨에 따라 점점 더 많은 수익을 안겨주는 좋은 물건을 볼 수 있는 안목까지 갖추게 될 것이다.

나는 뚝 떨어지는 차트나 현란한 엑셀, 복잡한 kb 시계열 등을 잘 활용하지 못한다. 그럼에도 불구하고, 지금까지 이야기한 간단한 기준을 토대로 직접 발로 뛰며 투자를 익혔다. 수도권과 지방 일부, 적어도 내가 한 번이라도 갔던 지역이라면 지도만 들여다봐도 그 지역 부동산이 머릿속에 그려질 정도가 되었다. 그렇게 아는 지역을 넓히고 그 안에 있는 아파트 단지들의 가격과 시세를 파악하며 가치 대비 싼 것을 찾아냈다. 투자 적기를 놓치지 않고 좋은 물건에 투자하는 것이 내가 배우고 익힌 투자법의 전부라 할 수 있다. 당신의 두 다리가 튼튼하고 굳은 의지와 열정만 있다면, 차트나 엑셀, 시계열, 통계 같은 것을 몰라도 큰 문제가 되지 않는다. 부동산 투자는 결국 발로 하는 것이니 말이다.

04

용돈 몇 푼 벌 것인가,
인생을 바꿀 것인가?

투자를 시작하고 현장을 돌다 보면, 부동산 중개소에서 다양한 사람을 만나게 된다. 생애 처음 내 집 한 채를 마련하려는 목적으로 잔뜩 긴장한 얼굴로 들어서는 실수요자가 있는가 하면, 업체를 통해 부동산 컨설팅을 받고 단체로 방문하는 투자자들도 있다. 각양각색의 사람들을 만나 이야기를 나눌 기회도 꽤 있었다. 그중 기억에 남는 일화가 있다.

당시 나는 매입한 아파트의 임차인을 구하기가 쉽지 않아서 직접 임대 홍보물을 만들어 중개소를 일일이 방문해 물건을 소개하고 있었다. 한 중개소에 들렀을 때 소장님 맞은편에 중년 여성 세

명이 나란히 앉아 있었는데, 계약을 진행하고 있는 듯 보였다. 이해하기 쉽게 세 명에게 A. B, C라는 이름을 붙여 설명하겠다. 세 명 중 왼쪽에 앉은 A는 가운데 앉은 B의 아파트를 사는 매수자, 가장 오른쪽에 앉은 C는 B에게 자신의 아파트를 파는 매도자였다. 그러니 B는 매도자인 동시에 매수자인 셈이었다. 이게 어찌 된 일일까? 사연인즉슨, B가 자신의 ○아파트를 A에게 매도하는데, 그 물건의 잔금일에 우연히 이 부동산 중개소에서 소개해 준 C의 인근 □아파트를 매입하게 된 것이다. 한날한시에 같은 부동산 중개소에서 대상은 다르지만 매도 계약과 매수 계약이 동시에 진행된다니 좀 재미있지 않은가? 나는 그 중년 여성 B가 투자 경험이 많은 복부인 유형의 숨은 고수가 아닐까 싶었다. 마침 내가 홍보물을 소장님의 책상 위에 올려두자, 그녀가 관심을 보였다.

4 | CONCEPT

"그게 뭐예요?"
"아, 네, 임대 홍보물이에요. 임대가 잘 나가지 않아서요."
"아이고 그래요. 그렇다 해도 이 더위에 그런 걸 뭐 하러 돌려요? 어차피 부동산에서 전산망으로 다 공유하는데!"
"네, 그래도 좋은 가격에 임대를 놓고 싶어서요."

여기까지 대화를 나눈 후에, 나는 B가 투자 경험이 많지 않은 투자자일 것으로 생각을 바꿨다. 그녀가 부동산 중개소가 어떤 방식으로 수수료를 취하는지 잘 모르고 있었기 때문이다. 부동산 중개인은 의뢰인에게 직접 중개 부탁을 받은 물건과 다른 부동산 중개소에서 전산망에 공유하려는 목적으로 올린 물건을 다르게 취급한다. 직접 받은 물건은 거래가 성사될 경우 이에 해당하는 중개 수수료를 혼자 취하지만, 전산망에 공유된 물건은 전산망에 최초로 올린 중개소와 수수료를 반씩 나눠야 하니까. 이러한 이유로 나는 중개인들이 내 임대 물건을 더 열심히 중개할 수 있도록 여러 곳에 직접 방문하여 홍보물을 돌리고 있던 참인데, B는 이런 차이를 모르고 있었던 것이다.

'보아하니 아직 투자 경험도 많지 않은 것 같은데 저렇게 겁도 없이 과감하게 투자 몇 건을 동시에 진행하다니!' 싶었지만, 매도와 매수를 동시에 진행하는 광경은 흔치 않은 편이라 신기하기도 해서 나는 좀 더 상황을 지켜봤다. 우연히 나눈 대화로 이야기가 길어지자, 소장님은 B를 한껏 치켜세우며 내게 그녀가 그 지역에서 투자로 꽤 많은 돈을 번 사람이라고 소개했다. 2년마다 매입한 아파트를 오른 가격에 팔아서 짭짤한 이익을 얻고 있다는 것이다. 그러면서 소장님은 말했다. "여기는 무조건 오르는 곳이야!"

용돈벌이 투자

그때 나는 느꼈다. '아, B는 용돈벌이 투자를 하고 있구나.'
투자 경험이 많지 않은 사람은, 부동산 투자로 돈을 번다는 건

주택을 사고팔기를 반복하며 그 차익을 얻는 것으로 생각하는 경향이 강하다. B도 이 유형에 속했다. 다행히 운이 좋았던 탓에 앞선 몇 차례의 투자를 통해 썩 괜찮은 시세차익을 얻었을 것이다. 이 같은 용돈벌이 투자는, 천천히 자산 규모를 키워나가는 게 아닌, 짧은 시간 안에 시세차익을 얻는 게 목적이므로 거래가 자주 발생한다. 지난 몇 년간 이어진 부동산 상승장에서 수도권의 전세가율이 85% 이상인 아파트에 5,000만 원 이하의 비교적 소액으로 투자를 했다면, 정말 운이 좋았을 경우 3억~5억 원가량을 벌었을 수도 있다. 그런데 한번 생각해 보자. 그렇게 잭팟jackpot이 터지는 대단한 투자를 했을지라도 그 투자 성과 하나만으로 노후 준비를 완전히 마쳤다고 할 수 있는가? 혹은 이젠 돈 걱정 없이 조기 은퇴를 할 수 있다고 자신 있게 말할 수 있는가? 완벽한 노후 준비나 경제적 자유 달성처럼 인생을 바꾸는 결과를 만들어내려면, 순자산 5억 원 정도로는 부족한 것이 현실이다. 결국 단기 시세차익을 노리는 투자, 용돈 몇 푼 벌기 위한 방식의 투자로는 인생을 바꿀 수 없다는 결론에 이른다.

　게다가 잃지 않고 단기 시세차익을 계속 이어간다는 것은, 투자와 관련된 모든 시장과 상황이 내가 원하는 대로 흘러가야 한다는 전제조건이 붙는다. 즉, 내가 한 투자는 모두 성공한다는 믿음이 현실에서 구현되어야 하는 것이다. 많은 이가 시장 흐름이나 부동산 상승 및 하락 사이클을 보고 투자를 결정한다고 하지만, 그것이 단기간에 수익으로 이어질 수 있을지에 대해서는 아무도 확신할 수 없다. 신이라면 모를까, 당장 내일 무슨 일이 벌어질지도 모르는 인간이 어찌 2년 뒤 혹은 4년 뒤 투자한 부동산의 가격이 오를 거라 확언할 수 있겠는가.

무엇보다 단기 시세차익을 실현하겠다는 목적으로 투자를 한다면, 거래가 잦아지는 만큼 그에 따라 지출해야 하는 거래 비용도 만만치 않게 발생한다. 부동산은 금액의 규모 자체가 큰 만큼, 취·등록세와 중개수수료 등도 적지 않다. 물론 장기 보유를 통해 절세할 수 있는 양도세도 정해진 대로 꼬박꼬박 내야 한다. 거래가 반복될수록 이 같은 비용이 커지고 그에 따라 얻을 수 있는 수익은 반대로 줄어들 것이 불 보듯 빤하다. 결국, 용돈벌이 투자로는 그때그때 어느 정도의 돈을 손에 쥘 수 있을지는 몰라도 큰 재산을 형성하거나 원대한 재정적 목표를 달성하는 건 어렵다는 이야기다.

▎인생을 바꾸는 투자

그렇다면 직장인이 부동산 투자를 통해 노후 준비를 마치고, 나아가 조기 은퇴를 해도 전혀 문제가 없을 만큼의 부를 쌓으려면 어떻게 해야 할까? 나는 다음의 과정을 따르길 추천한다.

① 노후 준비를 목표로, 돈이 얼마나 필요한지 구체적으로 계산한다.

② 현재 현금 흐름을 파악하고 저축이나 자본 재배치를 통해 투자를 위한 종잣돈을 마련한다.

③ 보유 자산의 크기를 키워나간다.

④ 매입한 부동산을 장기 보유한다.

⑤ 원하는 은퇴 시점을 전후로, 축적된 자산을 현금 흐름화하거나 매도해 시세차익을 얻는다.

이 과정에서도 자산의 크기를 꾸준히 키워나가 이를 장기간 보유하는 3번과 4번이 핵심이다. 이것이 바로 인생을 바꾸는 투자다. 잦은 거래를 통해 적은 수익을 당장 손에 쥐는 것보다, 자산의 덩치를 꾸준히 불려나가는 것이 장기적으로 볼 때 훨씬 유효한 전략이기 때문이다.

자산을 팔지 않고 쌓아 올리는 방식의 첫 번째 장점은 수익 실현을 뒤로 미뤄 불필요한 낭비를 막을 수 있다는 것이다. 수익이 날 때마다 부동산을 매도해 돈으로 바꿀 경우 수익 전부를 재투자에 활용하기는 쉽지 않다. 명확한 투자 방향과 목적이 없는 경우라면 실현한 수익을 더욱더 쉽게 써버릴 수도 있다. 생산 자산을 팔아 얻은 돈으로 소비 자산을 사는 꼴이다.

그러나 매입한 부동산을 팔지 않고 꾸준히 모아서 자산을 키우는 건 결국 부동산이라는 그릇에 돈을 담아놓고 꺼내지 않는 것과 같다. 매월 급여를 받는 직장인처럼 안정적 현금 흐름이 있어서 당장의 생활에 큰 문제가 없는 경우라면, 굳이 서둘러 수익을 실현할 이유가 없다. 시간이 흘러 일정 기간이 되면 풍성한 열매를 맺어줄 나무를, 서둘러 베어버릴 필요가 있겠는가?

마련한 부동산 자산을 팔지 않고 장기 보유하는 방식의 두 번째 장점은, 수익의 크기는 자산의 크기에 비례하므로 자산 규모가 커지면 이에 비례해 수익 또한 훨씬 커질 수 있다는 것이다. 당신이 키운 자산의 규모가 어느 수준 이상이 되면, 한 번의 부동산 상승장에서 발생하는 수익 또한 기대 이상으로 커진다. 똑같이 투자를 했는데, 누군가는 중간중간 실현한 수익을 흐지부지 다 써버려서 자산 규모를 키우지 못한 반면, 또 누군가는 팔지 않고 더 많이 모으는 전략으로 자산 규모를 키웠다면, 다음 상승장에서 그 둘의 수익 차이는 벌어질 수밖에 없다.

장기 보유의 세 번째 장점은 거래 횟수가 줄어 그에 따르는 각종 비용을 아낄 수 있다는 점이다. 부동산 거래 시에는 중개수수료와 취·등록세, 양도세 등 거래에 수반되는 각종 비용이 발생한다. 거래 횟수가 많아지면 당연히 이에 대한 비용이 늘고 이에 따라 수익도 줄어들 수밖에 없다. 따라서 자산을 일단 매입했다면 목표로 정한 수익을 달성하기까지는 불필요한 거래를 줄이는 것이 좋다.

당장의 현금 흐름에 문제가 없는 직장인이라면, 흐지부지 써버리고 말 용돈벌이 투자를 할 것이 아니라, 긴 호흡으로 자산을 쌓아 올려 인생을 바꾸는 투자를 하길 바란다. 이러한 이유로, 처음부터 가급적 팔지 않을 가치 있는 부동산을 매입해야 한다. 동시에 바로 2년 뒤가 아닌 10년 뒤를 바라보는, 즉 장기적인 안목을 가지고 투자에 접근해야 한다. 부동산의 특성상, 짧은 미래는 그릴 수 없어도 10년 이상의 기간이 흐른 뒤 시장이 어떻게 될지는 오히려 알기 쉽다. 물가가 오르듯 부동산의 가격도 오르기 때문이다. 그래서 부동산 투자는 결국 시간에 투자하는 것이다.

05

인생을 바꾸는
시스템 투자의 원리

우리는 은퇴 이후 일자리 없이 살아가야 할 기간이 과거 어느 때보다 길어진 시대를 살아가고 있다. 그렇다면 일자리 없이 살아야 하는 그 긴 시간 동안 과연 얼마나 많은 돈이 필요할까?

2018년 1인당 최저생계비는 한 달 기준, 약 100만 원이다. 최소한의 생활 수준을 유지하기 위해 필요한 금액이 100만 원이라는 이야기다. 부부가 함께 생활할 경우, 그 금액은 200만 원이 된다. 60세를 전후로(실제로는 더 이른 나이에 회사를 그만두게 될 가능성이 크지만) 일을 그만둔다고 가정하면, 대략 30년 동안 이 두 부부에게 연간 2,400만 원의 소득이 필요하다. 계산해 보면, 인플레이션 등을 감안하지 않고서도 7억 2,000만 원가량의 목돈이 있어야 한다. 특히나 이 금액은 실제 생활에 필요한 비용이므로 당장에라도 지출이 가능한 현금 자산이어야 한다. 거주나 의료에 필요한 비용 등은 제외한 것이란 뜻이다.

여기에 더해 당신이 경제적 자유를 꿈꾸고 있다면 이보다 훨씬 많은 돈이 필요하다. 어떤가? 앞서 말했듯 한두 번의 투자 대박으로는 부족하지 않겠는가? 따라서 몇 번의 투자로 쏠쏠한 이익을 얻었다고 만족할 것이 아니라, 결국 큰 규모의 자산을 형성하고 수익의 크기를 키워나가는 데 집중해야 한다.

이에 따라 나 역시 어떻게 하면 잃지 않으면서도 수익의 크기를 키워나갈 수 있는 투자를 할 수 있을지 고민했다. 벌이가 빤한 일반 직장인이나 자영업자 같은 소시민들이 택할 수 있는 투자법은 생각보다 많지 않았다. 그나마 시도 가능한 대표적인 투자 대상이 주식과 부동산이었는데, 앞서 이야기한 이유로 부동산 투자를 택했다. 무엇보다 종잣돈이 많지 않아 소액으로 투자해야 했기에 레버리지를 활용해 자산 규모를 키울 수 있는 부동산, 그중에서도 아파트 투자를 택한 것이다. 그러나 아무리 레버리지를 활용한다고 하더라도, 단기간에 큰돈을 벌 것으로 기대해선 안 된다. 기본적으로 투자금 자체가 적다면 한 가지 사실은 인정해야 한다. 바로 시간이 필요하다는 것 말이다.

투자를 시작하고 이른바 '투자 고수'들을 만날 기회를 얻었다. 강의나 오프라인 모임을 통해 만난 그 고수들의 교훈은 한결같았

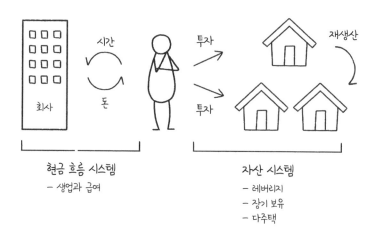

현금 흐름 시스템
- 생업과 급여

자산 시스템
- 레버리지
- 장기 보유
- 다주택

다. '조급함을 버리고 10년 이상을 봐라.' 돈이 부족하면 당연히 투자에 어려움이 있을 수밖에 없다. 하지만 돈이 부족하다고 해서 목표를 달성하지 못하는 것은 결코 아니다. 누구에게나 똑같이 주어지는 소중한 자산, 시간이 있으니까.

나는 위험하지 않으면서, 적은 돈으로 짧은 시간에 큰 수익을 낼 수 있는 투자법은 세상에 없다고 생각한다. 하지만 직접 해본 결과 수중에 가진 돈이 적더라도 시간을 투입하면 목표를 달성할 수 있다는 걸 알게 됐다. 단기간 성과를 내려 하지 말고, 뜸 들이듯 기다릴 수 있다면 가능하다. 그래서 나는 목표한 바를 이루는 데 필요한 기간을 '10년 이상'으로 설정했다. 세상에 거저 되는 것은 없다고 생각하니 10년도 그리 긴 시간처럼 느껴지지 않았다. 그런 생각으로 투자를 시작하고 잠시 눈을 감았다 뜨니 어느덧 4년에 가까운 시간이 흘렀다. 다행인 것은, 내가 아직은 비교적 젊은 나이이기에 급여라는 현금 흐름을 대략 10년 이상 확보할 수 있다는 점이다. 그러니 당장 월세투자 등을 통해 현금 흐름을 만들어내기보다 안정적으로 자산과 수익의 규모를 키워나갈 수 있는 장기 보유 전세투자 방법이 적합했다. 여기에 더해 인생을 바꾸기엔 부족한 투자 한 건당 수익을 키워나가기 위해 선택한 것이 '시스템 구축'이다. 여기서 말하는 시스템이란 '다주택'을 의미한다. 건당 수익의 크기는 흔히 이야기하는 똘똘한 한 채에 미치지 못해도, 그것이 다수가 되면 이야기가 달라진다. 이렇게 나는 적은 투자금으로 살 수 있는 저평가된 아파트를 매입한 후 팔지 않고 장기 보유하면서, 여러 채를 모으는 방식으로 투자를 진행해 왔다.

┃ 똘똘한 한 채

최근에는 평소 투자에 관심조차 없던 사람들의 입에도 '똘똘한 한 채'라는 말이 자주 오르내린다. 사실 이는 부동산 시세가 상승하고 하락하는 사이클로 따질 때, 수도권을 기준으로 대략 한 바퀴 전인 2005~2007년 시점과 유사한 상황이다. 똘똘한 한 채란, 제한적인 사람들만 진입할 수 있는 프리미엄 시장의 고가 아파트를 의미한다. 이런 것들은 가격이 비싸지만 그만큼 많은 사람이 원하고 지역 자체가 브랜드화되어 있기에, 부동산 상승장에서의 상승폭이 매우 화끈하다. 하지만 대개는 그 자산의 높은 가격대만큼이나 투자금 규모와 가격의 변동폭이 커서 감수해야 할 리스크 또한 커진다. 쉽게 말해, 출렁거림이 심한 것이다. 이런 부동산에 투자하려면 애초에 가진 종잣돈이 많아야 하고, 큰 폭의 역전세 같은 닥칠 수 있는 위험에 대응할 수 있는 자금 동원력 또한 있어야 한다. 혹여 위기가 와도 투자금 외에도 위기에 오래 버틸 수 있는 체력 (넉넉한 자금)이 필요하다는 의미다.

이번 부동산 상승장 동안 아파트 가격이 계속해서 오르기만 한 것 같겠지만, 사실 서울 강남 등 요지에 위치한 고가 아파트들의 가격은 오르내리기를 반복했다. 장세가 워낙 좋은 터라 상당히 큰 폭으로 가격이 상승하긴 했지만, 규제책이 나올 때마다 눌림목이 생기고, 간혹 이전 거래가보다 1억~2억 원씩 낮은 매물이 등장하기도 했다. 가격이 오르거나 내릴 때, 그 단위가 수억 원이다. 특히 상승장 안에서도 시기나 상황에 매우 민감하게 반응하는데, 여기서 알아야 할 것은 전세금을 레버리지로 활용해 투자하는 경우에는 아파트의 매매가뿐 아니라 전세가의 변동폭 또한 투자 성패에 큰 영향을 준다는 것이다. 공급 과잉 등의 이유로 아파트의 전세가가 2년 전보다 급락하게 되면, 그 차액만큼을 마련해야 하기 때문이다(요즘 흔히 언급되는 '역전세'라는 것이 바로 그런 상황이다). 이런 역전세 리스크가 비단 똘똘한 한 채에서만 발생하는 것은 아니지만, 똘똘한 한 채에 해당하는 아파트들의 전세가는 금액 자체가 크므로 금융위기나 주택 공급 증가 등으로 인한 외부 충격에 더욱 민감하다(전세가가 2억 원이던 아파트의 전세가가 많이 하락해 1억 7,000만 원까지 떨어질 수 있지만, 전세가가 8억 원인 아파트의 전세가는 6억 원까지 하락할 수도 있다. 가격대 자체가 높은 것들이 변동폭 또한 비교할 수 없을 정도로 큰 것이다).

그럼에도 불구하고 똘똘한 한 채에 투자하는 방식은 여유 자금이 풍부한 고액 자산가에게는 상당히 유효한 투자법이다. 눌림목에서 싸게 매입한 초우량 자산에 거금을 묻어놓고 흔들림 없이 시간을 보낼 수 있다면, 장기적으로 매우 큰 수익을 얻을 수 있기 때문이다. 다만 지금 막 투자를 시작해서 투자가 익숙하지 않고 자금력이 부족한 평범한 직장인이 이런 방식으로 투자하기란 쉽지 않다. 똘똘한 한 채가 가진 변동성에 대응할 여력이 되지 않으니 말이다. 그러나 당장 이런 똘똘한 한 채 투자법을 실행할 수 없다고 해서 아쉬워할 필요는 없다. 수익을 낼 수 있는 투자처가 건당 투자금이 수억 원에 달하는 똘똘한 한 채에만 있는 건 아니다. 실제로 내가 투자한 아파트 중에는 수도권 역세권에 위치했음에도 투자금이 고작 500만 원 남짓이 든 것도 있다. 그 아파트가 똘똘한 한 채에 해당하지는 않지만, 나는 이를 통해 투자금 대비 적지 않은 이익을 거뒀다. 그리고 이러한 물건 하나가 아닌 여러 개로 시스템을 구축한 덕분에, 전체 수익의 규모도 작지 않게 확보할 수 있었다.

시스템 투자법

'시스템 투자법'이란 용어는 내가 처음 만들어서 쓴 말이 아니다. 예전부터 자본주의와 부동산의 자산 가치를 이해하고 투자해 온 많은 실전 투자자들이 실제로 사용한 방법이다. 시간이 흐르면서 그 투자법의 효용은 결과로 검증되었다. 이 방식으로 투자하기로 결정한 후, 나는 시스템이라는 성을 쌓는 벽돌로 어떤 아파트를 활용할지 고민했다.

그 결과, 비교적 입지가 우수한데도 가격 자체는 그리 높지 않은 아파트를 위주로 투자하게 되었다. 내가 매입하던 시점에 수도권 아파트 기준으로 매매가가 4억 원 이하이거나, 전세가율이 높아 실제 투자금이 3,000만~5,000만 원 정도만 소요되는 것들을 대상으로 삼았다. 물론 이들 모두는 앞서 말한 저평가 아파트 찾는 방법을 통해 유사한 대상들 사이에서 비교하며 고르고 또 골라낸 것들이었다. 비교적 괜찮은 아파트들이지만, 앞서 이야기한 똘똘한 한 채 수준의 고가 아파트는 아니었다.

이러한 투자 방식을 택한 것은 우선 이 기준에 맞는 아파트들이 가격대가 낮은 만큼 상대적으로 변동성도 그만큼 덜하기 때문이었다. 매매와 전세 가격이 오를 때도 그 오름폭이 강남이나 서초, 송파, 마용성 등에 위치한 신축 아파트만큼 오르진 않지만, 반대로 매매나 전세 가격이 떨어질 때도 고가의 똘똘한 한 채에 비해 그 폭이 적거나 비슷한 수준에서 버텨낸다.

또한 이 정도 가격대에 위치한 아파트들은 통상 가격대가 낮은 편이기에 투자금이 적게 든다는 것이 장점이다. 실제로 매매가 20억 원에 전세가 18억 원인 아파트는 거의 없지만, 매매가 3억 원에 전세가 2억 7,000만 원인 아파트는 어렵지 않게 찾아볼 수 있다. 결국 투자 건당 수익의 크기는 작더라도 소액의 투자금으로 매입이 가능한 부동산에 투자하여 변동성을 줄이면서도 투자의 효율성은 높이겠다는 것이 내 전략이었다.

　뿐만 아니라 시스템 투자법은 다른 측면에서의 장점도 있다. 바로 투자 실력을 쌓아가는 데 큰 도움이 된다는 것이다. 똑똑한 한 채에 투자할 경우 큰돈이 들어가므로, 원래 자본이 많은 사람이 아닌 경우 이 한 건의 투자를 마치면 다른 곳에 투자할 여력이 없어진다. 하지만 소액을 들여 투자 물건을 차츰 늘려가는 방식으로 투자하다 보면, 건당 투자금이 적기에 보다 많은 경험을 쌓을 수 있다. 투자 역시 다른 분야의 일처럼, 경험이 쌓일수록 실력도 좋아지게 마련이다. 즉, 똑똑한 한 채에 투자하면 단 한 번으로 성패가 결정되지만, 소액으로 채수를 늘려가며 시스템을 만드는 투자를 하면, 회를 거듭할수록 이전 투자에서 잘했던 것은 더욱 발전시키고 실수한 것은 개선할 수 있는 기회를 얻게 된다. 그렇게 얻은 투자의 기술은 마치 자전거 타기처럼 습관으로 몸에 익어, 특별히 의식하지 않아도 평생 활용할 수 있는 무형의 자산, 즉 투자 실력이 되는 것이다.

　똑똑한 한 채에 비해 투자 건당 수익의 크기는 작아도 나는 이 같은 장점들에 주목하여 시스템 투자법을 십분 활용하기로 했는데, 투자에 앞서 다음의 순서로 구체적인 계획을 세웠다.

시스템 구축 계획

1단계 : 원하는 은퇴 시기와 기대수명을 감안해, 근로소득 없이 살아야 하는 기간을 계산한다.

2단계 : 1단계의 기간을 토대로 노후에 필요한 금액이 얼마인지 계산한다.

3단계 : 채당 목표 수익을 1억 원으로 가정하고, 2단계의 필요 금액을 달성하기 위해 마련해야 할 주택 수를 계산한다.

4단계 : 종잣돈이 모이거나 생길 때마다 투자하여, 3단계의 필요 주택 수까지 성을 쌓아 올린다.

내가 은퇴하고 싶은 나이는 50세다. 그때쯤 내가 살고 싶은 지역의 실제 거주할 주택을 매입하는 데 필요할 것으로 예상되는 비용과 생활비 등을 계산해 봤다. 50세에 은퇴하려면 약 40억 원이 필요했다. 해야 할 일은 명확해졌다. 적어도 1억 원 정도의 수익을 안겨줄 부동산을 40채 마련해야 하는 것이다. 운 좋게도 부동산 상승장에서 투자를 시작한 덕분에, 나는 계획보다 이른 시점에 빠른 속도로 순자산을 늘릴 수 있었다.

시스템 만드는 법

시스템 투자법에 대해 충분히 설명했으니 실제로 어떻게 시스템을 구축하면 되는지 그 방법을 알아보자. 아주 쉽고 간단히 말하면, 부동산을 꾸준히 사서 모으는 것이다. 앞서 이야기한 시세차익형 전세투자로 말이다. 부동산 임대차 계약의 경우, 일반적으로 2년을 주기로 계약이 갱신된다. 따라서 한번 임대차 계약을 하면 임대인이든 임차인이든 그 기간을 지켜야 한다. 많은 사람이 부동산은 시장 흐름이 상승세이든 하락세이든 이를 살 때와 팔 때만 수익이나 손실이 발생한다고 생각하는데, 시세차익형 전세투자를 할 경우, 2년마다 현금 흐름이 발생한다. 이것 또한 빼놓을 수 없는 시스템 투자법의 핵심이다. 한번 자세히 들여다보자.

시세차익형 전세투자를 할 경우 자산 매입은 다음과 같이 진행된다. 나는 35세에 처음 투자를 시작해 50세에 은퇴하는 것을 목표로 삼았기에, 투자 기간을 15년으로 잡았다. 아울러 연간 3,000만 원가량을 저축할 수 있다고 가정했다. 각 사람이 처한 상황에 따라 차이는 있겠지만, 내가 만난 맞벌이 가정의 일반적인 경우를 고려했다.

연도	1	2	3	4	5	6	7	8	9	10	11	12	13	14	15
종잣돈	3,000 만 원	3,000 만 원	3,000 만 원	3,000 만 원	3,000 만 원	3,000 만 원	3,000 만 원	3,000 만 원	3,000 만 원	3,000 만 원	3,000 만 원	3,000 만 원	3,000 만 원	3,000 만 원	3,000 만 원
누적 주택 수	1	2	3	4	5	6	7	8	9	10	11	12	13	14	15

표에서 보듯, 1년 동안 모은 3,000만 원으로 매년 1채의 부동산을 마련하기를 15년 동안 반복해야 한다. 그렇게 15년이 흐르면 주택 수는 모두 15채가 된다. 그런데 이는 투자란 종잣돈을 모아서 하는 것으로 생각하는 일반인들의 사고방식에 따른 결과다. 사실, 여기서 마련한 15채는 매년 직접 모은 종잣돈으로 매입한 신규 부동산만 해당한다. 그런데 한번 잘 생각해 보라. 당신이 투자자가 아니라, 그저 자가 주택에 거주하고 있거나 혹은 전세로 사는 사람이라고 해도, 지금까지의 시세 흐름을 보면 주택의 전세가가 장기적으로 볼 때 오를 거라는 건 알고 있을 것이다. 이에 대해 생각해 본 적이 없다 해도, 어떤 주택의 전세 보증금이 계속해서 떨어지고 있다는 이야기를 들으면 어떤가? 뭔가 이상하다는 생각이 들지 않은가? 사실 이런 이야기는 역대급 입주 물량이 쏟아진 최근 몇 년을 제외하고, 거의 들어본 적도 없다. 실제로 부동산 임대차 제도가 시작된 이래, 주택의 전세가가 2년, 3년 이상 장기적으로 하락했던 적은 한 번도 없다. 왜일까? 바로 우리가 평소에 쓰고 먹고 입는 칫솔이나 고등어 혹은 청바지처럼 주택의 전세가에도 물가가 반영되기 때문이다. 우리나라 주택의 전세가 변화 추이와 물가상승률을 비교한 그래프만 봐도, 연도별 부침이 있긴 하지만 장기 추이는 매우 유사하다. 그러니 주택의 전세가는 그냥 물가와 같은 것이라고 이해해도 좋다. 외환위기나 금융위기로 통화량이 감축되거나, 주택의 대량 공급이 지속적으로 이뤄지지 않는 이상 가격은 꾸준히 상승한다.

그런데 주택 전세의 경우 2년마다 재계약이 진행된다. 전세 가격이 매일 조금씩 오르는 게 아니라, 2년에 한 번씩 계단식으로 상승한다는 의미다. 이것은 투자자 입장에선 매우 큰 의미가 있는데, 2년에 한 번씩 물가상승분만큼의 현금이 전세금 상승으로 유입된다는 뜻이기 때문이다. 또 하나 여기서 놓치지 말아야 하는 건, 투자자가 그 집을 매도하지 않았음에도 현금 흐름이 발생한다는 것이다. 투자자는 여전히 해당 집의 등기권리증을 가지고 있고 전체 자산의 규모도 유지되는 상황에서, 추가로 현금이 생긴다. 전세투자의 이러한 장점 덕분에 일반인들이 예상하지 못한 일이 발생한다. 매수한 자산을 일정 기간이 지난 뒤 매도하여 차익을 실현하지 않아도, 수익 일부가 실현되는 것이다. 이로써 1년간 모은 종잣돈에, 2년 전 매입한 주택에서 발생한 전세금 상승분이 더해짐으로써 1년에 1채가 아닌, 그 이상의 주택을 마련할 수 있는 기회가 생긴다. 이를 다음 페이지의 로드맵으로 정리해 볼 수 있다.

투자 첫해에 당신이 종잣돈으로 A 주택을 마련했다고 하자. 2년 차에도 한 해 동안 모은 종잣돈으로 새로운 B 주택을 마련한다. 연간 1채씩 매입했으니 누적 주택 수는 2채다. 그런데 3년 차가 되자, 첫해 마련한 A 주택에 전세금 상승분이 발생한다. 이럴 경우 종전대로 한 해 모은 종잣돈으로 C 주택을 마련하고 A 주택에서 발생한 전세금 상승분은 일단 모아둔다. 그리고 4년 차가 되면 2년 전 마련한 B 주택에서도 전세금 상승분이 발생한다. 그렇게 되면 종잣돈으로는 D 주택을 마련하고, 1년 전 발생한 A 주택의 전세금

15년간 40채의 부동산 시스템 구축 로드맵

투자 연차	종잣돈으로 마련한 주택	전세가가 상승한 주택	전세금 상승분으로 마련한 주택	당해에 마련한 주택 수	누적 주택 수
1	A			1	1
2	B			1	2
3	C	A^1		1	3
4	D	B^1	$a(A^1+B^1)$	2	5
5	E	A^2, C^1	$b(A^2+C^1)$	2	7
6	F	B^2, D^1	$c(B^2+D^1)$	2	9
7	G	A^3, C^2, E^1	$d(A^3+C^2+E^1)$	2	11
8	H	B^3, D^2, F^1	$e(B^3+D^2)$ $f(F^1)$	3	14
9	I	A^4, C^3, E^2, G^1	$g(A^4+C^3)$ $h(E^2+G^1)$	3	17
10	J	B^4, D^3, F^2, H^1	$i(B^4+D^3)$ $j(F^2+H^1)$	3	20
11	K	A^5, C^4, E^3, G^2, I^1	$k(A^5+C^4+E^3)$ $l(G^2+I^1)$	3	23
12	L	B^5, D^4, F^3, H^2, J^1	$m(B^5+D^4)$ $n(F^3+H^2)$ $o(J^1)$	4	27
13	M	A^6, C^5, E^4, G^3, I^2, K^1	$p(A^6+C^5)$ $q(E^4+G^3)$ $r(I^2+K^1)$	4	31
14	N	B^6, D^5, F^4, H^3, J^2, L^1	$s(B^6+D^5)$ $t(F^4+H^3)$ $u(J^2+L^1)$	4	35
15	O	A^7, C^6, E^5, G^4, I^3, K^2, M^1	$v(A^7+C^6)$ $w(E^5+G^4)$ $x(I^3+K^2)$ $y(M^1)$	5	40

*주택 모양 위의 숫자는 전세금 상승분이 발생한 차 수를 의미한다.

상승분에 올해 발생한 B 주택의 전세금 상승분을 더해(A^1+B^1), 새로운 주택 a를 마련하는 것이다. 이와 같은 방식으로 투자를 해나갈 경우, 15년이 지나 은퇴할 시점에 되면 총 40채의 주택을 소유하게 된다.

그때가 되면 은퇴로 인해 매달 들어오던 근로소득은 사라지겠지만, 여러 주택의 전세금 상승분을 모아 일부 주택의 임대 방식을 전세에서 월세로 전환하는 방식으로 현금 흐름을 창출할 수 있다. 혹은 당시 상황에 따라 시세가 많이 올라 차익을 실현하는 것이 더 나아 보이는 주택이라면, 매도하여 목돈을 마련하는 것도 방법이다. 이것이 내가 목표로 두고 진행하고 있는 시스템 운용 전략이다.

예상을 뛰어넘는 속도

옆의 로드맵에서 나는, 새롭게 발생하는 전세금 상승분으로 신규 주택을 마련하는 경우 대부분 2, 3채의 상승분을 더해서 진행하는 것으로 가정했다. 단기간 입주 물량이 집중되고 부동산 정책이 바뀌는 최근 같은 상황이라면, 전세가가 상승하기보다 오히려 하락하는 일도 생길 수 있고, 임대사업자등록 물건일 경우 5%의 임대료 증액 제한 등이 있기에 보수적으로 작성한 것이다.

그러나 10년 이상의 보유 기간을 고려할 때 그 기간 중 시장 환경이 지금과 정반대인 시기도 반드시 온다. 전세대란에 따른 전세가 폭등이나, 규제완화 등의 상황을 맞이할 수 있다는 말이다. 불과 5, 6년 전 수도권 부동산 시장의 전세대란 시절엔 지금과 같은 시장 상황이 올 거라 가늠할 수 없었던 것처럼, 이후 몇 년이 지난 후에 또다시 그런 상황이 반복될 수도 있다. 시장은 돌고 돌기 때문이다. 그러므로 앞의 15년 로드맵에서 전세금 상승분을 이용한 재투자 가정은 무리한 계획이 아니다. 이건 과연 무슨 의미일까?

누구나 이 같은 방식으로 시스템을 갖춘다면, 최소한 지금의 나와 같은 결과를 얻을 수 있다는 말이다. 나는 이 시스템 로드맵을 투자를 처음 시작하는 사람을 위해 작성했다. 저 흐름으로 차츰 시스템을 구축하고 동시에 자산 규모를 키워나가는 것이야말로, 투자 개시 시점에 넉넉한 자본을 갖지 못한 직장인 투자자에게 적합한 투자 방식이기 때문이다. 나도 3년 전, 나를 바꾼 그 책에 소개되어 있던 이와 같은 시스템을 염두에 두고 투자를 시작했다. 그리고 실제의 나는, 전세금 상승분만으로 보수적으로 작성한 저 로드맵보다 훨씬 많은 투자를 진행할 수 있었다.

투자한 부동산의 전세가가 하락할 가능성이 없는 건 아니다. 하지만 특정 지역 한 곳이나 한 아파트 단지에 이른바 '몰빵' 투자를 한 경우가 아니라면, 전국에 고르게 투자해 보유하게 된 모든 주택의 전세가가 동시에 하락하는 일은 거의 없다. 즉, 결국 당신이 어떻게 투자했느냐에 따라 우려는 기우가 될 수 있다. 그럼에도 혹시 모를 리스크에 대비하려면 다음 장에서 언급할 몇 가지 주의사항을 따르길 바란다.

누군가에게는 이 로드맵의 결과가 대단히 허황한 것으로 보일지 모르겠다. 하지만 세상 어딘가에는 이와 같은 방식으로 꽤 큰 성과를 이뤄낸 투자자가 있다는 걸 기억하라. 시스템 투자법은 내가 그랬듯, 당신의 자산 규모를 극적으로 키워준다. 특히 최근 같은 부동산 폭등장에서는 상상하지 못한 속도로 자산과 순자산이 증가할 수 있다. 아울러, 이후 필연적으로 찾아올 부동산 하락장에서도 과도기에 발생할 수 있는 역전세 리스크를 잘 관리하면서 시간을 보낼 수만 있다면, 얼마간 시간이 흘러 벌어질 주택 공급 감소와 전세대란으로 부동산의 전세가가 상승해, 또다시 당신에게 적지 않은 수익을 선사할 것이다.

06

위기가 나만 피해갈 거라는
착각은 버려라

2017년부터 수도권, 정확히 말하면 수도권 외곽지역에 사상 최대 규모의 입주가 진행되었다. 이러한 공급 과잉은 지역에 따라 2019년 혹은 2020년까지 이어졌다. 내가 투자를 시작한 무렵부터 이러한 입주 물량에 대한 이야기는 귀가 따가울 정도로 많이 나왔다. 당연히 적정수요를 초과하여 공급되는 주택의 수가 늘어나고 그것이 지속된다면 시장 침체의 주기로 들어갈 수 있기에, 투자자에게 반길 만한 소식은 아니다. 이에 따라 수도권 주택 시장에 대한 부정적인 시각이 많았던 것도 자연스러운 일이었다.

그런데 시간이 흘러 과다해 보였던 입주가 절반 정도 진행된

2018년 말, 수도권 아파트 시장은 과연 어땠는가? 많은 전문가의 예상과 달리, 수도권 부동산의 가격은 천정부지로 치솟았다. 거기에 더해 수도권의 미분양과 준공 후 미분양은 역대 최저 수준으로, 나의 투자 초기 시절 여기저기서 예상하던 시장 침체나 폭락이 당장 눈앞에 닥치지 않았다. 미분양이 적다는 것은 신규 공급을 받아줄 만한 시장수요가 존재한다는 뜻이기 때문이다.

그렇다면 아무 문제가 없는 것일까? 시세차익형 전세투자를 한 투자자 개인의 입장에서 생각해 보자. 일단 시세차익이 발생했으니 성공적인 투자였다고 자평할 수 있을 것이다. 부동산의 매매가가 오르는 것은 시세차익형 투자의 목적이므로 대단히 중요하다. 하지만 전세금을 레버리지로 활용하는 투자 방식의 특성상 자산 가격의 상승과 별개의 리스크가 존재한다. 그것은 바로 요즘 많이 대두되는 '역전세 리스크'다. 이는 내가 부동산을 매입한 시점의 전세가가 2년 뒤 만기 시점에 그보다 떨어져, 세입자에게 보증금을 반환할 때 추가 자금이 필요한 경우를 말한다.

투자한 자산의 가격이 상승하는 것도 결국 내가 그 자산의 소유권을 방어할 수 있을 때나 의미가 있다. 향후 지속적으로 보유할 만한 가치가 있는 물건임에도 당장의 역전세에 대응할 수 있는 현금이 없다면, 결국 매도할 수밖에 없다. 최악의 경우 그마저도 쉽지 않아 법적 분쟁에 휘말리게 될 수도 있다. 사례를 통해 자세히 살펴보자.

지키는 것도 중요하다

직장인 K 대리는 부동산 투자에 관심을 두고 꽤 오랜 시간 공부하고 준비했다. 마침내 수도권 아파트를 시작으로 1년 동안 주택 4채를 마련했는데, 그 내역은 다음과 같다.

(단위 : 만 원)

구분	1호	2호	3호	4호
매입 시기	2017년 1월	2017년 4월	2017년 7월	2017년 10월
최초 매매가	20,000	25,000	30,000	35,000
최초 전세가	18,000	23,000	27,000	32,000
투자금	2,000	2,000	3,000	3,000
2년 뒤 매매가	26,000	35,000	41,000	47,000
2년 뒤 전세가	16,000	20,000	27,000	30,000
매매가 변동	6,000	10,000	11,000	12,000
전세가 변동	−2,000	−3000	0	−2,000

이는 2019년 시점 입주 물량이 집중된 서울과 수도권 일부 지역에 위치한 아파트들에서 흔히 볼 수 있었던 시세 변화다. 주택의 전세가가 2년 전보다 오히려 하락한 '역전세' 상황이라, 전세를 갱신해야 할 때 투자자가 하락한 만큼의 금액을 마련해야 했다. 지방의 경우에는 시장규모가 작고 보다 불안정하기에 매매가와 전세가가 동시에 하락한 곳도 많았다.

만약 당신이 K 대리 입장에 놓였다면 어떻게 할 것인가? 내가 투자한 주택에 역전세가 발생할 경우 실제 어떤 일이 벌어질 수 있는지를 구체적으로 예상해 보는 것이 좋다. 그것이 리스크의 실체이고 이를 알아야 준비도 제대로 할 수 있을 테니 말이다. 표에서 보듯, 해당 아파트의 매매가는 쏠쏠하게 올랐지만 3호 주택을 제외한 모든 주택의 전세가가 하락했다. 2017년 1월부터 3개월마다 1채씩 매입했으니 전세 재계약도 2019년이 되면 3개월마다 돌아온다. 앞에서 나는 직장인 투자자로서 결국 승리하는 투자를 하려면, 주택을 사고팔기를 반복하는 방식보다는 팔지 않고 장기간 보유하며 꾸준히 자산의 규모를 키워나가는 방향으로 가야 한다고 말했다. 더군다나 이 4채의 주택은 좋은 가격에 매입한 덕분에 이미 시세도 상승했다. 이는 다가올 하락장에서의 안전 마진이 확보되었다는 의미이기도 하다. 한마디로, 소유권을 유지하면 유지할수록 나에게 장점이 많은, 굳이 매도할 이유가 없는 주택이다.

하지만 K 대리에게 전세가 하락분만큼의 현금이 없다면 어떻게 될까? 당장 전세 보증금 반환 문제로 임차인과 분쟁에 휩싸일 수 있다. 돌려줄 돈이 모자라서다. 이로 인해 보유할수록 좋은 자산을 울며 겨자 먹기로 처분해야 하는 상황이 발생할 수 있다. 입지가 썩 좋지 않고 거기에 더해 시장 상황까지 안 좋다면, 매도하기조차 쉽지 않을 것이다. 설상가상으로 주택이 여러 채인 상황에서 이런 일이 연달아 벌어지면 어떻게 되겠는가? 공들여 쌓은 탑이라도 한 번에 무너질 수 있다. 이것이 시세차익형 전세투자자에게 도래할 수 있는 리스크의 실체다.

일단 부동산을 매입하기만 하면 전세가가 계속 상승만 할 거라고 믿으며 투자 시장에 막 진입한 초보자라면, 이 같은 리스크에 대해 구체적으로 생각해 봐야 한다. 그렇다면 이러한 리스크는 어떻게 준비하고 대응해야 할까? 현금, 즉 유동성을 확보해야 한다. 당장 통장 속에 있는 현금이 아닐지라도, 현금을 동원할 방법을 마련하는 것으로도 가능하다. 마이너스 통장이나 신용대출 등이 이에 해당한다. 이 말을 바꿔 말하면, 처음부터 마이너스 통장이나 신용대출까지 모두 끌어와서 투자를 진행해서는 안 된다는 뜻이기도 하다. 매우 중요한 이야기이니 꼭 명심하길 바란다.

장기적으로 볼 때, 주택의 전세가가 상승하는 것은 분명하지만, 2년마다 꼬박꼬박 언제나 전세가가 오를 것이라고 확신해서는 안 된다. 시중의 여러 책이나 강의 등에서 간혹 시세차익형 전세투자를 단점이 없는 완벽한 투자법으로 묘사하는 경우가 있다. 물론, 나 역시 이 투자법이 여러 투자법 중 직장인에게 적합하며 아주 드라마틱한 결과를 만들어낼 수 있는 하나의 방법이라고 생각한다. 그러나 손에 쥔 칼이 예리할수록 그것은 내게도 위협이 될 수 있다는 걸 잊지 말아야 한다. 내가 이렇게 책을 쓴 이유 중 하나도, 부동산 투자를 막 시작하려는 사람들에게 투자의 리스크가 무엇인지, 이에 어떻게 대비할 수 있는지 그 방법을 알려주고 싶어서였다. 그렇다면, 이제 시세차익형 전세투자의 리스크에 대비하는 방법을 구체적으로 알아보자.

| 절대 무너지지 않을 리스크 관리법

다음은 내가 생각하는 시세차익형 전세투자 시 발생할 수 있는 역전세 리스크 관리법이다.

첫째, 처음부터 전세가 하락에 대한 우려가 적은 물건에 투자한다. 전세 거주자는 실수요로 보는데, 이들은 입지가 좋은 곳에 몰린다. 수도권의 경우 부동산의 입지를 좌우하는 여러 요소 중에서도 직장과 교통이 특히 중요하다. 지하철 역세권처럼 교통이 편리한 곳은 시장 상황과 관계없이 많은 실수요자가 선호하는 곳이기에, 여러 조건이 비슷한 투자 대상을 놓고 고민 중이라면, 직장 수요나 교통편의 측면에서 더 우수한 물건에 투자하는 것이 좋다.

둘째, 신규 주택 입주 물량이 예정된 곳이라면 신중하게 접근한다. 기존 주택의 전세가 변동에 가장 큰 영향을 미치는 것은 신규 주택의 공급이다. 따라서 이 같은 계획이 예정된 곳이라면 최악의 리스크를 감당할 수 있는지 체크해 봐야 한다. 특히, 현금 유동성이 확보되지 않은 상태에서 내가 투자하려는 물건의 주변 지역에 3~4년 이상의 장기간, 해당 지역 인구의 1% 이상의 규모로 주택이 공급될 예정이라면, 투자하지 않는 것이 좋다. 다만 나의 경우 투자하려는 주택이 저평가된 것이 확실하고 투자금도 적게 드는 물건인 데다 주변의 입주가 장기적으로 지속되는 상황이 아닐 때는 현재의 포트폴리오를 고려해 매입하기도 한다. 2016년과 2017년에 투자한 용인 수지 지역도 신규 주택 공급이 예정된 지역이었지만, 나는 이 지역의 아파트 3채를 매입해 투자금 대비 5배에 가까운 이익을 거두었다. 물론, 일시적 전세가 하락에 대한 준비를 갖춘 덕분에 실제로 재계약도 무리 없이 진행했다.

셋째, 마이너스 통장이나 신용대출 등으로 현금을 확보한다. 인플레이션을 감안하면 무조건 현금을 쥐고 있는 것이 능사가 아니다. 같은 이유로 은행 통장보다는 부동산에 저축하는 것이 장기적으로 볼 때 개인의 재정에 훨씬 유리하다고 생각한다. 하지만 그렇다고 해서 마이너스 통장이나 신용대출까지 모두 동원해서 부동산에 투자해서는 안 된다. 그렇게 투자할 경우 일시적 전세가 하락장세가 펼쳐질 때, 하락한 만큼의 전세금을 마련하지 못해 큰 어려움을 겪을 수 있다. 그러니 아무리 욕심 나는 물건이 보인다고 해도 신용대출까지 일으켜서 투자를 진행하지는 말자. 마지막 방어선이 사라지는 것과 마찬가지이기 때문이다. 일반 직장인들은 마이너스 통장 외에는 별도의 신용대출을 일으키기 어렵다고 생각하는데, 제2금융권인 보험사 등에서도 신용대출을 취급한다. 대개 신용대출은 내가 당장 필요한 게 아니라도 대출실행 시점에 대출금액 전체를 넘겨받는데, 보험사의 신용대출 상품 중에는 제1금융권 은행의 마이너스 통장처럼, 한도를 설정하고 필요할 때 사용할 수 있는 것도 있다. 금리가 다소 높은 편이지만, 당장 필요한 게 아니라면 쓰지 않아도 되니 우선은 만들어 두는 것도 좋겠다. 제2금융권에 대출을 설정해 놓으면 신용등급에 좋지 않은 영향을 미칠까 걱정된다고? 이 점이 우려된다면 바꿔 생각해 보라. 신용등급이 중요한

가, 노후 준비나 경제적 자유가 중요한가? 내게는 신용등급보다 나의 재정적 목표를 달성하는 것이 훨씬 중요했기에 이런 부분은 크게 개의치 않았다. 그리고 실제로 투자를 하면서 제2금융권에서 대출을 설정하고 필요할 때 사용하기도 했지만, 이자납입이나 상환을 제때 했더니 우려했던 신용등급 하락 같은 일은 벌어지지 않았다. 다만 대출과 관련해서는 현시점 정부 규제 내용을 제대로 살피길 바란다. 2019년에는 'DTI(총부채상환비율)→신新DTI(개편된 총부채상환비율)→DSR(총부채원리금상환비율)'로 이어지는 대출 규제 상황에 놓였다. 이처럼 과거에 설정한 한도가 내년에도 동일할 것으로 생각해서는 안 된다. 이를 고려해 동원 가능한 현금을 수시로 파악하고, 투자나 일시적 역전세 상황에 대비해야 한다. 무엇보다 내가 동원할 수 있는 최대 대출 가능액을 전부 대출받을 경우 그에 대한 이자가 얼마나 되는지 계산해 보고, 현재 급여 수준으로 감당할 수 있는지도 파악해 보라.

넷째, 세제 혜택 등을 위해 매입하는 물건을 임대용으로 등록하는 임대사업자라고 해도, 매도해 현금화가 가능한 투자 물건을 한두 개 정도는 남겨둔다. 이는 앞의 세 가지 방법으로도 도저히 감당할 수 없는 비상 상황에 대비해야 하기 때문이다. 유동성 리스크가 닥쳤을 때, 가장 중요한 건 나의 시스템을 구성하고 있는 아파트가 줄줄이 무너지지 않게 막는 것이다. 다주택자라면, 시세차익이 발생한 물건 중 매도할 물건의 순서를 미리 정해두어야 한다.

2018년 말 기준, 수도권의 입주 물량은 절정으로 치달았다. 점차 감소하긴 했지만, 상당수 입주 랠리가 2020년까지 이어졌다. 그러나 기억해야 할 것은 당시 주택건설 인·허가 건이 확연히 줄어들었다는 사실이다. 이는 분양 물량이 줄었다는 뜻이다. 이렇게 되면 지역에 따라 다소 편차가 있긴 해도, 공급 물량이 다시 방향을 바꿔 감소한다. 이러한 이유로 수도권 부동산의 전세가 하락이 장기적으로 지속되지 않을 것이라는 전망이 나오는 것이다. 사실상 1998년 IMF 시절이나 2008년 금융위기 같은 외부 충격에도, 부동산의 전세가가 하락하는 현상은 생각보다 오래 지속되지 않았다. 따라서 짧게는 2년, 보수적으로 봐서 길게는 4년가량 전세가가 약보합할 가능성에 대비하면 된다.

다시 말하지만, 전세가는 물가와 같다. 장기적인 관점에서 보면 점진적으로 상승한다. 그렇다고 모든 지역, 모든 아파트의 전세가가 매년 오르기만 할 거라는 건 아니다. 지역과 대상에 따라 온도차가 존재한다는 것을 알고 대응 전략을 마련하자. 최근 수도권의 뜨거운 상승장을 지켜보면서, 결국엔 부동산 투자에 답이 있다는 걸 깨닫고 투자 시장에 뛰어든 사람이 많다. 이들 중에는 있는 돈 없는 돈 다 끌어모아서 하루라도 빨리 투자를 진행하려고 조급하게 움직이는 이들도 있다. 명심하라. 인생은 길고, 투자 시장은 상승과 하락을 반복하며, 리스크는 반드시 존재한다는 것을. 리스크에 대한 대응책이 없다면 나와 내 가족이 기대고 있는 성마저 한순간에 무너져내릴 수 있다.

4장 요약

- 투자에 필요한 돈은 모으는 것과 동시에 만들 수도 있다. 단, 준비가 필요하다.

- 직장인에게는, 아파트 전세투자야말로 노력 대비 효용이 높은 투자 방식이다.

- 돈을 잃지 않기 위한 첫 번째 조건은, 저평가된 물건에 투자하는 것이다.

- 인생을 바꾸고 싶다면 당신의 자산 시스템을 구축해 나가라.

- 쌓은 것을 잘 지켜내고 싶다면 주머니 속 현금 상황을 항상 체크하고, 과욕을 삼가라.

memo.

나는 직장인 투자자로서 꾸준히 성장해 왔다. 물론 아직도 부족한 게 많다. 그런데도 이렇게 책을 쓴 것은 그동안 투자를 하며 겪고 느낀 바를 정리하면서 지금까지의 경험이 이제 막 투자를 시작하려는 이들에게 도움이 될 거란 확신이 들었기 때문이다. 이번 장에서는 내가 만들고 직접 실행해 온 투자 매뉴얼을 공개하고자 한다.

매뉴얼은 누군가의 단순한 생각이나 정보의 모음이 아니라, '누구나 보고 행동할 수 있는 지침'이 되어야 한다. 매뉴얼을 만들기 시작한 초기엔, 단편적인 정보나 생각만 기록했기에 활용도가 떨어졌다. 시간이 흐른 뒤 다시 읽어도 나의 행동 변화에 크게 도움이 되지 못했다. 그래서 이후로는 매뉴얼만 봐도 이런 상황에 처했을 때 어떤 행동을 하면 되는지가 딱 보이는, 실천적 내용만 남기려고 노력했다. 따라서 이 장의 내용은 실제로 내가 투자에 활용하고 있는 구체적 방법이라고 할 수 있다. 특히 부동산 투자에 입문하는 이들이 반드시 알아두어야 할 내용을 선별하고 그 내용을 가급적 쉽게 이해할 수 있도록 손을 봤다. 그렇기에 이번 장의 매뉴얼을 참고하여 공부하고 실전 경험을 쌓아가다 보면, 누구나 적어도 나만큼의 성과는 얻을 수 있을 것이다. 그럼, 이제부터 하나씩 짚어보자.

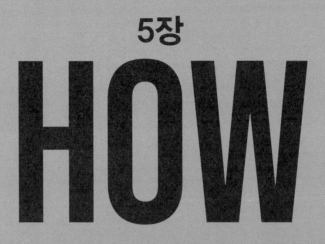

5장

HOW

누구나 따라 할 수 있는 투자 매뉴얼

주변에 휩쓸리지 말고,
스스로 전문가가 되어라.

도널드 트럼프 Donald Trump, **미국 제45대 대통령이자 부동산 재벌**

01

확실한 투자
기준 세우기

비단 투자뿐 아니라, 무슨 일을 하든 적절한 순서를 정하는 것은 대단히 중요하다. 하지만 지금 막 투자에 관심을 갖기 시작해 자신만 너무 늦은 게 아닐까 조급한 마음이 드는 사람은, 올바른 순서를 정하지 못해 자주 흔들리게 된다. 모아놓은 종잣돈이 부족한 경우는 물론이요, 반대로 수중에 현금이 많은 경우에도 성급하게 투자하려다가 큰 실수를 범할 수 있다.

시행착오 없이 투자 시장에 연착륙하여 좋은 투자자로 성장하고 목표를 달성하고 싶은가? 그렇다면 당신이 가장 먼저 해야 할 일은 자신만의 투자 기준을 마련하는 것이다. 매뉴얼의 근간이 되는 투자의 기준부터 먼저 알아보자.

│ 기준을 세우기 위한 네 가지 질문

생전 투자를 해본 경험이 없는 사람이 막상 투자를 시작하려고 하면, 결정해야 할 것이 한두 개가 아니다. 주식에 투자해야 할지 부동산에 투자해야 할지, 주식이라면 해외주식이 좋은지 국내주식이 좋은지, 부동산이라면 아파트가 좋은지 토지 혹은 상가가 좋은지, 아파트에 투자한다면 이 지역이 좋은지 저 지역이 좋은지, 지역이 정해지면 이 단지 물건이 나은지 저 단지의 물건이 나은지, 투자할 단지가 정해지면 20평형대 아파트에 투자할지 30평형대 아파트에 투자할지……. 정말 투자 대상 하나를 고르는 데도 이렇게나 많은 선택의 갈림길에 서게 되는 것이다. 따라서 여러 차례의 선택 과정이 기다리고 있는 상황에서 '기준'은 자신만의 답이라고 할 수 있다. 관문을 넘어갈 때마다 잠겨 있는 문을 여는 열쇠 같은 것 말이다.

다음은 투자하기로 마음먹었을 당시, 초보자인 내가 가장 먼저 맞닥뜨린 질문이다. 이후 수많은 투자서를 읽고, 강의를 들으며, 또 멘토와 동료를 만나고, 스스로 경험하면서 이 질문에 대한 답을 찾아가는 과정에서 투자 기준을 확립해 나갔다.

투자는 해왔지만 아직 명확한 투자 기준이 없거나 이제 막 투자에 입문해 자신만의 기준을 세우는 것이 어렵다면, 다음 질문에 따라 생각해 보자.

투자의 기준 세우기

1단계 : 투자의 기준

다양한 투자 종목 중 어떤 것에 투자할 것인가?

2단계 : 부동산 투자의 기준

부동산 중 어떤 대상에 투자할 것인가?

3단계 : 아파트 투자의 기준

아파트 중 어떤 아파트에 투자할 것인가?

4단계 : 더 좋은 아파트 투자의 기준

앞의 3단계 투자 기준에 맞는 여러 개의 아파트 중 어떤 아파트에 투자할 것인가?

1단계 '다양한 투자 종목 중 어떤 것에 투자할 것인가?'에 대한 질문에 내가 내린 답은, 내가 직접 내 돈을 통제하고 투자할 수 있는 방식인 주식과 부동산, 두 가지였다. 그중 전세금을 레버리지로 활용해 자산의 규모를 크게 키울 수 있고, 투자 결과에 영향을 미칠 수 있는 거래 당사자 간 정보를 파악하는 데 더 수월해 보이는 부동산을 최종 투자 종목으로 정했다.

2단계 '부동산 중 어떤 대상에 투자할 것인가?'에 대한 답은 쉽게 나왔다. 전세금을 활용해야 하므로 범위가 주거용 부동산으로 한정되었다. 다만 좀 더 생각해 보니, 주거용 부동산도 아파트뿐 아니라 다세대(빌라), 다가구, 오피스텔 등 종류가 다양했다. 다세대나 오피스텔은 대개 현금 흐름 창출 목적의 수익형 부동산으로 알려졌지만, 이들의 임대 방식을 전세로 택해 시세차익을 목표로 투자하는 것도 가능하다. 그럼에도 결국 나는 아파트를 택했다. 우리나라 사람들이 가장 선호하는 주거 형태인 데다 수요가 풍부하기 때문이다. 시세를 확인하기 수월하다는 것도 큰 장점이다. 아파트는 네이버 부동산 같은 공신력 있는 네트워크를 통해 비교적 정확한 시세를 확인할 수 있다. 대부분의 투자 실패는 시세(가격)를 제대로 파악하지 못했을 때 발생하는데, 적어도 아파트는 다른 투자 대상에 비해 가격을 파악하기 쉬운 편이다.

지금까지는 다양한 투자 종목과 부동산 대상 중 어떤 기준으로 대상을 결정하는지 그 과정을 소개했다. 당신이 아파트 전세투자에 관심이 있거나 혹은 이미 이 방식대로 투자하고 있다면, 다음의 내용에 더 집중하길 바란다.

아파트 투자의 기준

이제 3단계 '아파트 중 어떤 아파트에 투자할 것인가?'란 질문에 답할 차례다. 점점 범위가 좁혀지고 있는 것이 느껴지는가? 사실 부동산, 그중에서도 아파트에 투자하려고 마음먹은 이들에게는 대한민국 인구의 절반이 거주하는 수도권에만 해도 정말 많은 아파트가 있는데, 어떤 기준을 갖고 투자 대상을 골라야 할지 고민될 수 있다. 나 역시 투자 초기엔 그 많은 아파트 중 어디에 투자해야 괜찮은 수익을 거둘 수 있을지에 대한 감이 전혀 없었다. 그래서 이 3단계 질문에 대한 답을 내는 것이 너무 막막하고 어렵게만 느껴졌다.

사실 투자의 기준을 제대로 세우려면 직접 경험해 봐야 한다. 경험이 거듭될수록 더 많은 것을 깨닫고 알게 되며, 그 과정에서 이전보다 더 나은 투자를 할 수 있기 때문이다. 하지만 초보 투자자라면 이 과정에서 투자 실패와 실수로 쓰디쓴 경험도 하게 될 것이다. 운이 좋게도 나는 좋은 책을 만나 투자를 시작했고, 훌륭한 멘토와 동료 들을 만나 귀한 강의와 조언을 들을 수 있었다. 덕분에 그들이 고난과 어려움을 겪으며 힘들게 얻은 투자 노하우와 기준을 그대로 전수받게 되었다. 다음의 세 가지는 거기에 더해 나의 실전 투자 경험에서 얻은 깨달음으로 완성한 투자 대상의 아파트를 선택하는 기준이다. 물론 지금도 아래 기준에 따라 투자를 결정하고 있다.

첫째, 저평가된 상태인가?

둘째, 투자금이 적게 드는가?

셋째, 리스크가 감당할 수 있는 수준인가?

'저평가된 상태인가?'를 맨 앞에 둔 것은 가장 중요해서다. 해당 아파트의 가치에 비해 가격이 저렴한지 반드시 확인해야 한다. 이는 4장에서 소개한 비교평가 과정을 반복해 판단하면 된다. 여러 번 반복하지만, 저평가 여부를 잘 알아보려면 먼저 당신이 입지와 가격을 두루 아는 지역을 늘려야 한다.

'투자금이 적게 드는가?'라는 기준 역시 4장에서 설명했듯 투자의 효율을 높이는 동시에, 돈을 잃지 않는 투자를 하기 위해 반드시 고려해야 할 사항이다. 나는 시세차익형 전세투자 방식을 활용할 것이므로, 아파트의 매매가와 전세가의 차이가 3,000만~5,000만 원 이내인 물건을 택했다. 투자 초기에는 건당 매매가와 전세가의 차이가 3,000만 원이 되지 않는 것들 위주로 투자했고, 경험이 조금씩 쌓이면서 입지에 따라 그 기준을 조금씩 조정해 갔다. 초보자일 경우 그 차이가 3,000만 원이 넘는다면 가급적 투자 대상에서 제외하는 게 좋다. 경험이 부족할 때는 혹시라도 있을지 모르는 실패로 인한 타격을 줄이기 위해서라도 투자금을 줄일 필요가 있다. 또 건당 투자금이 적어야 한 번이라도 더 많은 투자를 경험해 볼 수 있다는 것도 기억하자. 예를 들어, 가진 종잣돈이 1억 원일 경우, 매매가 5억 원에 전세가 4억 원인 아파트에 투자한다면 투자를 딱 한 번만 할 수 있다. 그런데 나처럼 평균 투자금이 2,500만 원가량 소요되는 아파트에 투자한다면, 투자를 네 번 경험할 수 있을 것이다. 이때 네 번의 투자를 지역도 다르고 평형이나 기타 입지 조건도 다른 아파트에 골고루 한다면, 1억 원이라는 수업료를 아주 유용하게 활용하게 된다. 한 번의 투자 경험과 네 번의 투자 경험으로 얻는 교훈과 지혜는 차이가 날 수밖에 없다. 경험이야말로 더 좋은 투자를 할 수 있게 만드는 최고의 무형 자산임을 잊지 말자.

'리스크가 감당할 수 있는 수준인가?'라는 기준은, 혹시 일어날지 모르는 위기를 감당할 수 있는지 따져보라는 것이다. 예상되는 위기란 크게 두 가지다. 첫째는, 매매한 아파트의 전세 임대를 잔금 기한 내에 맞추지 못해 온전히 내 자금으로 잔금을 치러야 하는 경우. 둘째는, 임대는 순조롭게 놓았으나 2년 뒤 전세가가 떨어져 하락한 만큼을 세입자에게 반환해야 하는 경우다. 이 둘을 감당할 수 있는 재정적 여건이 되는지 계산해 보라. 이제 막 시장에 진입한 사람들이 쉽게 착각하는 게 하나 있다. 자신이 아파트의 매매가와 전세가의 차이, 이를테면 3,000만 원 남짓으로 집을 산다고 생각하는 것. 딱 그만큼의 투자금으로 아파트를 매입하는 것이니 맞는 말처럼 보일지 모르나, 그건 집을 사용하는 대가로 내게 무이자로 돈을 빌려줄 전세 임차인이 나타났을 경우다. 사상 최대 입주 물량이 집중된 수도권 일부 지역과 침체된 지방에서는 최근 전세 임차인을 구하지 못해 애를 먹는 사람들이 많다. 이런 현상은 서울로도 차츰 확대되고 있다. 이렇게 되면 임차인을 구하지 못해 잔금을 모두 마련해야 하거나 이전보다 낮은 전세가로 새로운 세입자를 구해야 하는 일이 발생할 수 있다. 그러니 평소 자신의 현금 사정을 체크하라. 종잣돈과 대출 등 당신이 동원할 수 있는 모든 방

51 HOW

식으로 리스크를 감당할 수 있는지 두 번, 세 번 확인해야 한다.

▎좋은 입지와 지역의 위상

사실, 이제 막 입문한 투자 초보자라면, 앞서 언급한 아파트 투자의 세 가지 기준에 부합하는 물건을 찾기도 쉽지 않다. 그러나 6개월에서 1년가량 꾸준히 공부하고 시장을 예의주시하다 보면, 기준에 부합하는 투자처가 보이기 시작한다. 거기에 몇 차례 투자 경험이 쌓여 어느 정도 성장을 이루면, 자연스럽게 그다음을 고민하게 된다. 이를테면 '이 물건도 저 물건도 모두 아파트 투자 기준 세 가지에 부합하는데, 그중 어떤 물건에 투자해야 하지?' 같은 것이다. 나는 투자를 하며 실제 투자한 지역뿐 아니라 임장한 지역과 원래 알고 있던 지역의 많은 아파트의 입지를 평가하고 가격을 추적했는데, 그 과정에서 재밌는 사실을 발견했다. 그리고 그 발견은 곧 더 좋은 투자에 대한 고민의 답이 되었다.

2016년 여름, 구로와 금천구의 광명시를 임장했는데 이때 적은 투자금으로 투자 가능한 곳으로 앞서 투자 사례에서 언급한 광명의 P 단지가 눈에 띄었다. 당시 공급면적 기준 20평형 방 2개짜리 아파트의 매매가가 약 3억 1,000만 원, 전세가가 2억 7,000만 원이었다. 같은 시기 나의 신혼집이었던 마포 S 아파트도 매매가는 3억 2,000만 원, 전세가는 2억 7,000만 원으로 비슷했다. 그런데 시간이 흐른 뒤 마포 S 아파트의 시세 변화를 보고 깜짝 놀라지 않을 수 없었다. 3년 후 광명의 아파트 매매가가 4억 원가량인 데 비해 마포 S 아파트의 매매시세는 약 5억 중반대에 이를 정도로 격차가 벌어졌기 때문이다. 시세상승이 광명 아파트에 비해 압도적이었다. 도대체 왜 이런 일이 생기는 것일까?

결국 부동산의 입지와 위상 때문이다. 보통 부동산 상승장 초입, 바닥을 확인한 후 아파트의 전세가에 의해 매매가가 밀려 올라가는 시기에도 매수 심리는 좀처럼 빠르게 회복되지 않는다. 이전 침체기에서의 시세하락 공포가 쉽게 사라지지 않는 것이다. 하지만 상승장이 지속되면서 차츰 공포가 사라지면, 대중들 사이에 상승랠리에 동참해야 한다는 조바심이 번진다. 이 과정에서 실수요뿐 아니라 투자수요, 즉 가수요도 시장에 진입하게 되는데, 이때 많은 사람이 선호하는 입지에 대한 수요 쏠림 현상이 더욱 심화된다. 즉, 너도나도 좋아하는 입지에 실제 거주하거나 투자하고 싶어 하면서 입지 간 가격 상승폭에 차이가 생기는 것이다. 마포가 광명에 비해 우수한 입지로 상대적 선호도가 높다 보니, 수도권 사람들의 인식 속에 '마포가 광명보다 낫다' 같은 지역적 위상이 생기는 것이다. 이를 아파트 투자의 관점에서 이야기하면, 마포의 아파트가 광명의 아파트에 비해 더 우량한 자산이라는 의미가 된다.

만약 당신이 투자를 어느 정도 해봤고 소액 투자가 가능한 여러 지역을 알고 있다면, 최종적으로 입지가 우수하고 지역적 위상이란 측면에서도 더 나은 물건부터 먼저 공략해야 한다. 이러한 이유로 2016년 여름으로 돌아갈 수 있다면, 나는 광명이 아닌 마포에 투자할 것이다. 지금까지의 내용을 표로 정리하면, 다음과 같다.

투자 기준 좁히기

1단계 어떤 투자? (부동산)

2단계 어떤 부동산? (아파트)

3단계 어떤 아파트? (저평가, 소액, 저위험)

4단계 가장 좋은 아파트
(좋은 입지)

| 명확한 기준과 순서

앞서 말했듯 나는 3단계와 4단계의 기준에 따라 투자 대상을 정한다. 따라서 저평가, 적은 투자금, 감당할 수 있는 리스크라는 투자의 최소 요건에 해당하지 않는 물건이라면, 당연히 투자하지 않는다. 다시 말해, 아무리 적은 투자금이 들어도 저평가된 상태가 아니라면 투자하지 않고, 저평가된 상태라도 투자금이 너무 많이 든다면 투자하지 않는다. 저평가된 상태에 투자금이 적게 든다고 해도 예상되는 리스크가 내가 감당할 수 없는 수준이라면 과감히 투자를 포기한다. 이처럼 투자의 기준을 명확히 세우고 나면, 생각보다 투자라는 것이 기계적인 활동으로 진행되는 것임을 깨닫게 된다. 투자하려는 대상이 이 기준에 부합하는지, 그것만 따지고 그 기준을 만족시킬 경우 투자하면 되는 것이다.

많은 사람이 투자에 대한 선입견이나 환상을 가지고 있는 것 같다. 그렇다 보니 드라마나 영화 같은 곳에 등장하는 투자 귀재들의 동물적인 감각에 사람들은 열광한다. 실제로 본능적인 느낌이나 '촉' 같은 것에 의지해 투자 대상을 결정하는 사람도 있을지 모른다. 경험이 쌓이다 보면 어떤 물건을 접할 때 그런 느낌이 불현듯 찾아올 때도 있다. 그럼에도 나는 언급한 투자 기준에 맞지 않을 때는 투자하지 않는다. 반대로 투자 기준에 맞는 것이라면 특별한 촉이 오지 않아도 적극적으로 검토하고 투자를 진행한다. 이것이 절대 돈을 잃지 않는 투자의 비결이다. 그러니, 당신도 기준을 가져라.

지금까지 투자 기준에 대해 생각해 보았다. 이제 본격적으로 투자 매뉴얼을 살펴볼 것이다. 아주 쉽게 정리하자면, 투자는 다음과 같이 흘러간다.

투자 흐름도

지역 선정 → 사전조사 → 현장조사 → 실전 투자

단계별로 구체적인 내용을 하나씩 살펴보자.

02

가격이 상승할 지역 선정하기

'묻지 마 투자자'가 아닌 이상, 꾸준히 투자를 이어온 사람이라면 자신만의 투자 기준을 가지고 있을 것이다. 금리의 움직임과 이로 인한 유동성을 기준으로 시장을 정의하는 사람이 있는가 하면, 전통적인 수요와 공급 모델을 기준으로 삼아 투자를 하는 사람도 있다. 물론 인구 추이나 고령화 등을 이유로 아예 시장 자체를 비관하는 사람도 있다.

나는 부동산 시장의 커다란 움직임은 근본적으로 수요와 공급이 만든다고 생각한다. 또한 부동산 시세 기울기의

📍 **묻지 마 투자자**란 투자 대상에 대한 정확한 정보나 체계적인 시장 분석도 없이, 주변의 '돈 벌 수 있다는' 말에 혹해 무작정 투자를 결정하는 사람들을 가리킨다.

급격하거나 완만한 변화는 시장에 참가하는 사람들의 수가 큰 영향을 미치고, 시장 참여자의 수는 곧 전반적인 분위기, 즉 대중들의 심리에 영향을 받는다고 생각한다.

주변을 둘러보라. 아니, 군이 주변을 보지 않아도 자신을 객관적으로 살펴본다면 쉽게 알 수 있다. 당신 역시 예전에는 별로 관심도 없던 부동산 투자 관련 책을 벌써 반 이상 읽지 않았는가? 이 역시 최근 부동산 시장의 움직임과 무관하지 않다. 이런 상태에서는 시장의 작은 움직임이나 신호 하나에도 부동산의 가격 변동 기울기가 가팔라진다. 물론 금리나 유동성, 경기 상황과 글로벌 경제 이슈 등도 영향을 미치긴 하지만, 수요와 공급에 비하면 그 영향력은 미미한 편이다. 이렇게 판단하는 근거는 간단하다. 금리나 유동성, 경기 상황 같은 변수 들의 경우, 국가 단위로 변하기에 대한민국 안에서는 차별화될 수 없는 요인이다. 즉, 이러한 변수라면, 수도권과 지방 간 부동산 가격의 차이가 크게 벌어지지 않아야 한다. 그런데 내가 투자를 하는 동안, 수도권과 지방 아파트 시장에 '디커플링decoupling'📍이라는 단어가 심심찮게 등장했다. 이는 각 지역의 주택 가격 움직임만 봐도 어렵지 않게 확인할 수 있다.

다음 그래프에서 보듯, 지난 10년간 수도권과 지방의 부동산 가격은 서로 다른 움직임을 보였다. 금리나 경기 상황은 수도권이나 지방이나 같은 대한민국이기에 다르지 않은데, 이렇게 서로 정반대의 움직임을 보이는 건 더 큰 영향을 주는 다른

📍 **디커플링**이란 '탈동조화'라는 뜻으로 수도권과 지방의 자산 시장이 서로 다른 방향으로 움직이는 것을 말한다.

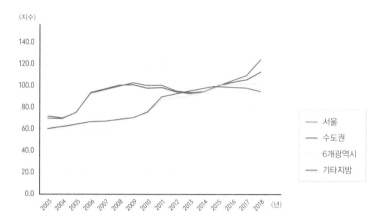

각 지역별 매매지수 흐름

(지수)

서울과 수도권, 6개의 광역시와 지방은 2008년 이후 2013년까지 그리고 2015년 이후 서로 다른 움직임을 보였다. 2008~2013년은 수도권 침체와 지방 상승, 2015년 이후는 수도권 상승과 지방 침체의 패턴이다. 그러나 해당 기간 금리, 경기 상황 등은 수도권과 지방 간에 큰 차이가 없었다.

변수가 있기 때문이 아닐까? 나는 그 변수를 수요와 공급 그리고 그로 인한 대중의 심리 변화라고 본다.

이제는 부동산 투자의 상식이 된 내용이지만, 이 책을 첫 번째 부동산 투자서로 접하는 사람들을 위해 부동산 시장의 흐름을 간단히 설명하고자 한다. 이를 통해 당신은 부동산 시장이 왜 그렇게 출렁거리는지 대략적으로 이해할 수 있을 것이다. 2014년 있었던 해태제과의 허니버터칩 대란을 사례로 생각해 보자.

| 허니버터칩과 아파트

허니버터칩은 시장에 출시된 지 얼마 되지 않아 선풍적인 인기를 끌면서(해태제과는 이 같은 폭발적인 반응을 예상하지 못했을 것이다), 품귀 현상이 일어났다. 이른바 '레어템'♥이 된 이 과자 한 봉지는 포털 인기 카페 '중고나라'에서 몇만 원에 거래되기도 했다. 얼마 후 해태제과는 물량 공급을 위해 내부 생산 시스템을 수정해 공급을 늘렸고, 그 사이 경쟁 업체들까지 유사품을 쏟아냈다.

♥ **레어템**이란 드물고 희귀하다는 의미의 영어단어 'rare'와 물건을 뜻하는 'item'이 합쳐진 신조어다.

어떤 일이 벌어졌을까? 허니버터칩과 이를 대체하는 제품들이 흔해지자 과열이 사라지고 수급 상황이 안정되었고, 얼마간 시간이 흐른 뒤에는, '2+1' 이벤트 진행 중인 허니버터칩을 보는 일도 어렵지 않게 되었다. 어떻게 이런 급격한 변화가 가능했던 것일까? 과자의 공급량을 조절하는 데는 많은 시간이 소요되지 않기 때문이다. 과자 같은 물건의 경우 수요와 공급의 불균형이 생기더라도 그 균형점으로 빠르게 돌아갈 수 있으며, 그렇기에 짧은 기간 안에 가격이 안정된다. 그러나 부동산, 그중에서도 아파트는 다르다. 아파트는 시장에 엄청나게 많은 수요가 몰린다고 해도 완성품을 즉시 공급할 수 없는 재화다. 아파트란 것은 필요하다고 해서 하루아침에 뚝딱 지을 수 있는 게 아니다(빌라나 다가구와는 달리 감리가 엄격하고 건설 기간도 꽤 길다). 다시 말해, 늘어난 수요를 충족시키기 위한 공급이 이뤄지는 데 꽤 긴 시간이 소요된다는 게 아파트의 특징이다. 이처럼 수요와 공급 간 시차가 발생하다 보니, 수요와 공급이 균형을 이루지 못하는 기간 동안 시장은 냉각(공급>수요)과 과열(수요>공급)을 반복하게 되고, 정책도 이에 맞춰 시행된다. 또한 이런 움직임은 사람들의 심리에도 영향을 미친다(아이러니하게도, 가격이 마구 오를 때는 이전에 비해 가격이 비싼데도 더 많은 사람이 사려고 하고, 반대로 가격이 떨어질 때는 이전보다 가격이 싼데도 더 많은 사람이 집을 사지 않으려고 한다). 이것이 우리가 아는 아파트 시장의 가격 사이클이 생겨나는 이유다.

| 아파트 시장의 흐름

이제 우리나라 주택 경기에 가장 큰 영향을 미치는 수도권 아파트 시장의 실제 흐름을 통해 시장이 어떤 모습으로 변화하는지 알아보자. 다음은 2013년부터 2018년까지 수도권 부동산의 매매와 전세 움직임이다. 아마 당신이 수도권에 거주 중이고 최근 몇 년간 아파트 시장에 관심을 가졌다면, 다음 설명이 더 잘 와닿을 것이다. 물론 그렇지 않더라도 '아, 부동산 가격은 이런 식으로 움직이는 구나' 정도로 개념을 잡아두면 된다.

그래프에서 가파르게 상승하는 수도권 지역 전세가 상승 흐름을 통해 알 수 있듯, 지난 2012년부터 2015년까지 수도권 부동산 시장의 대표 키워드는 '전세대란'이었다. 전세로 거주할 수 있는 주

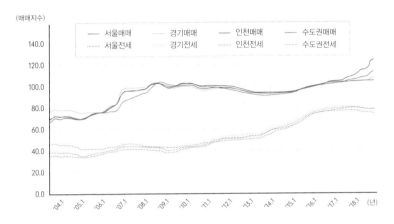

수도권 부동산의 매매 및 전세 흐름

(매매지수)

| 서울매매 | 경기매매 | 인천매매 | 수도권매매 |
| 서울전세 | 경기전세 | 인천전세 | 수도권전세 |

자료원 : kb부동산의 매매지수와 전세가율 통계. 매매지수 기준 2015년 12월을 100.0으로 설정.

택이 심각하게 부족해진 것. 주택의 수요와 공급이 불균형을 이루자(수요>공급), 시장 여기저기에서 부동산의 전세가가 매매가를 밀어 올리는 일이 발생했는데, 이때도 매수세가 적극적으로 살아나지는 않았다. 사람들의 심리가 하루아침에 달라지진 않기 때문이다.

과거 2008년부터 2013년까지 부동산 장기침체기를 기억하는 사람들은, 주택 매매가의 턱밑까지 차오른 전세가에도 불구하고 섣불리 집을 사지 않았다. 이런 과정에서 전세 매물은 없고 주택의 전세가와 매매가의 차이가 거의 없다 보니 어쩔 수 없이 집을 사는 일부 사람들이 생겨나면, 하락세에 놓인 집값의 지지선이 생긴다. 그렇게 반등을 준비하는 것이다.

그럼에도 불구하고 부동산 시장에는 여전히 전세 선호 현상이 극에 달하면서 전세가가 계속 상승한다. 심지어 매매 거래는 여전히 활발하지 않는데, 계속해서 올라가는 전세가로 인해 거래가 없음에도 매매호가가 올라가는 일까지 생긴다. 실제로 이 기간 매매 계약을 하고 잔금을 치르기까지 걸리는 몇 개월 사이, 같은 단지의 아파트 전세가가 직전 매매가를 추월하는 일도 빈번히 발생했다. 이를테면, 2013년 8월 2억 5,000만 원에 매매 계약한 아파트의 같은 단지 같은 평형의 전세 물건이 그해 10월, 2억 6,000만 원에 계약된다. 그렇다 보니 자연스럽게 다음 매물로 나오는 동일한 조건의 아파트 매매가는 2억 6,000만 원 이상이 되는 것이다. 주택의 매매가는 전세가보다 비싸다는 기본 인식 탓이다. 여기까지가 부동산 시장의 침체기에서 반등 시기에 해당하는 2012년부터 2014년까지의 수도권 시장에서 일어난 일이다. 이 시기의 특징을 한마디로 요약하면, 부동산의 매매가는 하락 혹은 약보합이었지만 전세가는 꾸준히 상승했다는 것이다.

이 같은 흐름에 따라 시장이 반등하면, 부지를 매입하고도 주택 시장의 침체로 분양하지 못하던 건설사들이 조심스럽게 분양을 저울질하기 시작한다. 이에 주택 부족으로 인해 미분양이던 물건이 차츰 소진되고, 하방 지지선에 가로막힌 매매가도 시간이 흐르면서 활기를 띠며 조금씩 상승한다. 주택이 부족한 상황이 되면, 선호도가 높은 신축 아파트가 과거보다 높은 분양가로 분양되어도, 분양하는 족족 판매가 이뤄진다. 결국 기존 분양권에 프리미엄이 형성되고, 뒤를 잇는 신축 분양 아파트의 분양가 역시 재차 올라간다. 이후 올라간 가격이 시장에서 받아들여지면, 그 옆 구축 아파트의 매매가 또한 신축 아파트의 가격과 간격을 좁히며 재차 상승한다. 이것이 흔히 이야기하는 '키 맞추기 현상'이다. 말 그대로 가격의 키 차이가 생겼으니 작은 녀석이 큰 녀석을 따라가며 그 격차를 줄이는 것이다. 그러면 다시 근처의 신축 아파트나 분양권 가격 또한 도망가듯 상승한다. 이러한 패턴으로 시간이 흐르다 보면, 부동산 상승장의 분위기도 확연해진다. 아울러, 공급이 부족한 시기에 이뤄진 분양이 본격적인 입주까지 이어지지 않아 아파트는 여전히 부족하고 그에 따라 전세가는 계속 상승한다. 여기까지가 회복기에 해당하는 2014년부터 2016년까지 수도권 시장에서 벌어진 일이다. 이 시기엔 아파트의 매매가와 전세가가 동시에 상승하는 움직임을 보였다.

이후로 서울 강남 같은 중심지 위주의 부동산 가격 상승폭이 이슈가 될 정도로 커지면, 그 온기가 서울 외곽과 배후지까지 퍼져나간다. 이른바 '갭 메우기'가 진행되는 것이다. 서울 중심지 아파트의 매매가 10억 원에서 15억 원 그리고 다시 20억 원까지 상승하는데, 배후지의 아파트가 여전히 3억 원에 머물고 있으면 그 가격이 너무 저렴해 보이는 현상이 생긴다. 이러한 이유로 배후지에도 시장 수요가 몰리면서 가격이 상승한다. 이렇게 지역 전반에 거쳐 아파트 가격이 상승하면 언론 매체에 '과열'이라는 단어가 심심찮게 등장한다. 그리고 이 시점에 부동산 시장의 안정을 위해, 정부가 규제의 칼을 빼 들기 시작한다.

그러나 이미 시장에 퍼진 부동산 상승에 대한 강한 믿음과 이로 인한 분위기는, 시장 참여자들의 조급함만 자극한다. 지난 상승장에 집을 산 사람과 그렇지 않은 사람 사이에 벌어진 자산 격차를 여기저기서 확인하게 되니 마음이 급해지는 것이다. 이러한 이유로 이 같은 시기에도 아파트 분양 사업장에서는 '완판' 소식이 들려오고, 공급이 지속해서 늘고 있음에도 가격은 계속 상승한다. 여기까지가 2017년부터 2018년까지 진행된 상승기의 시장 흐름이다. 이 시기엔 부동산의 매매가는 상승하는 반면, 이전 회복기에 이뤄진 분양 물량의 입주가 본격화되면서 주택의 공급 부족이 어느 정도 해소되기에, 전세가는 보합하거나 오히려 조금씩 하락하기도 한다.

그렇게 하늘 높은 줄 모르고 상승하던 가격도 임계점에 다다르게 된다. 하락기가 도래하는 것. 하락기로 접어드는 시점이 되면 서서히 미분양이 늘어나기 시작한다. 동시에 활황기에 활발하게 분양된 물량이 실제 입주 물량으로 부메랑이 되어 돌아오면서 이것이 이전과는 다르게 시장의 수요를 압도하게 되면, 전세가 하락이 본격화되면서 매매가에도 영향을 미친다. 이 시기가 정확히 언제 도래할지는 모르지만, 반드시 온다는 것만은 분명하다. 과거를 보면, 2008년부터 2012년까지의 기간에 해당한다. 부동산의 매매가는 하락하고 전세가는 하락 혹은 약보합 하다가 공급 물량이 해소되면서 서서히 강보합 혹은 상승으로 방향을 바꾼다. 그리곤 다시 서울의 2013년과 같이, 침체에서 회복으로 전환되는 시점에 놓이는 것이다.

이러한 현상이 왜 일어나는 걸까? 앞서 말했듯 수요와 공급의 시차 때문이다. 발생한 수요에 맞춰 주택을 즉각 공급할 수 있다면 허니버터칩처럼 시장이 과열되기 전에 안정을 찾을 수 있겠지만, 아파트는 그런 재화가 아니다. 수요가 많을 때 입주가 아닌 분양을 한다. 이 시차가 수급 불균형과 가격의 등락을 일으키는 핵심 요인이 된다. 이제 대략적인 흐름을 이해하게 되었는가? 당신이 이 기간에 아파트를 거래해 봤거나 이 시기에 관심을 갖고 시장을 살펴봤다면 더욱 이해하기 쉬울 것이다. 이것이 하나의 사이클, 즉 아파트 시장의 주기라고 할 수 있다.

| 지역 선정의 기준과 순서

다만 부동산 시세상승과 하락의 사이클을 이해하는 것보다 중요한 건, 이를 '어떻게 투자에 활용할 것인가'이다. 나는 이를 '권역'을 구분할 때 활용한다. 여기서 말하는 권역이란, 앞서 말한 부동산 사이클이 동일하게 움직이는 범위를 뜻한다. 사실 수도권처럼 범위가 넓은 지역은 하나의 권역이라 해도 아파트 시장의 흐름에 약간의 시차(갭 메우기 등)가 존재한다. 예를 들어, 강남 집값의 변동과 노도강(노원·도봉·강북) 지역 집값의 변동에는 시차가 있긴 해도(2018년 상승장에서는 강남이 먼저 움직이고 이후 노도강으로 옮겨갔다), 그 둘 다 결국은 같은 방향성으로 움직인다. 그렇기에 수도권은 하나의 권역으로 볼 수 있다. 반면, 지방의 경우에는 대부분 시 단위로 권역이 다르다. 예를 들어, 대구와 구미는 서울과 경기도처럼 물리적으로는 가깝지만 서로 다른 권역이기에 움직임도 다르게 나타난다. 대구는 대구대로의 사이클이 있고 구미는 구미대로의 사이클이 존재하는 것이다. 이렇게 제각각인 움직임이 우리에게 시사하는 바는 무엇일까?

바로 전국으로 범위를 확대하면, 지금도 어딘가에는 2013~2014년 수도권처럼 바닥을 다지고 있는 지역이 있을 거란 이야기다. 전국의 권역별로 부동산 시장의 움직임이 모두 다르기에 지금 이 순간에도 투자할 수 있는 곳은 반드시 존재한다. 따라서 이런 아파트 시장의 흐름을 염두에 두고 임장지역, 즉 잠재적 투자 가능 지역을 살펴봐야 한다. 이때 몇 가지 지표를 활용할 수 있는데, 아파트의 전세가율과 가격, 투자금의 규모, 입주 물량(공급)과 미분양 정도다. 그럼 네 가지 기준과 순서에 따라 구체적으로 살펴보자.

1. 전세가율과 가격

나는 통상 임장지역을 선정할 때 전세가율과 가격을 우선 조건으로 꼽는다. 이미 미분양이 쌓여 있고 적정 물량(통상적으로, 지역 인구수의 0.5%가량으로 계산한다)의 3~4배에 이르는 과다한 입주 물량이 향후 3년 이상 대기 중일 정도로 압도적이라면 모를까, 당장 입주 물량이 조금 많아 보이더라도 전세가율이 높고(70% 이상), 가격 자체가 저렴하다면 일단 임장을 한다. 우선조건만 만족해도 역전세 리스크를 감당할 수 있다면 투자할 수 있다고 생각하기 때문이다(3장의 용인 수지 투자 사례를 떠올려보라). 물론 직접 현장에 나가보면 생각보다 상황이 더 좋지 않을 수도 있다. 그러나 그것은 곧 회복기가 도래할 거란 의미일 수 있으므로 당장 투자하지는 않더라도 입지와 가격을 파악해 두고 기다린다면, 최적의 매수 타이밍을 잡을 수도 있다.

전국 시구 단위의 아파트 매매가와 전세가는 '부동산지인' 사이트에서 쉽게 확인할 수 있다. 나는 이 사이트에서 전국 시구 단위의 부동산 매매 및 전세 시세와 전세가율을 다음의 양식으로 일목요연하게 정리한다. 매매가와 전세가 그리고 전세가율 등을 전체적으로 살펴보기 위해서다.

수도권 시구별 시세 현황표 예시

(단위 : 만 원)

수도권							
시도	시구	평당 매매	평당 전세	24'기준 매매	24'기준 전세	매매-전세	전세가율	연월
서울	전체	2518	1367	60432	32808	27624	54%	2018.12
서울	강남구	5113	2048	122712	49152	73560	40%	2018.12
서울	서초구	4444	2022	106656	48528	58128	45%	2018.12
서울	용산구	3554	1570	85296	37680	47616	44%	2018.12
서울	송파구	3489	1680	83736	40320	43416	48%	2018.12
서울	마포구	2823	1620	67752	38880	28872	57%	2018.12
서울	성동구	2820	1608	67680	38592	29088	57%	2018.12
서울	양천구	2788	1445	66912	34680	32232	52%	2018.12
서울	광진구	2765	1615	66360	38760	27600	58%	2018.12
서울	중구	2509	1540	60216	36960	23256	61%	2018.12

수도권								
시도	시구	평당 매매	평당 전세	24'기준 매매	24'기준 전세	매매−전세	전세가율	연월
인천	전체	874	657	20976	15768	5208	75%	2018,12
인천	연수구	1057	772	25368	18528	6840	73%	2018,12
인천	부평구	940	731	22560	17544	5016	78%	2018,12
인천	남동구	875	686	21000	16464	4536	78%	2018,12
인천	계양구	813	638	19512	15312	4200	78%	2018,12
인천	미추홀구	759	589	18216	14136	4080	78%	2018,12
인천	서구	806	567	19344	13608	5736	70%	2018,12
인천	동구	679	545	16296	13080	3216	80%	2018,12
인천	중구	745	435	17880	10440	7440	58%	2018,12
인천	강화군	550	355	13200	8520	4680	65%	2018,12

지방 시구별 시세현황표

(단위 : 만 원)

광역시								
시도	시구	매매	전세	24'기준 매매	24'기준 전세	매매−전세	전세가율	연월
대전	전체	718	542	17232	13008	4224	75%	2018,12
대전	유성구	802	608	19248	14592	4656	76%	2018,12
대전	서구	763	581	18312	13944	4368	76%	2018,12
대전	중구	672	502	16128	12048	4080	75%	2018,12
대전	동구	596	445	14304	10680	3624	75%	2018,12
대전	대덕구	580	424	13920	10176	3744	73%	2018,12
세종	세종	995	479	23880	11496	12384	48%	2018,12
광주	전체	703	535	16872	12840	4032	76%	2018,12
광주	남구	820	561	19680	13464	6216	68%	2018,12
광주	서구	766	578	18384	13872	4512	75%	2018,12
광주	광산구	706	538	16944	12912	4032	76%	2018,12
광주	동구	655	523	15720	12552	3168	80%	2018,12
광주	북구	603	487	14472	11688	2784	81%	2018,12
대구	전체	905	647	21720	15528	6192	71%	2018,12
대구	수성구	1243	813	29832	19512	10320	65%	2018,12
대구	중구	1124	801	26976	19224	7752	71%	2018,12
대구	달서구	848	628	20352	15072	5280	74%	2018,12
대구	동구	825	595	19800	14280	5520	72%	2018,12
대구	서구	797	545	19128	13080	6048	68%	2018,12
대구	북구	789	623	18936	14952	3984	79%	2018,12
대구	남구	770	562	18480	13488	4992	73%	2018,12
대구	달성군	722	491	17328	11784	5544	68%	2018,12

2. 투자금의 규모

이처럼 정리한 후엔 비교적 전세가율이 높고(시구 단위로 70% 이상), 매매가가 현재 살고 있는 지역이나 기존에 알고 있던 지역의 부동산과 비교할 때 상대적으로 저렴하게 느껴지는 지역 몇 군데를 정해 '조인스랜드부동산' 사이트와 '네이버 부동산'에서 보다 구체적으로 물건을 살펴본다. 특히, '조인스랜드부동산'에는 전세비율이 높은 아파트를 볼 수 있는 테마 검색이 있는데 이를 활용해, '전세가율이 85% 이상이고, 매매가와 전세가의 차이가 3,000만~5,000만 원가량인 단지가 많은 지역'을 임장지역으로 선정한다.

3. 입주 물량

1, 2번을 거쳐 일차적으로 임장지역을 선정하되, 예기치 못한 역전세나 가격 하락을 피하기 위해 입주 물량과 미분양에 대한 통계도 함께 확인해 볼 필요가 있다. 나는 '부동산지인'과 '호갱노노', '아파트실거래가' 앱을 주로 활용한다. '부동산지인'을 통해서는 입주 물량에 대한 전반적인 감을 잡을 수 있고, '호갱노노'나 '아파트실거래가' 앱에서는 구체적으로 물량이 공급되는 시기와 입지를 지도상에서 파악하기에 수월하다. 단, 구 단위로 미분양과 입주 물량을 확인해서 공급이 많다 적다를 따지는 것은 크게 의미가 없다. 시장의 흐름은 앞서 말한 권역별로 함께 움직이기 때문이다. 서울 강서구엔 입주가 적어도 서울이나 수도권 전체적으로 입주가 많다면 강서구의 전세가도 영향을 받는다는 것 정도만 이해하면 된다.

그리고 내가 임장하고자 하는 지역과 가장 근접한 지역의 입주 물량도 세세히 확인한다(수도권은 워낙 지역이 넓으므로 수도권 서북, 동북, 동남, 서남 등으로 쪼개어 확인한다). 인구 왕래가 잦은 인근 지역의 공급량에도 전세가 혹은 매매가가 영향을 받기 때문이다.

4. 미분양

마지막으로 미분양 물량을 참고한다. 미분양은 주택 현황과 함께 추세를 보기 위함인데, 미분양이 눈에 띄게 감소하는 추세라면 공급 부족이 현실화하고 있는 단계라고 판단할 수 있다. 반대로 미분양이 꾸준히 늘고 있거나 해당 권역의 가구 수나 인구 규모에 비해 그 물량이 너무 많다면 공급 과잉 상태에 놓여 있다고 볼 수 있다. 다만, 나는 현시점의 부동산 가격과 저평가 여부를 가장 중요하게 생각하기에, 입주 물량과 마찬가지로 미분양 현황이 좋지 않다고 해서 그 지역을 무조건 임장지역에서 제외하지는 않는다. 참고 사항으로 삼을 뿐이다. 미분양 물량은 '국토교통부' 사이트 통계누리에서 수시로 데이터를 게시하는데, 이를 근거로 하여 '부동산지인' 사이트에서는 그래픽을 제공한다. 나의 경우 '부동산지인' 사이트에서 확인하는 정도로도 충분했다.

지금까지 임장할 지역을 선정하는 방법에 대해 살펴보았다. 당신이 초보자라면 가장 먼저 해야 할 것은 현재 사는 곳과 그 주변 두세 군데 정도(당신이 만약에 지방에 거주하고 있다면 현재 살고 있는 곳과 근처의 광역시나 거점 도시 두세 군데 정도)에 직접 가보고, 가격에 대한 감을 잡는 것이다. 그렇게 가격의 감을 잡고 난 후 매달 전국 시구 단위로 부동산의 시세를 확인하고, 시구 단위 평균 전세가율이 비교적 높고 가격이 저렴하게 느껴지는 지역을 몇 군데 정한다 (1단계). 그리고 '조인스랜드부동산'에서 그 지역들을 살펴보면서 높은 전세가율과 적정한 투자금 규모에 부합하는 단지가 많은 지역을 다시 한번 정리한다(2단계). 다음으로 해당 지역의 입주 물량과 미분양 현황 등을 확인해 구체적인 임장지역을 선정한다(3, 4단계).

한 가지 주의할 것은, 지금까지 말한 방법은 투자지역이 아닌, 임장지역을 선정하는 방법이란 것이다. 이러한 기준으로 범위를 좁혀서 투자 가능성이 있는 곳을 선정했음에도 실제로 가보면 투자하기엔 이르다거나 혹은 늦어버린 경우도 있다. 또 투자에 적합한 상황이라고 해도 해당 지역의 아파트들 중 투자하기에 가장 좋은 것을 찾아내기 위해서는 반드시 여러 차례 가보고 많은 물건을 확인해야 한다. 즉, 직접 가보기 전에 지금과 같은 방식으로 지역을 추려내는 것만으론 투자처를 정하는 데는 부족하다.

초보 투자자라면 지역 선정에 특별한 방법이 있어 투자처를 바로 척척 짚어낼 수 있으리란 환상을 버려라. 나 역시 이와 같은 방법으로 임장지역을 선정한 후에는 묵묵히 현장에 나갔다. 거의 매일이 임장, 지역 분석, 실전 투자를 반복하는 나날이었다. 시간이 흐르자 꽤 많은 지역 아파트의 입지와 가격을 파악하게 되었고, 다녀온 지역이라도 이후 계속 모니터링하면서 해당 아파트들의 가격이 어떻게 움직이는지를 파악했다. 그렇게 하다 보니, '어, A 지역은 내가 다녀왔을 때와 가격이 비슷한데 그 옆 지역은 가격이 가파르게 상승했네? 그럼 이제 A 지역에 투자하는 게 좋겠군' 혹은 '내가 처음 갔을 땐 B 지역이 C 지역보다 비쌌는데 이젠 오히려 C 지역이 더 비싸졌네. 지금 시점에선 B 지역이 저렴하네' 같은 생각을하게 됐다. 이러한 경험의 축적을 통해 투자의 결과도 점점 더 좋아졌다. 인내심을 가지고 아는 지역을 늘려갈수록 머릿속엔 투자할 수 있는 후보지가 늘어난다. 그리고 이는 머지않아 무엇과도 바꿀 수 없는 당신의 소중한 자산이 될 것이다.

임장지역 선정하기

단계	조사 범위	조사 목표	참조
0단계	사는 곳	가격에 대한 감 잡기 (거주 지역 입지와 가격 비교)	사는 곳 임장(별도 확인할 데이터 없음)
1단계	시구 단위 시세 확인	전국 시구 단위로 전세가율 70% 이상이면서, 가치 대비 가격이 저렴한 지역 찾기	부동산지인 별도 정리
2단계	단지 단위 시세 확인	개별 단지 단위로 전세가율이 85% 이상이면서, 매매가와 전세가 차이가 3,000만~5,000만 원가량인 아파트가 다수인 지역 찾기	조인스랜드부동산, 네이버 부동산
3단계	입주 물량 확인	향후 2년간 매년 적정 입주 물량을 초과하지 않는 지역 찾기	부동산지인, 호갱노노, 아파트 실거래가(앱)
4단계	미분양 확인	최근 3년간 미분양 추세가 보합 내지는 감소하는 지역 찾기	부동산지인, 국토교통부

03

임장 전,
지역조사 하기

임장할 지역을 선정했다면, 이제 그 지역을 세부적으로 조사할 차례다. 당신이 관심 있는 무언가를 조사한다고 생각해 보라. 같은 대상을 조사해도 목적에 따라 조사 내용은 달라질 것이다. 예를 들어, 김치에 관해 조사한다고 하자. 역사학자라면 김치의 기원과 본고장의 역사를, 요리사라면 김치를 담글 때 필요한 재료나 김치로 만들 수 있는 요리 레시피를, 파워 블로거라면 김치의 맛과 향, 맛집의 분위기나 위치 등을 조사하지 않을까? 이처럼 조사는 그 목적을 명확히 세워야 조사의 대상과 방법이 정해진다.

그렇다면 부동산, 그중에서도 아파트에 투자하기 위해 지역을 조사할 때 어떤 목적과 방법을 가져야 할까? 거듭 말하지만, 나는 가치 대비 가격이 싼지로 판단하는 저평가 여부(가치〉가격)를 첫 번째 투자 기준으로 삼는다. 그렇기에 내가 지역을 조사하고 현장을 방문하는 건 해당 지역의 가치(입지)와 가격을 파악하기 위함이다. 이처럼 투자 기준이 정해지면 투자를 위해 해야 할 활동의 목적도 자연스럽게 정해진다.

| 무엇을, 어떻게 조사할까?

해당 지역의 입지와 가격은 책상에 앉아서도 어느 정도 확인할 수 있다. 인터넷을 통해 지역에 대한 정보와 가격을 파악하면 되는데, 가만히 앉아서 보다 폭넓은 정보를 수집할 수 있다는 게 장점이긴 하지만, 그것만으로 부동산의 현재 모습을 파악하기는 힘들다. 다만 직접 방문하기 전에 모든 것을 파악할 수는 없기에 사전조사는 해당 지역에 대한 전반적인 인상impression을 가지는 것 정도를 목표로 삼자. 물론, 이러한 과정에서 선입견을 품게 될 수도 있는데, 일단 접할 수 있는 정보로 마음껏 상상해도 괜찮다. 직접 현장에 나갔을 때 그 선입견이 맞는지 틀리는지 확인하면 된다. 이것이 바로, 부동산 투자를 위한 '손품 팔기'다.

그러면 손품을 팔 때는 구체적으로 무엇을 알아보면 될까? 앞서 지역조사의 목적은 해당 지역 부동산의 입지와 가격을 파악하는 것이라고 했다. 가격을 조사하려면 현시점 주택의 매매가나 전세가 같은 것을 파악하면 되는데, 입지는 어떻게 조사해야 하는지 막막할 수 있다.

우선 쉽게 한번 생각해 보자. 평소 부동산에 관심이 없었다고 해도 내 집을 마련해야 할 경우 '기왕이면 이런 곳에 살고 싶다'라는 생각이 드는 곳이 있을 것이다. 그런 곳이 바로 입지가 좋은 곳이다. 결국 '오늘날 대한민국에서 살아가는 사람들이 살고 싶어 하는 곳인가 아닌가'로 좋은 입지인지 아닌지를 따질 수 있다. 그렇다면 사람들이 거주하고 싶어 하는 곳은 어떤 요소에 의해 결정되는 걸까? 대표적인 것이 바로 일자리, 교통, 환경, 학군, 지역의 분위기나 위상 등이다. 현대인들은 공통으로, 일자리가 가까운 곳, 교통이 편리한 곳, 환경이 쾌적한 곳, 남들이 알아주거나 매력적인 곳, 자녀가 있는 경우 교육 여건이 좋은 곳에서 살고 싶어 한다. 결국 이러한 요소가 입지를 결정하므로, 손품을 팔 때는 이를 기준으로 삼아 알아보면 된다. 그럼, 현장에 나가기 전 이러한 각각의 여건을 어떻게 확인할 수 있는지 알아보자.

| 일자리

해당 지역의 일자리를 파악할 때 나는 근로소득 통계와 산업분류별 일자리 통계 등을 활용한다. 국세청의 '국세통계 홈페이지'에 가면, '시·군·구별 근로소득 연말정산 신고현황' 자료가 있다. 그중 원천징수지 기준의 자료를 보면, 우리나라 각 시·군·구별로 어느 지역에 몇 명의 근로자가 일하고 있으며 그들의 급여액이 어느 정도인지 알 수 있다. 또한 원천징수지가 아닌 거주지 기준으로도 같은 정보를 확인할 수 있다. 일자리의 핵심 사항인 근로자 수와 급여액을 동시에 알 수 있는 것이다. 물론 세액통계의 특성상 완벽하게 맞아떨어지지 않는 부분도 있다. 그러나 전반적인 사항을 파악하는 데는 전혀 부족함이 없고, 실제 일자리 사정에도 매우 부합하는 자료다.

만약 각 지역별로 어떤 산업에 해당하는 기업이 얼마나 있는지, 산업분류별 근로자의 수는 얼마나 되는지를 파악하고 싶다면, 산업분류별 일자리 통계를 살펴보면 된다. 이를 통해 제조업 관련 사업체와 종사자 수, 서비스업의 사업체와 종사자 수가 어느 정도인지 알 수 있다. 이와 같은 순서로 조사하다 보면, 내가 임장하려는 지역의 전반적인 일자리 수와 급여 수준뿐 아니라, 어떤 업종이 어떤 비율로 분포되어 있는지 그 성격까지 어렵지 않게 파악할 수 있다.

이러한 자료를 참고삼아, 우리나라 전국 지도에 숫자를 적어보는 것도 좋은 방법이다. 그렇게 적어두면 보다 넓은 지역의 일자리 분포를 입체적으로 이해할 수 있을 테니 말이다.

성격	일자리 전반		일자리 세부
내용	해당 지역에서 일하는 근로자 수와 급여 수준	해당 지역에 사는 근로자 수와 급여 수준	해당 지역에 위치한 일자리의 업종 분포
자료명	4-2-14 시·군·구별 근로소득 연말정산 신고 현황 I (원천징수지)	4-2-15 시·군·구별 근로소득 연말정산 신고 현황 II (주소지)	산업대분류별 사업체/종사자 통계
자료 위치	국세통계 홈페이지 (http://stats.nts.go.kr/)		국가통계포털-국내 통계-기관별통계- 지방자치단체 (해당 자치단체별로 확인)

참고: 월급쟁이부자들 카페의 너나위 칼럼 '수도권 일자리 수와 근로소득 수준'

| 교통

교통이 입지에 미치는 영향력은 수도권과 지방의 온도 차가 뚜렷하다. 대중교통의 활용도 때문이다. 좁은 지역에 우리나라 전체 인구의 절반이 몰려 있는 수도권의 경우, 도로 교통 사정이 좋을 리가 없는데, 그렇다 보니 자연스럽게 대중교통을 편리하게 이용할 수 있는 지역의 가치가 오르게 된다.

그중에서도 도로 사정에 크게 제약받지 않는 지하철이 가지는 의미는 대단하다. 수도권에만 무려 22개의 지하철 노선이 있다. 22개의 노선이 약 600여 개의 역을 촘촘히 연결하고 있는 것이다. 지하철로 갈 수 없는 지역이 거의 없을 정도다. 지하철로 커버되는 지역이 넓기에, 지하철에 대한 의존도도 상당하다. 이에 따라 수도권의 부동산 입지에 미치는 역세권의 영향력은 매우 막강하다.

반면 지방의 경우, 부산과 대구, 대전, 광주 등에 지하철이 있는데, 노선이 가장 많은 부산에는 4개의 노선이 있다. 대구는 3개, 대전과 광주는 각각 1개씩이다. 이처럼 노선이 적다 보니 지역을 아우르는 정도가 수도권에 비해 좁고, 자가 차량 의존도가 높은 편이다. 따라서 기왕이면 역세권이 좋지만, 수도권 부동산에 미치는 지하철의 영향력에 비하면 미미한 편이다. 특히 지방은 인구밀도가 수도권에 비해 낮으므로 중간 규모 이상 도시의 번화가 혹은 출·퇴근 시간이 아니라면, 교통 체증도 심하지 않다.

결론적으로 수도권은 대중교통, 그중에서도 지하철이 차지하는 위상이 상당하기에 '지하철 역세권'이 부동산 입지에 큰 의미가 있지만, 지방 부동산은 그 정도가 덜하다고 보면 된다.

그러면 수도권 지역 부동산의 교통 입지는 어떤 기준으로 판단해야 할까? 이 또한 상식적으로 보면 된다. 사람들의 이동 목적은 대개 직장이나 학교를 오가는 것이다. 그중에서도 직장 출·퇴근 목적이 가장 많다. 앞서 우리는 수도권 지역별 일자리 상황을 확인했다. 근로자 수가 가장 많은 곳은 어디일까? 압도적으로 강남이 많고 강북 도심과 여의도가 그 뒤를 잇는다. 결국 매일 가장 많은 사람이 오가는 지역은 서울 강남이기에, 강남까지 빠르고 편하게 이동하고 싶어 하는 사람들 사이에 입지 선점 경쟁이 치열해진다. 이는 수요가 많다는 의미이며, 수요가 많다는 것은 결국 그곳이 입지적으로 더 좋다는 뜻이다. 이러한 이유로, 수도권 부동산에서는

'강남 접근성'이 중요한 선택 요인이 된다. 지하철로 강남까지 쉽게 이동할 수 있는 곳, 강남뿐 아니라 강북 도심이나 여의도까지 빨리 갈 수 있는 지역, 나아가 강남과 강북 도심, 여의도 업무지구 모두를 편하고 빠르게 지하철로 이동할 수 있는 곳이라면, 다른 지역보다 교통 입지에 있어 우위에 있다고 할 수 있다.

그렇다면 해당 부동산의 교통 여건은 어떻게 조사하면 될까? 방법은 간단하다. 네이버나 다음 지도 등을 통해 해당 지역에서 대중교통으로 강남역이나 역삼역, 삼성역 등 테헤란로(강남 업무지구)에 위치한 지하철역까지 얼마의 시간이 소요되는지 조사해 보면 된다. 지하철 기준으로 그 시간이 짧을수록 교통이 좋다고 보면 된다. 지하철 이동 시간이 비슷하다면, 도보 이동이 짧은 곳, 환승이 적은 곳, 지하철 외 버스로도 접근이 수월한 곳이 더 좋다.

| 환경

부동산의 입지를 결정짓는 세 번째 요인은 환경이다. 여기서 환경이란, 백화점이나 대형마트, 종합병원 등의 생활편의시설과 공원이나 산, 강이나 천과 같은 자연환경이 근처에 얼마나 잘 조성되어 있는지를 뜻한다. 당연히 사람들은 생활편의시설이 잘 갖춰져 있고 자연환경이 좋은 곳을 선호하기에 이런 지역은 진입 경쟁이 치열해져 입지적으로 우위를 점하게 된다.

나는 환경 요인을 확인하기 위해 인터넷 검색과 포털 사이트의 지도를 적극적으로 활용한다. 우선 인터넷으로 해당 지역에 있는 편의시설들을 검색해 보고, 이후 지도를 열어서 해당 시설들이 어디에 있는지 확인하는 것이다. 이때 그러한 편의시설을 도보로 이동할 수 있는 이른바, '슬리퍼 생활권'에 해당하는 단지나 지역도 함께 본다.

동시에 '지적편집도'도 적극적으로 활용하고 있다. 해당 지역이 주거지역과 상업지역으로만 구성되어 있는지, 아니면 준공업지역도 상당 부분 포함되는지, 녹지지역의 비율이 높은지 등을 보기 위해서다. 예를 들어, 국내 최고 입지인 강남구를 포털 사이트 지도에서 '지적도'를 체크해 들여다보면 다음과 같다.

포털 사이트 지도에서 확인한 강남 지역의 환경(지적편집도)

그림에서 보듯 주거지역은 연두색, 상업지역은 분홍색, 자연녹지지역은 초록색으로 표시된다. 상업지역은 서쪽의 강남역부터 시작해 삼성역까지 이어지는 테헤란로, 북쪽의 강남구청역 인근과 남쪽의 도곡역과 매봉역 사이다. 지적도만 봐도 이 지역에 업무시설과 각종 상업시설이 밀집해 있으리라는 걸 짐작할 수 있다.

이후 해당 지역을 '로드뷰'를 통해 확인한다. 익숙한 오피스타운과 각종 상업시설이 눈에 들어올 것이다. 이제 강남구에서 상업시설과 업무시설 등이 어디에 있는지 알게 되었다. 자연녹지지역은 아래쪽 내곡동과 세곡동 등에 주로 분포되어 있는데, 이는 경기도로 이어지는 지역에 위치한 그린벨트다. 이 또한 로드뷰로 확인할 수 있다. 자연녹지지역 특유의 휑한 모습이 눈에 들어올 것이다. 마지막으로 주거지역을 본다. 강남 역시 산업화 초기 서울로 몰려드는 인구를 수용하기 위해 개발된 일종의 택지지구이므로, 주거지역에는 아파트를 비롯해 다양한 주택들이 자리 잡고 있다.

이처럼 지적편집도를 통해 그 지역의 큰 그림과 이미지를 숙지하면 된다. 구 단위 역시 좁은 범위가 아니기에 처음에는 한 번에 정리하기 어려울 수 있다. 그러니 전체적으로 훑어본 후 동 단위로 다시 하나하나 주요 시설들을 기록하며 위치 등을 살펴보자. 이렇게 반복하다 보면 선정한 임장지역의 어느 동에 어떤 시설과 환경이 있는지, 낮과 밤엔 동별로 어떤 모습이 펼쳐질지가 개략적으로나마 그려진다. 이 정도가 되면 '아, 이 지역에는 이런 선호시설이 있어서 사람들이 좋아하겠구나' 혹은 '이 동네는 이 시설 때문에 선호도가 떨어지겠는데?' 같은 감이 생긴다. 이제 남은 일은 현장에 나가 그 지역을 발로 밟으며 눈으로 확인하면서 알아가는 것이다.

｜학군

마지막으로 부동산의 입지를 결정짓는 데 빠질 수 없는 요인은 학군이다. 일부 지역의 경우 교통 못지않게 학군이 입지에 큰 영향을 미치기도 한다. 일자리와 학군은 부동산 가치를 결정짓는 전국 공통 요소라 할 수 있다.

과거 고교 비평준화 시절에만 해도 명문고등학교가 위치한 곳이 거주지로 선호되었다. 하지만 고교 평준화가 진행되면서 현재 특수목적고등학교(특목고)가 과거 명문고의 역할을 물려받게 되었고, 중학교의 특목고 진학률이 매우 중요해졌다. 실제로 특목고 진학률이 높은 중학교에 배정되는 아파트의 경우, 겨울방학 이사철에 사다리차가 쉬지 않고 지나다닌다.

그러면 특목고 진학률이 높고 성적이 우수한 중학교를 어떻게 확인할 수 있을까? '아파트 실거래가' 앱을 통해 특목고 진학률과 학업성취도 평가 결과를 모두 확인할 수 있다. 앱을 실행하고 관심 지역을 설정한 후 학군 정보를 누르면 결과를 확인할 수 있는데, 당연히 이 두 수치가 높을수록 명문 학군이라 보면 된다. 지역별로 묶어서 볼 수도 있고 지도 위에서 확인할 수도 있으니 매우 편리하다.

단, 한 가지 주의할 것이 있다. 이미 서울의 강남, 목동, 중계, 신도시의 분당, 평촌, 대구의 범어동, 대전의 둔산동, 광주의 봉선동, 부산의 동래와 해운대 등은 '명문 학군 지역'으로 알려져 있으나, 꼭 이처럼 좋은 학군으로 알려진 지역이 아니라고 해도 각 지역마다 선호도가 높은 학교가 있다는 걸 기억하자. 따라서 꼭 전국적으로 유명한 중학교가 없다 해도 그 동네에서 선호하는 학교로 배정받는 아파트라면, 학군 입지에서 다른 아파트들보다 우위라고 생각하면 된다. 결국 사람들은 자신의 형편이 허락하는 범위에서 더 좋은 것을 찾는다.

마지막으로 해당 아파트 단지 내에 초등학교가 있는지도 살펴보자. 앞서 언급한 '초품아' 여부도 수요에 영향을 미치기 때문이다. 어린 자녀가 자동차가 씽씽 달리는 차도를 건너 등·하교하는 것을 불안해하지 않을 부모가 있겠는가. 아파트의 위치나 평형, 구조 등에서 큰 차이가 없고 가격도 비슷하다면, 초품아를 선택하는 것이 유리하다. 사전조사나 임장 시 초품아를 파악해 두는 게 현명하다.

| 지역의 분위기와 스토리

나는 부동산의 입지를 결정짓는 이 네 가지 요소를 먼저 따져본 후 따로 살펴보는 것이 하나 더 있다. 바로 인구 구성이다. 그 지역에 거주하는 사람들의 연령 분포를 살펴보는 것인데, 이것이 그 지역의 분위기를 결정짓기 때문이다. '통계지리정보서비스' 사이트에 들어가 보면, 시·군·구·동별 연령별 인구 분포를 지도에서 확인해 볼 수 있다. 여기서 해당 지역의 연령별 인구 비중을 보면, 대략적인 현장의 분위기를 짐작할 수 있다.

실제로 임장하다 보면, 같은 구라고 해도 동별로 분위기가 사뭇 다른 곳이 있다. 경험해 보니 이는 결국 인구의 연령별 비중과 관련 있었다. 이를 살펴보는 이유는 다음과 같다. 젊은 인구가 많으면 이에 맞춰 상권이 형성된다. 이는 토요일 오후의 분위기에 영향을 미친다. 지역의 활기나 분위기를 가늠하고 싶다면 50세 이하 젊은 사람들이 차지하는 비중을 동 단위로 세밀하게 체크해 보라. 몇 차례 경험해 보면, 해당 지역의 인구 구성비만 봐도 그 지역의 거리를 어떤 사람들이 지나다닐지, 향후에 어떤 모습으로 지역이 변화해갈지 대략 예측할 수 있게 된다. 동별 인구 구성비율은 '국가통계포털-국내통계-주제별 통계-인구가구-주민등록인구현황'에서 '행정구역별/5세별 주민등록인구' 자료를 통해 확인할 수 있다.

이 정도로 조사를 마친 후에, 나는 가벼운 마음으로 인터넷 지식백과인 '나무위키'와 '위키백과' 등에서 해당 지역명을 검색해 다양한 정보를 읽는다. 해당 지역에 살고 있는 사람들이 작성한 다양한 정보를 읽으며 그 지역에 대한 인상을 정리하는 것이다. 인터넷의 지식백과는 별도의 권한이 없어도 편집할 수 있기에 거주하는 지역민들이 직접 작성한 살아 있는 정보를 접할 수 있다는 것이 장점이다. 입지를 조사하는 과정에서 가질 만한 궁금증도 상당히 해소할 수 있다. 이를 통해 나는 해당 지역의 가치, 즉 입지에 대한 조사를 끝마친다.

어떤가? 처음엔 다소 어렵고 복잡해 보일 수도 있다. 하지만 반복하다 보면 어느 시점부터는 새로운 곳을 알아간다는 재미가 더 커질 것이다. 지역조사의 목적을 인식하고 인터넷만 잘 활용할 줄 안다면 어려울 것도 없다. 어렵게 느껴진다면 익숙해질 때까지 연습해 두자. 이러한 정보 모두를 발로만 찾으려고 하면, 많은 시간을 낭비하게 될 수 있으니 말이다.

| 가격

입지조사가 끝났다면 이제 가격을 조사할 차례다. 아파트의 가격을 조사할 때는 주의할 것이 있다. 특정 단지만 골라서 조사할 것이 아니라, 임장지역 내의 모든 아파트를 조사해야 한다는 점이다. 같은 구 단위라고 해도, 그 안에는 셀 수 없이 많은 아파트와 물건 들이 존재한다. 이런 상황에서 몇 개의 단지만 찍어서 가격조사를 하는 것으로 가장 싸고 좋은 물건을 찾아낼 수 있을까? 좋은 물건을 찾아내는 데 왕도는 없다. 미련해 보일지 몰라도, 모든 단지와 모든 평형의 가격을 파악해 봐야 한다. 내가 조사하는 요령은 이렇다. 우선 엑셀 프로그램 '행'에 다음 같은 항목을 적는다.

시	구	동	마을	단지	입주 연월	세대당 주차 대수
용적률		공급면적	전용면적	평형(공급면적 기준)		세대수
구조		형태(복도식/계단식)		전세가	매매	전세
전세가율		평당 매매가	조사 일자	임장 여부		초등학군

이렇게 항목을 나눈 후, 네이버 부동산 사이트에서 단지를 하나씩 찾아가며 각 항목에 따라 기재한다. 그다음에는 가장 비싼 아파트부터 가장 저렴한 아파트까지 지도에서 다시 한번 그 위치를 확인한다. 자료가 완성되면 그중 매매가와 전세가의 차이가 적어 소액 투자가 가능해 보이는 단지들 위주로 인근 부동산 중개소에 전화를 한다. 네이버 부동산에 올라온 물건의 정보는 정확도가 높긴 하지만, 실제 시세와 매물 여부는 직접 전화해서 확인하는 것이 좋다. 중개인과 대화하면서 자연스럽게 시세도 익힐 수 있고, 주변 직장이나 교통, 환경, 학군, 거주민의 연령대 등에 대한 브리핑도 들을 수 있기 때문이다. 이때 이미 마친 지역조사 내용을 확인해보는 것도 좋다.

다만, 부동산 중개인과 통화할 때는 다짜고짜 조사한 내용부터 묻기보다는 이 지역에 대해 잘 모르는데 지인이 추천해 줘서 전화해본 것처럼 묻는 게 좋다. 중개인 입장에서도 얼굴 한번 본 적 없는 사람의 전화에 친절하게 이것저것 설명해 줄 이유가 없다. 또 먼저 자신을 투자자라 소개할 경우에는 간혹 중개인이 계약을 성사시키고자 매매 후 놓을 수 있는 전세가를 실제보다 높게 브리핑

하는 경우가 생길 수 있다. 따라서 매수를 결정하기 전에, 해당 단지의 다른 중개소에 전세를 구하는 세입자로 전화해 정확한 전세가를 파악해 볼 필요가 있다.

여기까지 진행하면 사전조사를 모두 마친 것이다. 나는 투자 초기 모든 조사 내용을 외우다시피 하려고 했지만, 가보지도 않은 지역의 상황을 완벽하게 파악하고 암기하는 건 결코 쉬운 일이 아니었다. 현장에서 사전조사 내용을 모두 기억해 내지 못해도 괜찮다. 손품을 파는 건, 결국 전체적인 감을 익히기 위한 것이다. 그러니 지역에 대한 전반적인 인상만 파악하고 나머지는 현장에서 확인하면 된다.

04

지역을 눈에 담는
현장조사

이제 드디어 현장에 나갈 차례다. '부동산 임장'이라고도 부르는 이 현장조사의 목적은 무엇일까? 사전에 전화나 인터넷으로 조사한 내용을 확인하고 틀린 정보는 바로잡아, 그 지역을 제대로 그리고 완전히 익히는 것이다. 지역을 완전히 익힌다는 것은 앞서 말한 해당 부동산의 입지와 가격을 정확하게 파악한다는 의미다. 그래야만 투자처로 고려 중인 아파트가 입지 대비 가격이 싼 편인지, 즉 저평가되어 있는지 가려낼 수 있고 좋은 투자로 이어갈 수 있기 때문이다.

투자 초기 현장에 나갔을 때, 나는 일반적인 투자자들과 달리

지역을 완전히 둘러보기 전에는 부동산 중개소를 찾지 않았다. 지역을 완전히 익히지 않은 상태에서 중개소에 가면 괜히 마음만 조급해지고 이런저런 말에 휘둘리기 쉽다. 그러니 중개소 방문 전에 지역을 제대로 눈에 담는 것이 먼저다.

| 지역 주민처럼

지역을 눈에 담는다는 건, 해당 지역에 사는 사람들 이상으로 어디에 무엇이 있는지, 이를테면 마트는 어디에 있고 가장 가까운 지하철역에 가려면 어디로 어떻게 가야 하는지, 학원가와 식당, 공원은 어디에 있으며, 각 아파트 단지들이 어디에 위치하고 있는지 등을 파악하는 것이다. 한마디로 '그 동네엔 어디에 뭐가 있고 분위기는 어떤지를 현지인보다 더 잘 숙지하는 것'이라고 할 수 있다.

나는 임장을 했다면 스마트폰으로 지도를 확인하지 않아도, 길을 잃지 않고 어디든 찾아갈 수 있는 정도가 되어야 한다고 생각한다. 머리는 기억하지 못해도 발이 기억할 만큼 가봐야 한다. 아파트 단지를 확인할 때도 마찬가지다. 단지마다 동 간 거리나 관리 상태, 주차 상황 등이 다른데, 이런 정보는 직접 가서 보지 않으면 체감할 수 없기에 결국 발로 밟아봐야 한다. 그래야 지역 주민의 단지별 선호도 익힐 수 있다. 그냥 죽 둘러보고 말 것이 아니라, 사소한 차이까지도 느끼는 것이 중요하다. 집중력이 필요한 이유다.

이처럼 처음에는 동네의 분위기와 단지별 특징을 익히기 위해 발품을 판다. 나는 투자 초기 구 단위 하나의 지역을 임장하기 위해 일주일가량은 퇴근 후 임장지역으로 이동해 저녁 내내 동네를 돌아다녔다. 그렇게 밤 분위기를 익히고 토요일에도 어김없이 현장에 나갔다. 낮과 밤을 모두 겪어보기 위해서였다. 워낙 둔한 편이라, 처음에는 동네별로 분위기가 어떻게 다른지, 단지별로 어떤 차이가 있는지 감이 잡히지 않았다. 그렇지만 무엇이든 초반의 시행착오는 당연하다 생각하고 꾸준히 반복해 나갔다. 또 임장을 마치고 집으로 돌아오는 길에는 혼잣말을 하며 그 지역 특색을 정리해 보곤 했다. 혼잣말이 도움이 되리라 생각해서 했던 건 아닌데, 그 지역의 느낌을 떠올리다 보니 어느 순간부터 자연스럽게 혼잣말이 나왔다. 매번 그날의 동선을 떠올리며 중얼거렸다. "어느 동네엔 이런 게 있었어. 어떤 길은 막다른 길이었는데 너무 어두컴컴했어. 이 블록엔 아이들이 많고 활기찼어. 그 단지는 단지에 들어서는 순간 탁 트인 느낌이 들었고, 관리도 아주 잘 되어 있었지." 그렇게 혼잣말을 하며 기억을 되살리고 정리하다 보니, 조금씩 작은 차이를 발견해낼 수 있었다.

발품에 어떤 노하우나 특별한 방법이 있을 것으로 생각하는가? 그런 건 없다. 결국 많이 가봐야 한다. 물론 사람에 따라 금방 캐치해 내는 사람이 있는가 하면, 그렇지 못한 사람도 있을 것이다. 하지만 결국 많이 가보고 많이 생각하고 많이 고민하는 것이 부동산 투자의 감각을 익히는 확실한 길인 것만은 분명하다. 이렇게 지역을 눈에 담고 난 뒤에는 나 자신을 테스트해 보기도 했다. 그 지역에서 내비게이션을 끄고 운전하면서 어디에 무엇이 있는지를 떠올린다. 지역을 크게 돌면서 그 안쪽 길과 건물들이 머릿속에 그려지면 그때야 지역을 눈에 담는 일을 마쳤다고 본다. 이제 부동산 중개소에 방문할 때가 된 것이다.

중개소 방문

중개소에 방문하여 실제 매물을 확인할 차례다. 임장지역의 모든 물건을 확인할 수는 없다. 따라서 어떤 단지의 물건을 볼지 결정해야 한다. 이때 앞서 정했던 투자 기준에 맞는 단지를 찾아라. 주로 소액으로 투자할 수 있는 것들이다. 이미 지역을 눈에 담는 과정을 거쳤기에 그 단지가 어디에 있고 주변에 무엇이 있으며 단지 내부의 분위기나 관리 상태가 어떤지도 자연스럽게 떠오를 것이다. 그럼 이제 그 집의 구조와 물건별 내부 상태, 매도 상황 정도만 확인하면 된다. 여기서 중요한 건, 똑같이 소액으로 투자할 수 있는 단지라면 그 동네에서 가장 선호도가 높은 물건부터 우선 확인해야 한다는 것이다. 같은 돈을 주고 살 수 있는 최고의 물건을 사는 게 핵심이다.

단지를 선정한 후에 인근 부동산 중개소에 전화를 건다. 나는 통화해 본 후, 친절하고 꼼꼼하다는 인상을 주거나 아니면 성격이 시원시원한 것 같은 중개인을 택한다. 경험상 이러한 중개인이 그 동네에서 터줏대감 노릇을 하는 경우가 많았다. 이들은 대개 가지고 있는 물건이 많기에, 지금 바로 거래해도 좋을 만한 물건을 가지고 있을 확률도 높다. 그렇게 선택한 중개인과 약속 시각을 정한 뒤 방문한다. 나는 같은 지역의 여러 중개소를 1시간 반~2시간 간격으로 예약한다. 어느 정도 투자에 익숙해지니 비교적 빠르게 물건을 확인하고 정리할 수 있게 되었는데, 초보자라면 3시간 정도의 간격으로 방문할 중개소를 예약하는 것이 좋다.

평일에 시간 내기가 쉽지 않은 직장인이기에, 나는 주로 토요일에 중개소에 방문한다. 아는 지역이 많아야 투자할 수 있는 지역도 늘어나듯, 많은 물건을 봐야 좋은 물건을 만날 확률도 높아진다. 그래서 중개소 방문 시간을 촘촘하게 예약한다. 하지만 이 역시 초보 투자자라면 하루에 5~6개 정도의 물건을 확인하는 것으로 시작해 차츰 늘려가자. 처음엔 조금만 봐도 확인한 물건들이 머릿속에서 뒤죽박죽 섞여 헷갈릴 수 있기 때문이다.

나는 보통 토요일 오전 10시부터 1시간 반 간격으로 여러 중개소에 방문하는데, 그렇게 할 경우 그날 하루에만 7곳의 중개소를 방문하게 된다. 사실 바쁠 때는 끼니도 못 챙기며 현장을 돌아다니기도 했는데 이렇게까지 해야 하나 싶을 때도 있었지만, 하나의 물건이라도 더 보려는 과정에서 시세보다 1,000만 원씩 싼 급매물을 만나게 되니, 오히려 흥이 났다.

다시 강조하지만, 당신이 아직 경험이 많지 않은 사람이라면

3~4시간 간격으로 방문할 중개소를 예약하고, 중개소 한 곳에서 매물을 소개받는 시간을 2시간 정도로 잡고, 1~2시간은 정리하는 시간을 갖는 방식을 추천한다. 하루에 부동산 중개소 2~3곳을 방문하고, 5~6개, 많아도 10개 미만의 물건을 보는 것부터 시작하자. 처음엔 정신도 없고 이내 녹초가 되겠지만, 반복해서 하다 보면 점점 더 수월해진다. 무슨 일이든 처음엔 어렵게 마련이다.

중개소에서 대화하는 법

투자 초보자들이 내게 자주 묻는 말 중 하나는 중개소에서 무슨 이야기를 해야 하느냐는 것이다. 사실 이것도 임장의 목적인 입지와 가격에 집중하면 자연스럽게 알 수 있다. 말 그대로 해당 아파트가 위치한 단지의 입지를 결정짓는 요인과 실제 가격에 관해 물으면 된다. 조금 더 상세하게 말하자면, 단지 주변의 일자리, 교통 여건, 선호 혹은 혐오 환경, 학군, 거주민 연령대와 평형별 시세 등이 해당한다.

다만 더욱 자세한 정보를 알고 싶다면 약속 시각보다 조금 일찍 중개소에 가서 이 지역에 대한 브리핑을 요청해도 된다. 경험이 쌓이면 나중에는 자동응답기처럼 질문이 쏟아져 나올 것이다. 그래도 막막하게 느껴지는 이들을 위해 내가 중개소에서 하는 질문들 몇 가지를 다음 페이지에 정리했다.

목적		질문
입지	일자리	이 근처에 큰 직장이 있나요? (있다면) 어디에 있나요? 이 단지에 거주하는 분 중 그 직장에 다니는 사람이 많나요?
	교통	출·퇴근길엔 지하철이나 버스 중 어느 걸 많이 이용하나요? 말씀하신 직장까지는 지하철이나 버스로 얼마나 걸릴까요? 출·퇴근 시간에 이용하기 어려울 만큼 사람이 많고 붐비나요? 지하철역은 어디에 있나요? 도보로 얼마나 걸리죠? 마을버스도 있을까요? 광역버스 정류장은 어디인가요? 배차 간격은요?
	환경	주부들은 장을 어디서 보나요? 마트로 많이 가나요, 아니면 전통시장을 많이 가나요? 백화점도 있나요? 간단히 식사할 만한 식당은 어디에 있나요? 카페는 어디에 있나요? 은행이나 병원은 어디예요?
	학군	아기 엄마들이 많은 것 같은데, 어린이집은 근처에 얼마나 있나요? 어린이집 입소가 어려운 편인가요? 유치원은 어디로 가나요? 아이들은 어느 학교에 다니나요? 그 학교는 선호도가 높은가요? (그렇다면) 왜 그런가요? 엄마들은 어느 학원에 자녀들을 보내나요? 차도를 건너지 않고도 초등학교에 갈 수 있나요?
단지 특성 및 가격		이 단지의 장점은 뭔가요? 사람들이 이 단지를 찾는 특별한 이유가 있나요? 매매/전세 시세는 어때요? 매매/전세 물건은 얼마나 있나요? 요즘엔 실수요자 거래가 많나요, 아니면 투자자들 거래가 많나요? 임대는 잘 나가나요? 임대가 잘 나가는 시기가 따로 있을까요? 저 옆의 단지 시세는 얼마 정도인가요? 그 단지와 이 단지의 가격 차는 보통 어느 정도인가요? 임대가 가장 먼저, 잘 나가는 단지는 어디죠? 이 동네에서 사람들이 선호하는 단지의 순서는 어떻게 되나요?

사실 대화의 목적이 투자하려는 아파트의 입지와 가격을 파악하는 것만 확실하다면, 묻고 답할 거리는 무궁무진하다. 그러니 어려워할 필요가 없다. 스마트폰에 미리 적어둔 리스트를 살짝 보면서 질문해도 괜찮다. 중요한 건, 사전에 조사한 내용을 맹신하고 묻는 걸 생략하거나, 반대로 질문을 넘어 지나치게 아는 척을 하지 않는 것이다. 사람을 대하는 기본예절은 반드시 지키고, 좋은 투자를 위해 상대에게 공손하게 도움을 청하는 상황임을 기억하라. 상대에게 내가 예의 있고 좋은 사람이라는 인상을 주면, 그들도 그에 맞는 대우를 해준다. 물론, 가끔은 그렇지 않은 중개인을 만나게 될 때도 있다. 나 역시 쌀쌀맞은 태도로 일관하는 사람 때문에 서러울 때도 있었다. 하지만 내가 마땅히 대접받아야 하는 손님이라는 생각을 버리고 부딪쳐보라. 부동산 중개소는 많지만 반드시 그곳과 거래해야 하는 상황이라면, 그런 어려움 또한 넘어서야 한다.

| 매물 확인

중개소에서 해당 물건에 관해 확인해야 할 정보들을 체크했다면, 이제 실제 물건을 보러 이동해야 한다. 이동하면서는 지금 보러 가는 집의 상황을 물어보라. 집주인의 매도 사유나 지금 거주하고 있는 사람이 집주인인지 임차인인지도 확인한다. 임차인이라면 전세로 거주하는지 월세로 거주하는지, 만기는 언제인지 또 매도인이 임대차계약 만기가 되지 않았음에도 매도하려고 하는 것인지 (세를 안고 팔려고 하는 것인지)도 확인한다. 이에 따라 매수부터 임대를 놓기까지 접근하는 방식이 달라질 수 있다.

집에 도착해서는 거주자에게 공손하게 인사를 하고 집을 보여주서서 감사하다고 표현하라. 집주인이 거주하고 있는 경우라면 집을 매도해야 하는 상황이라 친절한 경우가 많다. 그러나 거주자가 필요 이상으로 예민하게 굴거나 방문자를 불편하게 만드는 경우라면 주의해야 한다. 내가 매수한 이후 임대를 놓을 때 그 집을 보러 온 예비 임차인들에게도 그렇게 대할 수 있기 때문이다. 2017년 초부터 수도권 입주 물량이 늘어남에 따라 임대 물건이 눈에 띄게 늘어, 전세 임대를 놓기가 그리 수월한 상황은 아니다. 따라서 되도록 매수 전부터 이런 부분까지 잘 확인할 필요가 있다. 집에 들어가서 본격적으로 물건을 살펴볼 때는, 중개인이 이끄는 대로 이동하기보다 사전에 스스로 정한 순서(예를 들어, 거실 → 안방 → 작은방 → 화장실 → 주방 → 베란다 → 현관 등의 순서)에 따라 꼼꼼히 내부를 살펴야 한다. 그 과정에서 누수나 결로 등의 흔적이 보이면 중개인을 통해 반드시 거주자에게 물어보라.

확인을 마치고 나오기 전에는, 거주자에게 이사 날짜를 언제쯤으로 생각하는지 직접 물어보는 게 좋다. 이를 대화의 물꼬로 삼아 거주자와 간단히 대화하면서 매매 후 임대 시 집을 잘 보여줄 만한 성격인지 등을 가늠해 보는 것이 좋다.

| 중개소로 돌아와서

물건을 보고 중개소로 돌아오면, 그날 본 순서대로 중개인에게 매물의 정보와 동/호수, 거주인이 집주인인지 임차인인지, 잔금 지급 일자, 수리 상태, 매매가, 전세가 등을 정리해 달라고 부탁한다. 메모 내용을 토대로 부동산 중개인과 각 물건을 짚어가며 이야기를 나누면서 정리하기 위해서다. 그다음엔 각 물건의 특징을 메모지 위에 직접 정리해 보라. 물건을 많이 볼수록 헷갈릴 수 있으니, 해당 물건에 대한 기억을 최대한 남겨두기 위해서다. 마지막으로 그중 가장 괜찮은 물건을 하나 정한다. 이른바 넘버원을 정하는 것이다. 한 군데의 중개소를 방문하고 나서기 전, 그 중개소에서 본 매물 중 가장 좋은 물건 하나가 명확히 떠올라야 한다.

그다음으로 중개인에게 해당 물건의 등기부 등본을 떼어 달라고 요청해 열람한다. 등기부 등본에는 대출 여부와 매도자가 그 집을 매수한 시기와 가격 등이 나와 있으므로 사전에 확인한 정보 외에 추가적인 사항도 파악할 수 있다. 만약 매도자가 얻을 시세차익이 크거나 대출이 많은 경우라면 가격 조정이 더욱 수월할 수 있다. 물론, 이에 대해서는 이후 본격적인 매매 협상 시 직접 매도자에게 말하기보다 중개인을 통해 전달하는 지혜가 필요하다. 자칫 뒷조사를 했다는 느낌을 줄 수 있어서다.

집으로 돌아가기 전, 확인한 물건에 대해 마지막으로 정리한다. 각 중개소에서 꼽은 넘버원 물건끼리 다시 비교해 보기 위해서다.

마치 '이상형 월드컵'처럼 그날 본 것 중 최고의 물건을 찾는 것이다. 이러한 과정을 거쳐 나는 투자하기 가장 좋은 물건을 골라낸다.

물론, 확인한 물건에 매번 투자할 수는 없다. 그러나 이 같은 방식으로 가장 좋은 물건을 골라내는 연습은 이후 좋은 투자를 하기 위해 반드시 필요한 훈련이라는 걸 기억하라.

| 아무리 강조해도 지나치지 않은 것

부동산에는 발이 없다. 그러니 이를 보려면 결국 내가 직접 현장에 나가야 한다. 부동산은 사람보다 크다. 그렇기에 그 안으로 들어가 속속들이 들여다봐야만 제대로 파악할 수 있다. 갑자기 무슨 뚱딴지 같은 이야기냐고?

좋아진 온라인 환경 덕분에 많은 사람이 현장의 중요성을 잊는 것 같다. 하지만 아무리 인터넷이 발달한다고 해도, 실시간으로 모든 지역의 모습과 소식, 분위기를 생생하게 확인하기란 어렵다. 부동산 중개인과 전화 통화로 확인할 수 있는 것도 많지만, 그들의 목적이 거래를 성사시키는 것이라는 걸 고려한다면, 중개인의 이야기 모두를 신뢰할 수만도 없다. 그리고 상식적으로 생각해 보라. 몇천 원짜리, 몇만 원짜리 물건을 살 때도 이리 보고 저리 보고 하는데, 몇억짜리 물건을 사면서 대충 보고 살 수 있겠는가?

무슨 일이든, 그 일에 임하는 사람의 태도가 중요하다. 태도가 결과와 큰 상관이 없어 보여도, 나는 그것들 하나하나가 모여 나중에 중요한 차이를 만든다고 믿는다. 그동안 잘 몰랐던 부동산 투자를 진정 잘하고 싶고 이를 통해 돈을 벌고 싶다면, 무엇보다 그 일에 진지하게 임해야 한다. 투자를 시작하고 3년간 낮에는 회사일, 밤과 주말엔 부동산 투자생활을 이어가는 게 쉬운 일은 아니었다. 회사생활만으로도 쉽지 않은 상황에서, 지치지 않는 게 더 이상하지 않은가. 너무 피곤해서 입술이 터지고 눈이 충혈되는 일도 잦았다. 목이나 어깨가 아픈 건 예사였다. 발바닥이 부르트고, 발톱이 빠진 적도 있었다.

투자를 시작한 첫 여름, 내가 그동안 '온실 속의 화초'처럼 살아왔다는 걸 절절히 깨달았다. 얼굴이 금세 시커멓게 타 회사 동료들까지 건강을 걱정해 줬다. 장마철엔 목욕탕에서 방금 나온 것처럼 발가락이 붇고 양말이 흠뻑 젖어, 남의 집에 들어가는 게 민망해 늘 수건을 가지고 다녔다. 지방에 임장을 갔다 올라오던 길에는 고속도로 휴게소에서 잠시 쉬려고 눈을 붙였다가 내리 4시간을 곯아떨어져 잔 적도 있다. 추운 겨울에도 졸지 않으려고 창문을 열고 내달렸다. 그렇게 아내와 아이가 기다리는 집에 돌아가 잠시 눈을 붙인 후 바로 출근하는 삶의 연속이었다. 그렇지만 현장에 나갔을 때만큼은 대충하려고 하지 않았다. 몸이 힘들어 조금이라도 흐트러진 것 같을 때는 스스로 다그쳤다. "지금 뭐 하고 있는 거야! 이게 배우는 사람의 자세야?" 하면서.

현장은 내가 들이는 노력의 방점을 찍는 곳이다. 앞서 소개한 임장 기술이나 노하우는 이미 많은 부동산 투자자가 유튜브나 팟캐스트, 블로그 등에서 공개한 내용과 큰 차이가 없을지 모른다. 하지만 이 노하우와 기술보다 중요한 건 다름 아닌 '태도'라는 걸 기억하라. 몸이 힘들면 자연스럽게 마음도 약해진다. 이제 막 투자를 시작한 당신이 맞닥뜨린 낯선 현장에서, 처음 다잡았던 마음을 잃고 약해지지 않으면 좋겠다. 가끔 초보 투자자들과 함께 현장에 나갈 기회가 있다. 경력과 무관하게 부동산을 대하는 그들의 자세는 제각각이다. 그들 중 시간이 흐른 뒤 어떤 투자자가 지속적으로 투자를 해나갈지 예상하는 건 그리 어려운 일이 아니다. 막연히 많은 돈을 벌고 싶다고 생각할 게 아니라, 열심히 배우고 경험을 쌓아 정말 투자를 잘하고 싶다는 마음을 가져야 한다. 돌아보니, 나는 정말 운이 좋았다. 웬만해서는 얻을 수 없는 배움을 주변 사람들로부터 얻었으니까. 나의 투자 멘토는 말했다.

"돈을 좇으면 오히려 돈이 도망간다. 하지만 투자를 잘하고 싶다는 열망을 가지고 부단히 노력하면 돈이 자연스럽게 따라온다."

긴 시간이 흐른 건 아니지만, 이제 그 말의 뜻을 조금은 알 것 같다. 세상에 쉬운 일은 없다. 만약 당신에게 어떤 일이 쉽게 느껴진다면, 당신은 그 전부터 그것을 잘하기 위해 열심히 노력했을 것이다. 그게 아니라면, 당신은 그저 그 일을 잘한다고 착각하고 있는 것이다.

05

투자 즉시 돈 버는
실전 투자법

당신이 지금까지 이야기한 순서대로 투자 후보 대상 단지와 물건을 두루 살펴보았다면, 이제 투자에 나설 때가 된 것이다! 이제 무엇을 해야 할까? 현장조사를 통해 투자에 가장 적합해 보이는 단지를 선정했으니, 해당 단지에서 혹시 놓쳤을지 모를 물건을 찾아보자.

부동산 중개소에는 이른바 '장부 물건'이라는 것이 있다. 이는 홍보 없이도 거래가 쉽게 이뤄질 수 있는 물건이라, 중개소끼리 공유하는 전산망이나 네이버 부동산에 올리지 않는 매물을 뜻한다. 그렇다면 중개인이 거래가 쉽게 성사되리라고 판단하는 이유는 무엇일까? 대부분 시세보다 가격이 싼 물건이기 때문이다. 중개인들은 보통 이런 물건을 꼭꼭 숨겨둔다. 단독으로 중개해야 수수료 전부를 취할 수 있으니까. 그래서 나는 투자를 하기로 마음먹은 단지가 좁혀지면, 해당 단지 근처의 여러 중개소에 방문한다. 이런 물건을 만나기 위해서다.

바로 '그 물건'을 찾아서

한번은 600세대가 넘는 규모의 아파트 단지에 임장을 갔다. 단지 내 부동산 중개소는 딱 두 곳이었다. 먼저 아파트 상가 안쪽에 있는 중개소에 들어가서 물건을 문의하고 확인한 후, 단지 입구 쪽의 중개소에 방문했다. 그런데 이곳 중개소의 소장님이 처음 중개소에서는 듣지도 보지도 못한 물건들을 많이 소개해 주는 게 아닌가. 그중에는 가격만 최저가인 게 아니라(7층짜리 물건이 2층 매물 가격이었다), 현재 월세 임차인이 있어서 당장 월세 보증금 5,000만 원을 중도금으로 지급하면 잔금을 치르지 않고도 공실을 만들어 수리할 수 있는 물건도 있었다. 나는 이 물건에 투자하기로 결정하고, 매도자와 협의 끝에 2,500만 원씩 돈을 합쳐 임차인을 내보낸 뒤 수리를 진행했다. 싸게 사서 수월하게 수리까지 하고 나니 임대도 쉬웠다. 그렇게 3,000만 원이 채 안 되는 투자금으로 1억 원의 이익을 얻었다. 처음 중개소만 방문하고 말았다면 그렇게 좋은 물건을 찾기 어려웠을 것이다.

이런 이유로, 나는 투자를 막 시작하는 사람들에게 관심이 가는 단지가 있다면 가급적 많은 부동산 중개소에 방문해 보라고 조언한다. 초보 투자자가 중개소 이곳저곳에 방문해 많은 물건을 보는 게 쉬운 일은 아니다. 하지만 나에게 최고의 수익을 안겨줄 '그 물건'을 찾으려면 반드시 넘어야 할 산이다. 처음엔 어렵겠지만, 습관을 들이기 위해서라도 꾸준히 시도해 보자.

이렇게 확인한 여러 가지 매물 중 어떤 물건이 투자에 적합한 물건일까? 나의 경우, 동과 층에서 선호도가 낮은 것(ex. 저층, 탑층, 사이드, 길가에 위치한 동 등)이 아니면서, 가격이 저렴하고 임대가 수월하게 될 만한 물건을 우선 선택한다. 여기서 임대가 수월하게 될 만한 물건이란, 기존에 수리가 아주 잘 되어 있거나 공실 상태라서 수리를 통해 그 가치를 올릴 수 있는 것을 말한다. 앞 사례에서 이야기한, 보증금이 저렴하고 월세 만기를 앞두고 있던 매물도 여기에 해당한다. 비교적 소액인 월세 보증금만 마련하면 잔금일 이전에 공실을 만들어 수리할 수 있어서다. 이미 공실인 물건이라면 더욱 좋다.

│ 거기 아니면 여기

가장 좋은 물건을 찾았다면, 매도자와 가격을 협상할 차례다. 투자 고수들의 거래 경험담 중에는, 유려한 말솜씨와 뛰어난 협상력으로 엄청나게 저렴한 가격에 좋은 부동산을 매입한 사례가 소개되지만, 실제 현장에서 그렇게 드라마틱한 가격 협상을 끌어내기란 쉬운 일이 아니다. 그리고 정작 가격 협상에서 매수자의 협상력보다 중요한 것은, 매수 시점의 시장 분위기다. 투자자가 관심 있는 물건을 매입하려는 시점의 전반적인 시장 분위기가 협상에 가장 큰 영향을 미친다는 뜻이다. 절대적으로 매도자 우위인 시장에서 자칫 매물의 가격을 깎으려 했다가는 물건을 놓치게 될 수 있다. 매도자와 매수자를 둘러싸고 있는 시장의 거대한 분위기가 이미 그러하면, 개인의 노력이나 경험치가 빛을 발하기 쉽지 않기 때문이다.

앞서 말했지만, 나는 매도자 우위인 시장에서는 웬만해서는 부동산을 매수하지 않는다. 다만 시장이 흘러가는 과정에서는 크고 작은 흐름도 자주 생기고 없어지게 마련이므로 너무 조급해할 필요가 없다. 대표적으로, 정부의 각종 부동산 규제나 금리인상 같은 소식은 일반인들에게는 부동산 시장의 엄청난 악재처럼 비칠 것이다. 이렇게 매도자의 심리가 위축되는 시기에 장마철이나 여름 휴가철, 연말 겨울철 같은 계절적 비수기까지 겹치면, 부동산 시장이 얼어붙을 수밖에 없다. 그런데 바로 이러한 시기가 매수자 입장에서는 가격 협상에 매우 유리한 상황이 된다는 걸 기억하라. 매수자 우위 시장으로 전환되는 것이다.

그러나 초보 투자자는 이처럼 매수자에게 유리한 시장이 됐음에도 단지 어서 투자를 해보고 싶다는 조급함에 종종 일을 그르치곤 한다. 그렇다면 투자 실패의 주된 원인이 되는 조급함을 통제할 방법이 없을까? 내 경험상 가장 좋은 방법은 '거기 아니면, 여기에 하지 뭐'란 마음이 드는 상황을 만들어 두는 것이었다. 이는 곧 2개 이상의 투자처를 확보해 둔다는 의미다. 평소에 열심히 손품과 발품을 팔아서 아는 지역과 투자 가능한 지역을 늘려두면 가능하다. 잘 생각해 보라. 투자자는 언제 조급해지는가? 내가 알고 있는 투자할 만한 지역과 아파트가 하나뿐일 때다. '지금 이 아파트를 사지 않으면, 가격이 훅 오를 것 같은데?' 하는 생각이 마음을 지배해 버리는 것이다. 그렇게 조급한 마음에 성급하게 투자했다가 낭패를 보는 경우가 적지 않다.

투자 초기, 내게도 그런 경험이 있다. 성급하게 매수한 주택은 지속되는 부동산 상승장 속에서도 지독하게 시세의 변화가 없었다. 수도권에서 가격이 오르지 않는 아파트를 찾는 게 오히려 더 힘들던 시기에 말이다. 그 경험을 통해 조급함이 얼마나 일을 그르치게 만들 수 있는지 잘 알게 되었다. 그러면 당시 내 마음은 왜 그리 급했던 것일까? 그 물건 하나밖에 몰랐기 때문이다. 만약 같은 시점에 더 좋은 투자처가 있을 수 있다고 생각했다면, 조금 더 느긋해져도 충분히 괜찮은 물건을 찾을 수 있다고 생각했다면, 소중한 투자금을 수익이 전혀 나지 않는 투자처에 묻어두지 않아도 됐을 것이다.

｜우선협상 범위 설정하기

　협상 시 중요한 것은 우선협상 범위를 설정하는 것이다. 투자자 중에는 상대방의 사정을 약점으로 잡고, 나는 절대 양보하지 않겠다는 심산으로 무지막지하게 가격을 깎으려는 이들이 있다. 그러한 방식으로 당장은 이익을 얻을 수 있을지 몰라도, 나중에 마음이 상한 매도자로 인해 고생하게 되거나 계약이 깨질 수도 있다. 가끔은 매도자에게 보낼 계약금을 좀 더 많이 책정하거나 중도금의 일부를 먼저 더 주는 방식으로 성의 표시를 하면, 궁극적으로 더 좋은 결과를 얻을 수 있다. 매도자에게 무조건 가격만 깎아달라고 요청할 것이 아니라, 내가 해줄 수는 있는 건 없을지 생각해서 그것을 협상의 도구로 활용하라는 뜻이다.

　협상에 앞서 상대방이 무엇을 원하는지 알아보라. 그 필요에 대해 내가 해줄 수 있는 것은 없을지, 그렇게 해주는 대신 무엇을 요구할 수 있을지를 정리해 보라. 그렇게 준비한 제안을 중개인을 통해 예의 바르게 전달하라. 얼마 전, 투자 물건을 찾다가 전세 만기 시점이 다가오는데, 세입자에게 전세 보증금을 내줄 수 없어 힘들어하는 매도자를 만났다. 매도자가 원하는 것은 세입자에게 내어줄 전세 보증금이었다. 매도자는 해당 아파트를 분양받은 후 오랜 기간 보유하고 있었기에 얻을 수 있는 시세차익이 매우 컸다. 나는 어느 정도 가격 조정이 가능하겠다는 생각이 들었다. 그래서 내가 동원할 수 있는 자금으로 그 전세 보증금만큼을 중도금으로 제시할 수 있을지 확인하고, 중개인을 통해 매도자와 협상했다. 사실 내 입장에서도, 임차인이 전세 보증금을 돌려받고 이사를 해서 공실 상태가 된다면 여러모로 유리했다. 수리할 수도 있고 입주 시기도 구애받지 않으므로 임대가 수월해지기 때문이다. 협상 끝에, 나는 원하는 가격에 해당 아파트를 매수할 수 있었다. 이처럼 내가 해줄 수 있는 것을 확인하고 그 안에서 협상 범위를 정한 후 먼저 배려하는 태도를 보이면, 실질적으로 모두에게 좋은 결과를 이끌어낼 수 있다.

| 임대를 결정짓는 네 가지 요인

협상을 마치고 매도자에게 가계약금을 보내고 나면, 임대계약이 남는다. 문제는 전국 도처에 대량 입주가 진행될 때는 전세 임대를 놓기가 수월하지 않다는 것이다. 이런 시장 상황에서는 사실상 아파트를 매수하는 게 가장 쉽고, 임대하기는 보통 그보다 어렵다. 나는 매수한 주택의 임대가 잘 나갔던 경우와 어려웠던 경우를 비교해 가며 연구해 보았다. 경험을 통해 알게 된 임대에 영향을 미치는 요소들은 다음과 같다.

첫 번째는 가격이다. 많은 투자자가 오해하는 게 있다. 임차인들이 보증금은 어차피 나중에 돌려받을 수 있는 금액이라 생각하며 전세가격 1,000만 원 정도는 쉽게 올려주고 들어올 거라고 생각하는 것이다. 하지만 이는 일종의 '확증편향confirmation bias'이다. 자신이 보고 싶은 것만 보고 믿고 싶은 것만 믿다 보니, 자신이 원하는 결과가 실제보다 쉽게 이뤄지리라 생각하는 것. 1,000만 원은 결코 적은 돈이 아니다. 어차피 돌려받을 돈이라고? 당신이 임차인이라고 생각해 보라. 같은 평수 비슷한 여건의 아파트 매물 중 하나는 전세가 2억 5,000만 원, 다른 하나는 2억 6,000만 원이라면 어디에 들어가겠는가?

직장인일 경우 투자를 신속하게 마무리 짓기 위해서라도 지나치게 전세가에 욕심을 부리지 않는 게 좋다. 하루의 시간 대부분을 회사에 쏟는 직장인에게는 시간이 돈 이상의 가치를 가진다는 걸 염두에 둬라. 적정 임대가격에 물건을 내놓아 가급적 투자를 신속히 마무리 지어 아낀 시간을, 새로운 지역을 임장하고, 더 많은 책을 읽고, 가족과 시간을 보내고, 자신을 위해 재충전하는 데 쓰는 게 낫지 않을까? 최근 시장에서 투자한 경험이 있다면 이 이야기가 더 와닿을 것이다.

만약 지금 당신이 매수한 부동산에 임차인을 구하기 위해 여러 가지를 시도하고 있으나 좀처럼 쉽지 않다면, 다음을 가장 먼저 생각해 보라. 바로 가격이다. 결국 임대에 가장 큰 영향을 미치는 건 가격이다. 당신이 내놓은 물건의 전세가가 다른 경쟁 물건들에 비해 지나치게 높은 건 아닌가? 만약 그 물건에 별다른 장점이 없는데도 '어떻게든 되겠지!' 하며 높은 가격에 내놓고 모니터링조차 게을리하고 있다면, 당신의 물건은 부동산 중개인이 브리핑조차 하지 않고 있을 확률이 높다. 이럴 때 임차인을 구하는 방법은 두 가지다. 가격을 저렴하게 낮추거나, 집을 원하는 가격에 어울리는 상태로 만들거나.

임대에 영향을 미치는 두 번째 요인은 집의 상태다. 보통 아파트 매매가에는 향이나 동, 층 같은 요인이 영향을 미치지만, 전세일 경우에는 내부 집 상태가 더 큰 영향을 미친다. 전세 임차인은 그 집에 평생 거주할 목적이 아닌 기본적으로 2년간 거주할 요량으로 물건을 보기 때문이다. 특히나 투자자로서 물건을 매입한 뒤 최초 임차인을 구할 때도 그렇지만 장기 보유로 투자를 이어가고자 한다면, 가급적 수리를 해서라도 좋은 집 상태를 유지하는 게 좋다. 그래야 2년마다 임대차 계약이 만료되어 새로운 임차인을 구해야 할 때도 다른 집들 사이에서 경쟁력을 갖출 수 있다. 최근 아파트의 노후화가 가속화되면서, 가격은 조금 높아도 집 상태가 좋은 전세 매물을 선호하는 임차인이 늘어나고 있다. 집의 내부 상태가 임대에 미치는 영향력이 더욱 커져가는 것이다.

세 번째 요인은 입주 가능 시기다. 쉽게 말해, 이 집에 아무 때나 입주할 수 있는지를 뜻한다. 집을 구하는 임차인의 입주 희망 시기가 언제이든 당장에라도 입주할 수 있는 집이라면, 부동산 중개인도 손님들에게 더 많이 노출할 확률이 높다. 그러나 현 거주자의 이사 날짜가 확정된 집일 경우, 임차인을 구하는 데 어려움이 따를수밖에 없다. 현 거주자의 이사 날짜가 신규 임차인이 원하는 이사 날짜와 맞지 않으면, 잔금을 우선 치르기 전엔 임대할 수 없기 때

5 | HOW

문이다. 보통 이사할 집을 구한 집주인이나 임차인이 사는 경우가 그렇다. 따라서 이런 집을 매입할 경우에는 잔금을 치른 후 발생할 수 있는 비용, 이를테면 주택담보대출의 중도상환 수수료와 이자, 기회비용 등을 고려해 가격을 협상해야 한다. 반면, 현재 물건이 공실 상태이거나 월세로 거주하던 임차인이 계약 만기로 나가야 하는 상황일 때는 비교적 소액인 월세 보증금만 반환하고 공실 상태를 만들 수 있으니, 임대에 유리한 편이다.

따라서 부동산 매수 시점에는 현재 거주 중인 집주인이나 임차인의 이사 날짜가 정해졌는지를 잘 살펴봐야 한다. 한 가지 팁을 주자면, 잔금을 치러야 하는 시기가 이사철 성수기인지 비수기인지도 따져보라. 이사철 성수기인 2, 3월과 9, 10월에 비해, 여름 비수기인 6~8월, 겨울 비수기인 11~1월에 잔금을 치러야 한다면, 전세 이사수요가 적은 시기라 신규 임차인을 구하는 데 애를 먹을 수 있기 때문이다. 이러한 이유로 나는, 잔금일이 이사철 비수기에 해당할 때는 새 임차인과의 임대차 계약을 할 때 임대 기간을 통상적인 24개월(2년)이 아닌, 27개월 정도로 수정하기도 한다. 입주일은 비수기라도 계약 만기일은 성수기가 되도록 하기 위해서다.

임대에 영향을 미치는 네 번째 요인은 사람이다. 나는 부동산 중개인이 어떤 성향의 사람인지도 임대 과정에 큰 영향을 미친다고 생각한다. 중개인은 투자자인 나와 함께 일하는 파트너다. 투자 과정에서 물건을 찾을 때, 부동산을 매수하고 임차인을 구할 때 등 투자의 모든 과정에서 나와 함께 일한다. 하지만 내가 중개인의 도움을 받아 물건을 매입했다고 해서, 그가 24시간 내내 나의 물건 곁에 붙어서 임차인을 구하는 데만 힘을 쏟아줄 수는 없다. 이러한 이유로 임대를 놓는 과정에 어려움이 생길 수 있다. 경험해 본 결과, 매매가 협상이나 투자 진행 과정에서 자신감 있게 상황을 이끌어가는 성향의 중개인이 전세 임대도 순조롭게 진행했다. 만약 어떤 중개인이 좋은지 모르겠다면, 당신이 처음 손님으로 중개소의 문을 열고 들어갔을 때 그가 보인 모습과 행동을 떠올려보라. 대개는 친절한 분이 전세 임대도 수월하게 진행한다. 그렇게 따져서 고른 중개인을 통해서도 임대가 잘 나가지 않는다면, 재빨리 다른 부동산 중개소에도 전세 물건을 내놓아야 한다. 통상 부동산 중개소들은 공동망을 통해 여러 중개소들끼리 물건을 공유하므로 그렇게 할 필요가 없다고 하는데, 앞서 이야기한 중개수수료의 지급 구조를 감안하면 꼭 그렇지 않다는 걸 알 수 있다. 결국 중개인은 자연스럽게 공동중개 물건이 아닌 손님에게 직접 받은 물건에 먼저 집중하게 된다. 이 같은 상황을 모르고 무작정 믿고 기다리다가는 자칫 임대 시기를 놓쳐 곤란해질 수 있으니, 어느 정도 시간이 흘렀는데도 임차인을 구하지 못했다면, 인근 다른 중개소에도 물건을 내놓는 편이 좋다.

이러한 순서에 따라 매수한 주택에 임차인을 구해 임대계약까지 마쳤다면, 당신에게 새로운 등기권리증이 하나 생긴다. 이렇게 하나의 투자가 마무리되는 것이다.

임대사업자 등록, 해야 할까?

일반 투자자일 경우, 이렇게 투자가 마무리되면 그 이상으로 고민해야 할 건 거의 없다. 하지만 윤석열 정부가 부활 의지를 밝힌 임대사업자 제도를 당신이 향후 활용할 생각이라면, 임대사업자 현 제도에 관해 알아두는 것이 좋다. 투자자 입장에서는 여러모로 유리한 제도이기 때문이다.

2022년 5월 시점, 주택임대사업자의 경우 아파트는 해당되지 않는다. 다만 윤석열 대통령은 전용 60㎡(24평형 아파트) 이하의 아파트는 주택임대사업자 제도에 다시 편입시키겠다고 공약한 바 있다. 따라서 투자할 주택이 주택임대사업자 등록 여건에 해당할 경우, 등록 시 어떤 장단점이 있는지 잘 알아보고 선택할 필요가 있다.

임대사업자와 비임대사업자의 차이는 다음과 같다.

임대사업자와 비非임대사업자의 차이

구분	임대사업자	비임대사업자
장점	세제 감면 혜택 (양도세, 보유세 등)	임대료 증액 제한 없음 자유롭게 매도 가능
단점	임대료 5% 증액 제한 10년 동안 매도 불가	세제 감면 혜택 없음

2019년에 책을 출간할 당시에만 해도, 나는 이 책에서 중점적으로 다룬 시스템 투자법을 따르려는 직장인 투자자이면서 매입한 물건이 장기 보유에 어울릴 만큼 준수한 물건이라면, 크게 고민할 필요 없이 임대사업자 등록을 하는 게 낫다고 했다. 여러 단점에도 불구하고 양도세와 보유세 등 세제 감면 혜택이 매우 컸기 때문이다. 하지만 지난 정권에서 부동산 정책은 많은 변화를 겪었다. 따라서 주택임대사업자 제도에 관해 곰곰이 생각해 볼 필요가 있다.

임대사업자는 투자자에게 무조건적 이득을 주는 제도가 아니다. 세제 감면 혜택을 누리기 위해서는 표에서 언급된 단점도 감수해야 한다. 그러므로 임대사업자 제도를 활용할지, 안 할지를 판단할 때는 기술된 임대사업자 등록 시 발생하는 단점을 자신이 충분히 감내할 수 있을지 반드시 따져봐야 한다.

임대료 증액이 5% 안으로 제한되고 10년 동안 매도가 불가하다는 것은 투자 물건을 장기간 보유해야 한다는 뜻이다. 그렇다면 임대사업자 등록 여부를 결정할 때 해당 물건이 장기 보유가 가능한 부동산인지 판단하는 것이 무엇보다 중요하다. 상품성만 놓고 볼 때 아파트는 주거용 부동산 중 대중의 선호도가 가장 높기에 장기 보유하더라도 큰 부담이 없다. 다만 중요한 것은 입지다. 지방 아파트의 경우 하락장에서 10년 전 시세만큼 가격이 하락하는 일도 심심찮게 벌어진다. 향후 인구감소세가 눈에 띌 정도로 가속화될 소도시일 경우에는 특히 그러하다.

따라서 윤석열 정권에서 아파트에 대한 임대사업자 제도가 부활

하더라도, 장기간 보유할 수 있는 수도권 아파트, 혹은 지방에서도 입지와 선호가 높은 일부 아파트일 경우에만 임대사업자 제도를 활용하길 권하고 싶다.

또 하나 당부하고 싶은 것은, 임대료 증액이 5%로 제한되기에 예전과 다르게 직장을 통해서 얻을 수 있는 현금흐름도 소중히 여겨야 한다는 점이다. 이처럼 임대사업자 제도의 경우 여러모로 단점이 보이긴 하지만, 그럼에도 불구하고 시간이 지나면 알 수 있을 것이다. 의무임대 기간을 채운 물건이 주는 부동산 세제 혜택이 결코 작지 않다는 것을 말이다.

5장 요약

✓ 간결하고 확실한 투자 기준을 마련하라.

✓ 너나위의 세 가지 투자 기준은 저평가, 적은 투자금, 리스크 감당 가능 여부다.

✓ 아파트 시장의 흐름은 수요와 공급 간 시차에서 비롯된다.

✓ 싸다고 느껴지며(저평가) 전세가율이 높은 곳(적은 투자금)을 주기적으로 탐색하고 임장하라.

✓ 사전조사를 통해 관심 있는 지역의 인상을 파악하라.

✓ 현장조사를 통해 가장 투자하기 좋은 물건부터 아닌 물건까지 물건의 우위를 가늠하라.

✓ 수월한 임대 조건 네 가지(가격, 집 상태, 입주 가능 시기, 사람)를 기억하라.

memo.

_____

_____

_____

_____

지금까지 이제 막 투자 시장에 진입하려는 이들을 위해, 실전 투자 전 반드시 알아야 할 것들을 빠짐없이 다루려고 노력했다. 마지막 장에선 조금 다른 이야기를 하려고 한다. 투자는 쉽지 않다. 아니, 어렵다. 그러나 나는 투자를 통해 누구나 벼락부자까지는 아니더라도 적지 않은 성과를 얻을 수 있다고 믿는다. 꾸준히 지속해 나간다면 말이다. 그러니 투자가 어렵다는 말은, 지속하는 것이 어렵다는 말과 같다. 투자뿐 아니라 무슨 일이든, 오랜 기간 자신의 페이스를 유지하며 그것을 꾸준히 해나가는 건 쉬운 일이 아니다.

　아직 갈 길이 멀긴 하지만, 나에게 투자를 시작한 후 3년이란 세월은 매일 나태해지고 싶은 나 자신과 싸우는 날들의 연속이었다. 다행스럽게도 나는 꾸준함을 이어올 수 있었다. 매일 투자를 지속하는 게 가장 중요하다는 걸 알게 해준 사람들이 곁에 있었고, 이를 진지하게 받아들이고 '할 수 있다'고 독려한 나 자신이 있었기 때문이다.

　사람에 따라 돈 그릇은 다르다. 당연히 그릇의 크기에 따라 담기는 돈의 양도 다르다. 고무적인 것은, 그 돈 그릇이라는 게 타고나는 게 아니라 키울 수도 있다는 것이다. 이번 장에는 내가 직장생활과 투자를 병행하며 돈 그릇을 키운 이야기를 담았다. 다 읽고 책을 덮을 때쯤이면 당신의 가슴에도 작은 불씨가 타오르길 바란다. 그리고 이를 바탕으로 당신의 돈 그릇이 가늠할 수 없을 만큼 커지기를 빈다.

6장

MIND

당신의 돈 그릇을
키우고 싶다면

돈은 당신의 간절함이 아닌, 당신의 실력에 담긴다.

너바나, '월급쟁이부자들' 카페 운영자이자 《나는 부동산과 맞벌이한다》의 저자

01

인식과 태도의 변환이
시작이자 끝

'지금 집값은 거품이다!', '이런 말도 안 되는 집값은 투기꾼들 때문이야.' 최근 수도권 부동산에 급등장이 이어지는 동안, 부동산 관련 기사 댓글에서 흔히 볼 수 있는 내용이었다(물론 많이 순화하긴 했다). 댓글뿐 아니라, 매일 출근하고 생활하는 회사에서도 이런 이야기들이 심심찮게 들린다. 주변 사람들의 이 같은 반응을 대할 때마다 투자하기 전 내 모습이 떠오른다. 나도 부동산에 투자하기 전에는, 우리 부부처럼 맞벌이하면서 몇십 년 동안 돈을 모아도 서울에 아파트 한 채 마련하기 어려운 현실을 받아들일 수 없었다. 비교적 합리적이라 생각했던 내 기준으로도 도무지 이해가 안 되는 상황이었기에, '현재 집값은 터무니없이 비싸다. 일본처럼 거품이 빠지면 부동산 가격도 폭락할 것이다. 이렇게 된 데는 분명히 비정상적인 외부의 힘이 작동했기 때문'이라는 결론을 내렸다. 그리고 그 힘의 주체는 선량하고 성실한 나 같은 사람이 아닌, 탐욕스럽고 이기적인 사람들이라고 생각했다.

그런데 시간이 갈수록 내가 내린 정의는 힘을 잃어갔다. 이유는 간단했다. 내 생각과는 정반대의 상황이 펼쳐졌으니까. 대한민국의 집값은 계속, 꾸준히, 올라갔다. 당신의 경우는 어떤가? 세상이 당신의 예상대로 흘러가는가? 만약 그렇지 않다면, 지금까지의 입장과 생각만 고수할 게 아니라 그것이 틀린 건 아닐지 고민해 봐야 하지 않을까?

이렇게 고민하는 건 현재 나를 둘러싸고 있는 상황 중 내 힘으로 바꿀 수 있는 것과 바꿀 수 없는 것을 구분하기 위해서다. 내 힘으로 바꿀 수 있는 것이라면 더 노력해서 원하는 방향으로 이끌면 되지만, 내 힘이 미치지 않는 영역의 일이라면 내 생각을 바꿔야 한다. 불가능한 일에 에너지를 낭비하기보다 현실에서 내가 할 수 있는 것을 해야 한다는 말이다. 뭔가가 잘못되었다고 목소리만 높여서는 아무것도 해결되지 않는다. 정의의 문제가 아니라, 현실에 관한 문제다. 어떻게 보면, 이러한 인식 전환이 투자의 기술이나 노하우를 아는 것보다 중요할 수 있다. 인식의 전환이 변화의 가장 강력한 동기가 되기 때문이다. 내가 어찌할 수 없는 일이라면, 그것의 옳고 그름을 따지지 말고 그렇게 된 원인과 과정, 결과를 이해하고 이를 활용해야겠다고 마음먹길 바란다. 사나운 맹수와 독충이 우글거리는 아마존 열대 우림 속에서 '약육강식의 생태계 원리'가 옳지 않다고 외쳐봐야 무슨 소용이 있는가. 그곳을 떠날 수 없다면, 정글에서 생존하는 법을 찾아 나서야 한다.

| △△되어야 한다

'지금 집값은 정상이 아니니 절반까지는 떨어져야 한다', '부동산 투자는 투기이니 정부가 규제해야 한다' 같은 이야기를 들으면 어떤 생각이 드는가? 사회를 향한 어떤 불만이 생기면 사람들은 곧 이에 대해 '△△되어야 한다' 혹은 '□□ 해야 한다' 같은 의견을 내놓는다. 하지만 이런 말들은 그 말을 하는 사람의 생각이나 바람에 불과할 뿐, 실제로는 큰 의미가 없다. 우리가 두 발을 딛고 살아가는 자본주의라는 플랫폼이 우리의 의지대로 설계되지 않았기 때문이다. 무엇보다 정의라는 건 절대적이어야 한다. 사회의 모범 규준처럼 살인하면 안 된다거나 남의 물건을 훔쳐서는 안 된다 등 이견이 없을 절대적인 것들만 정의다.

하지만 현재 우리나라 집값이 절반가량 떨어져야 한다는 건 어떤가? 통계청 발표에 따르면, 2016년 말 기준 우리나라 국민 중 44.5%가 무주택자, 나머지 55.5%는 유주택자다. 그렇다면 무주택자에게는 현재 집값이 절반가량 떨어지는 게 정의라고 해도, 유주택자들 입장에서는 정의가 아닐 수 있다(실제로 그런 일이 벌어진다 해도 대다수의 무주택자 역시 좋을 게 전혀 없다). 그러니 부동산을 둘러싼 여러 가지 의견 중 '△△되어야 한다'란 말은 그 말을 하는 사람의 주장에 불과하며, 만약 누군가의 입장에서만 옳은 정의에 입각해 자본주의 사회를 바라본다면, 아마 오랜 기간, 어쩌면 영원히 바라는 정의로운 세상을 보기 어려울 수도 있다.

상황은 그저 팩트다. 사실을 두고 옳고 그름을 따지지도, 가치 판단도 하지 않길 바란다. 무슨 요인들이 어떻게 서로 작용하여 현재의 상황을 만들었는지 객관적으로 보고, 과거의 역사를 있는 그대로 보라. 설령 그것이 당신이 생각하는 옳은 방향과 정반대일지라도 말이다. 그다음으로 해야 할 것은 선택이다. 불평과 불만으로 허송세월할 것인가, 지금 상황에서 스스로 바꿀 수 있는 범위를 설정하고 무엇을 할지 찾을 것인가. 당신이 이 책을 중간에 덮어버리지 않고 여기까지 읽었다면, 적어도 이에 대한 고민을 하기 시작했을 거라 생각한다.

| 알았다면 행하라

전 세계적으로 수백만 부가 팔린 베스트셀러 《성공하는 사람들의 7가지 습관 *The Seven Habits of Highly Effective People*》의 저자 스티븐 코비 Stephen Covey를 아는가? 최정상급 경영 대가들을 인터뷰하고 그들의 성공 비결을 배워 책까지 집필한 그였지만, 그는 결국 파산했다. 왜 파산하게 되었는지를 묻는 이들에게 그는 이렇게 답했다고 한다.

"내가 책에 쓴 내용대로 살지 않았기 때문입니다."

모든 변화의 시작은 인지하는 것에서 비롯된다. 내가 알지 못했던 무언가에 눈을 뜨는 것, 그것이 인지다. 사실 우리는 일상에서 예전까지 몰랐던 사실을 종종 깨닫곤 한다. 그러나 애석하게도 그 '인지'가 '변화'로 이어지는 일은 거의 없다. 변한다는 건 이처럼 어려운 일이다. 왜 변화가 일어나지 않는 걸까? 알기만 하고 행하지 않아서다. 무슨 당연한 소리를 이렇게 진지하게 하느냐고 웃을지 모르겠다. 하지만 당신의 1년 전을 돌아보라. 당신이 그때에 비해 달라진 게 없다면, 1년이라는 짧지 않은 시간 동안 새롭게 알게 된 여러 가지를 당신이 알기만 하고 실행하지 않았기 때문일 것이다. 그렇지 않은가?

당신이 이 책을 읽으며 자본주의에 대해, 돈에 대해, 부동산 투자에 대해 몰랐던 것을 알게 되었다면 그리고 지금 변화를 갈망하고 있다면, 아는 것에서 멈추지 말고 반드시 이를 실행에 옮겨라. 그렇게 하지 않는다면 조만간 이 책도 당신의 방구석 어딘가에서 먼지를 뒤집어쓰고 잠든다. 그리고 당신의 내일은 어김없이 어제와 똑같은 모습으로 반복될 것이다.

투자를 처음 시작하던 당시, 나와 함께 오프라인 모임에서 만나서 함께 공부했던 수많은 사람 중 상당수는 원래 있던 자리로 돌아갔다. 그들과 나의 차이가 지식이나 재능에서 비롯된 것 같지는 않다. 그들도 내가 알고 있는 것 대부분을 알고 있었다. 아이디어가 번뜩이고 재기발랄한 그들에 비해, 오히려 나는 소위 말하는 투자의 '감'이란 게 전혀 없는 사람이었다. 임장을 가서도 그 아파트에 아이들이 얼마나 사는지 알고 싶어서 엘리베이터를 타고 꼭대기 층까지 올라가 한 층씩 걸어 내려오며 복도에 세워진 유모차 수를 세었을 정도이니. 하지만 차츰 시간이 흐르자, 변화는 그런 나에게 찾아왔다. 이유는 단 하나다. 나는 행했다. 일이 잘 풀리지 않을 때는 칠흑같이 어두운 불확실함에 두렵기도 했지만, 그럼에도 뚜벅뚜벅 걷고 매일 해야 할 일들을 묵묵히 해나갔다.

책을 쓰면서 가장 많이 고민한 것 중 하나는, 이미 많은 부동산 투자 책이 나와 있고 그렇게 많은 사람이 읽었는데, 왜 아직까지도 변하지 않은 사람이 변한 사람보다 훨씬 많을까 하는 것이었다. 당연한 이야기이지만, 책에 있는 내용을 행하지 않아서다. 나는 독자들의 호기심이나 궁금증을 해결해 주고, 단순히 읽는 재미를 주기 위해 이 책을 쓴 게 아니다. 간절함은 있으나 정작 무엇을 행해야 할지 모르는 사람들에게 내가 직장생활과 투자를 병행하는 삶을 살아오며 쌓은 작은 경험들이 조금이나마 도움이 될까 싶어서 쓰기 시작했다. 정말 그런 사람들에게 실질적인 도움을 주고 싶었다. 이 책의 마지막 책장을 덮은 뒤 현실을 바꾸는 경험을 하고 싶다면 그래서 인생을 바꾸고 싶다면, 그저 행하라!

02

한 번의 성공보다
중요한 것들

"인생을 바꾸는 투자."

투자자로서의 나의 지향점은 이것이다. 말했듯 한두 번의 성공으로 내가 원하는 위치까지 가기는 어렵기 때문이다. 그렇다면 남은 길은 하나다. 투자의 달인이 되는 것. 투자의 달인이 될 때까지 해야 한다. '될 때까지 한다'라는 말에는 숨은 전제가 있다. 그렇게 되기까지 생각보다 오랜 시간이 걸릴 수도 있다는 것 그리고 쉽지 않을 수도 있다는 것이다.

| 조급함 버리기

많은 사람이 조급하다. 나도 그랬다. 투자를 막 시작했을 때 우연히 한 물건을 보게 되었는데, 당시 그곳은 각종 호재로 전형적인 매도자 우위 시장이었다. 물건의 가격이 직전보다 상승한 상태였는데도 급한 마음에 추격 매수를 했는데, 결국 그것이 시간이 흐른 지금 나에게 아픈 손가락이 되었다. 과속이 위험한 건 시야가 좁아지기 때문이다. 그때 나는 규정 속도를 준수하지 않았다. 그 속도로 차를 몰 수 있는 실력이 아니었는데, 지나치게 속도를 높였다. 그래서 봐야 할 것들을 보지 못했고, 결국 사고를 내고 말았다.

투자의 필요성을 알게 되었는데 어떻게 시작해야 하느냐고 묻는 사람에게, 내가 가장 먼저 말하는 건 조급함을 누르라는 것이다. 지금 당장 투자하지 않아도 망하지 않는다. 준비하고 있으면 결국 기회가 당신을 찾아온다. 잘 준비하고 꾸준히 투자한다면, 지금은 저만치 앞서가는 것처럼 보이는 이들도 결국 한 지점에서 만날 수 있다. 당신이 지금 '그래, 이거야!'를 외치며 의지와 열정으로 충만해진 상태라면, 이것이 조급함으로 둔갑하는 순간을 경계하라. 그것이 첫 번째 해야 할 일이다. 진심이다. 수도권 부동산 가격이 폭등하는 동안 '나는 뭐 했나?' 싶어 화가 나더라도, 인생은 길고 나는 충분히 젊다는 생각을 가지자. 인생을 바꿀 정도의 투자를 하려면 시간이 필요하고 그렇기에 더욱, 조급할 필요가 없다.

| 순서를 따르고 반복할 것

당신이 적어도 조급함 정도는 다스릴 수 있는 상태가 되었다면, 이제 투자를 잘하기 위해 무엇부터 공부해 나갈지 그 순서를 정해야 한다. 나는 다음의 순서를 권한다.

──────────── **투자 공부의 순서** ────────────

❶ 경제와 투자 관련 서적 읽기

❷ 투자 관련 강의를 듣고, 오프라인 모임에 참석하여 투자 동료 만들기

❸ 실제로 투자 실행하기

❹ 1~3번까지를 반복하기

책을 읽을 때는 부동산 관련 책부터 읽을 것이 아니라, 자본주의 사회와 그 시스템을 기반으로 하는 경제 전반에 대해 다룬 책을 먼저 읽길 추천한다. 부동산은 자본주의 시스템 속 수많은 자산의 종류 중 하나일 뿐이다. 자본주의와 그 속성이 무엇인지 어느 정도 알겠다 싶을 때, 부동산과 부동산 투자 관련 서적을 모조리 읽겠다는 마음으로 읽어가라. 평소 독서를 많이 하지 않던 사람이라면 책을 꾸준히 읽어가는 게 쉽지는 않을 것이다. 시중에 나와 있는 경제 혹은 부동산 투자 관련 좋은 책만도 수백 권이다. 그런 책 모두 나름의 의미와 가르침을 주기에 가능하면 모두 읽어야 하는데, 그

러려면 요령이 필요하다. 나는 수험생처럼 주변과 차단된 시간과 장소를 정해두고 하루에 1권, 적어도 이틀에 1권씩 읽어 투자 전에 100권 이상을 읽겠다는 자세로 임했다. 평소 독서가 습관이 된 사람이 아니었기에 애초부터 카페가 아닌 독서실에서 전투적으로 읽기로 마음먹은 것이다. 그렇게 하다 보니 정해진 시간에 더 많이 그리고 잘 읽을 수 있게 되었고, 생각보다 빨리 습관이 되었다. 독서 외의 것들은 조금 느긋한 마음을 갖고 접근하자. '부동산은 발품'이라는 말만 믿고 부동산을 보는 시각에 이론적인 토대를 전혀 갖추지 않은 상태에서 무작정 현장부터 찾으려는 사람들이 있다. 하지만 책을 통해 기본적인 부동산 지식을 먼저 다지는 것이 훗날 현장에서의 더 빠른 적응과 성장을 돕는다. 그런 면에서 이 책도 당신에게 꽤 도움이 되리라 생각한다.

처음에는 용어가 생소하고 각종 원리도 쉽게 이해하기 힘들 것이다. 모든 것을 완전히 이해할 때까지 정독하려고 하기보다, 모르는 것은 일단 넘어가고 매일 목표로 삼은 독서량을 채우는 것에 집중하자. 사람에 따라 이견이 있을 수 있지만, 독서 초기엔 이러한 자세가 오히려 효율적일 수 있다. 아는 어휘량이 늘고 배경지식이 풍부해질수록 독서의 속도도 빨라지고 이해도도 높아진다.

비슷한 영역의 책을 묶어서 읽는 것도 초보자에겐 좋은 독서법이다. 예를 들면, 경제 지식을 다루는 책들만 모아서, 아파트 투자를 다루는 책들만 모아서, 세금을 다루는 책들만 모아서 읽는 것이다. 부동산 배경지식이 전무하던 내겐 상당히 유용한 방법이었다.

너나위의 추천 도서

자본주의	《자본주의 EBS 다큐프라임》 정지은, 고희정	가나출판사 《부자 아빠 가난한 아빠 1, 2》 로버트 기요사키, 샤론 레흐트 | 황금가지 《보도 섀퍼의 돈》 보도 섀퍼	북플러스 《부의 추월차선》 엠제이 드마코	토트출판사 《레버리지》 롭 무어	다산북스 《당신이 속고 있는 28가지 재테크의 비밀》 박창모	알키 《유시민의 경제학카페》 유시민	돌베개 《장하준의 경제학 강의》 장하준	부키 《시골의사의 부자경제학》 박경철	리더스북 《흔들리지 않는 돈의 법칙》 토니 로빈스	알에이치코리아 《나는 세계일주로 돈을 보았다》 코너 우드먼	갤리온
투자 일반	《후천적 부자》 이재범(핑크팬더)	프레너미 《워런 버핏 바이블》 워런 버핏, 리처드 코너스	에프엔미디어 《엄마, 주식 사주세요》 존 리	한국경제신문사 《트럼프 승자의 생각법》 도널드 트럼프	시리우스 《전설로 떠나는 월가의 영웅》 피터 린치, 존 로스차일드	국일증권경제연구소 《파이프라인 우화》 버크 헤지스	라인 《정해진 미래》 조영태	북스톤 《투자에 대한 생각》 하워드 막스	비즈니스맵
부동산	《나는 부동산과 맞벌이한다》 너바나	알키 《쏘쿨의 수도권 꼬마 아파트 천기누설》 쏘쿨	국일증권경제연구소 《노후를 위해 집을 이용하라》 백원기	알키 《부동산 투자의 정석》 김원철	알키 《나는 마트 대신 부동산에 간다》 김유라	한국경제신문사

6 | MIND

부동산	《전세가를 알면 부동산 투자가 보인다》 이현철 | 매일경제신문사 《부동산 상식사전》 백영록 | 길벗 《지방도시 살생부》 마강래 | 개마고원 《투에이스의 부동산 절세의 기술》 김동우 | 지혜로 《땅과 집값의 경제학》 조시 라이언-콜린스, 토비 로이드, 로리 맥팔렌 | 사이 《부동산의 보이지 않는 진실》 이재범(핑크팬더), 김영기(봄날의곰) | 프레너미
자기 관리	《결국 성공하는 사람들의 사소한 차이》 이와타 마쓰오 | 비즈니스북스 《한국의 젊은 부자들》 이신영 | 메이븐 《아주 작은 반복의 힘》 로버트 마우어 | 스몰빅라이프 《어떻게 원하는 것을 얻는가》 스튜어트 다이아몬드 | 8.0 《데일카네기 인간관계론》 데일 카네기 | 베이직북스 《그릿》 앤절라 더크워스 | 비즈니스북스 《왜 일하는가》 이나모리 가즈오 | 서돌 《한계를 넘는 기술》 구디엔 | 흐름출판 《원씽》 게리 켈러, 제이 파파산 | 비즈니스북스 《생각의 비밀》 김승호 | 황금사자 《백종원의 장사이야기》 백종원 | 서울문화사 《기브 앤 테이크》 애덤 그랜트 | 생각연구소 《미국에서 컵밥 파는 남자》 송정훈, 컵밥 크루 | 다산북스 《정주영처럼 생각하고 정주영처럼 행동하라》 홍하상 | 북랩 〈세이노의 가르침〉 세이노

책을 어느 정도 읽다 보면, 서서히 부동산 관련 기사나 글이 쉽게 이해가 되고, 책을 통해서 하는 간접 경험도 꽤 익숙해지는 시기가 온다. 이때 해야 할 것은 독서실이 아닌, 밖으로 나가는 것이

다. 부동산 강의나 오프라인 모임 등을 통해 자신과 비슷한 생각과 목표를 가진 사람들을 직접 만날 차례다.

사람 중에는 강의, 그중에도 유료 강의에 쓰는 돈을 유독 아까워하는 이들이 있다. 하지만 강의료는 지출이 아닌 투자의 개념으로 봐야 한다. 많은 책을 읽어 어느 정도 준비가 되었다고 하더라도 막상 투자하려면 두려움이 앞서게 마련이다. 그 두려움은 미지의 세상에 대한 무지에서 온다. 책은 그 미지의 대상이 가진 어렴풋한 형상을 보여준다. 하지만 실제 자세한 모습을 보려면 그다음 단계가 필요하다. 나는 강의나 모임이라는 창구를 통해 실제 부동산 투자로 성과를 거둔 사람과 나와 비슷한 목표를 가진 사람 들을 만나 많은 도움을 받았다. 어느 정도의 지식을 갖추었음에도, 실전 투자는 여전히 어려운 사람에게는 이 방법이 가장 효과적일 수 있다. 강력한 동기부여를 받을 수 있다는 것도 빼놓을 수 없는 장점이다. 내가 현재 하고자 하는 것들을 미리 해보고 성과를 낸 사람의 투자 스토리와 경험에서 얻은 노하우는 당신에게 엄청난 에너지를 제공할 것이다.

어린 시절 무언가 배울 때를 떠올려보자. 태권도를 배우기 위해 학원에 가면, 대개 체육대학 태권도 학과를 졸업한 검은 띠의 사범을 만나게 된다. 그에게 그동안 친구들의 자세를 따라 하며 독학으로 연마한 발차기나 지르기를 보여준다면, 그는 나의 주먹 방향이나 뻗는 발의 높이 등, 무엇이 잘못되었는지를 단번에 알아차려 바로잡아줄 것이다. 아울러, 사범이 지금의 태권도 실력을 갖추기까지 어떤 노력을 해왔는지 들려준다면, 그저 태권도가 무엇인지 어떻게 해야 하는지 설명해 놓은 책에 비해 훨씬 현실적이고 생생하지 않겠는가? 물론 독서를 통해 지식을 갖춰가는 과정도 필요하지만, 개인적으로는 투자 멘토들에게 직접 강의를 들으면서 크게 성장할 수 있었다. 다만 확실한 건, 책을 통해서든 강의를 통해서든 배운 것을 실천하는 것은 전적으로 당신의 몫이라는 것이다.

| 꾸준함 〉 실행 〉 결심

독서로 지식을 쌓고 강의를 들으며 강력한 동기부여를 받은 뒤, 지식 습득을 넘어 방향 설정까지 완료했다면? 이제 꾸준한 반복만 남았다. 앞서 이야기했듯, 투자의 감을 잡기 위해서는 적어도 6개월 이상의 기간 동안 하루도 거르지 않겠다는 의지로 해야 할 일을 꾸준히 하는 게 중요하다. 다이어트를 한두 달 하기도 어려운데, 6개월 이상 무언가를 지속적으로 한다는 게 어디 쉽겠는가? 그런데 바로 이 꾸준함 때문에 투자의 결과가 달라진다.

다만 꾸준함이라는 걸 오직 개인의 의지력 문제로만 치부할 순 없다고 생각한다. 의지력만 너무 강조하다 보면 오히려 더 빨리 지치게 될 수도 있다. 우리는 다른 건 다 밀쳐두고 공부만 하면 되는 고3이 아니다. 투자 말고도 직장인으로, 엄마로, 아빠로, 자식으로 이미 많은 역할을 해내고 있지 않은가! 그런 상황에서 자신만의 성에 갇혀 꾸준히 무언가를 해나간다는 건 성공보다 실패할 확률을 키울 수밖에 없다.

어떻게 하면 '꾸준함'이라는 무기를 장착할 수 있을까? 나는 단기 에너지인 '의지력'을 장기 에너지인 '꾸준함'으로 바꾸려면, 본인의 의지뿐 아니라 타인의 힘도 정말 중요하다는 걸 경험으로 알게 되었다. 나는 본래 의지가 강한 사람이 아니다. 투자를 하면서도 너무나 지쳐 포기하고 싶은 순간들이 자주 찾아왔다. 조금만 힘들어도, '하루만 쉴까?', '일주일만 놓아볼까?', '한 달 정도 잠시 마음을 추스르는 건 어떨까?' 같은 생각이 내 머릿속에 어김없이 들어찼다. 하지만 그런 생각이 들 때마다 가족의 얼굴이 떠올랐고, 어느덧 나와 함께 같은 곳을 바라보게 된 친구들도 생각났다. 투자 동료들은 때론 내게 긍정적인 자극이 되기도 했고, 힘들 땐 위로자가 되기도 했으며, 내가 겪고 있는 어려움에 실질적인 도움을 주기도 했다. 시간이 흐르면서 투자 후배들이 늘어나자 그들에게 부끄러운 모습을 보이지 않기 위해서라도 더욱 노력하게 되었다.

당신의 주변에 비슷한 생각과 목표를 가진 사람들을 두라. 태권도를 배울 때 아무도 없는 도장에서 혼자 기합을 넣으며 발차기를 하는 것보다는, 여러 친구와 함께 도장이 떠나갈 듯 쩌렁쩌렁한 기합을 지르면서 발차기를 하는 게 훨씬 즐겁지 않겠는가? 같은 곳을 보는 사람들은 서로에게 연료가 된다. 장거리를 여행하는 철새는 혼자 나는 법이 없다.

03

종잣돈처럼 귀하게
사람을 모아라

투자를 시작하고 시간이 흐르면서 예전과는 비교할 수 없을 정도로 많은 사람을 만나게 되었다. 오프라인 모임에 참여할 때면, 투자를 배우기 위한 목적으로 모인 사람들인 만큼, 하나의 주제에 대해 심리적 공감대가 형성되어 활발한 교류의 장이 펼쳐진다. 나 또한 꾸준히 공부와 투자를 병행하는 노력 끝에 어느 정도 성과를 거둘 수 있었고, 그 덕분에 이제는 많은 사람에게 나의 투자 경험과 노하우를 조금씩 나눌 수 있게 되었다. 그런데 사람들 중에는 내게 이런 질문을 하는 이도 있다.

"너나위 님, 실패하지 않을 투자 기준 같은 것이 생기려면 도대체 얼마나 걸릴까요?"

내가 활동하고 있는 커뮤니티 '월급쟁이부자들'의 모토는 "빨리 가려면 혼자 가고, 멀리 가려면 함께 가라"이다. 한 번쯤 생각해 보자. 빨리 가고 싶은가, 멀리 가고 싶은가?

| 혼자보다 함께여야 하는 이유

당신이 어느 동네의 A라는 곳에서 친구를 만나기로 했다고 하자. 그 동네는 당신이 생전 처음으로 가보는 곳인데, 그 친구는 이 동네에서만 10년 이상을 살았다. 당신이 아무리 최고 사양의 지도 앱을 활용해 의욕적으로 움직인다고 해도, 친구가 평소처럼 걸어서 목적지까지 도착하는 속도에는 미치지 못할 것이다. 친구는 이미 그 동네의 모든 골목길과 장애물, 지름길 같은 것을 꿰뚫고 있을 테니까. 그가 아무리 잡다한 생각을 하며 걷는다고 해도 그의 발은 빠른 길을 기억하고 있을 것이다.

투자를 배우는 것 또한 크게 다르지 않다. 빨리 가고 싶다는 바람이 아무리 간절하다 해도 경험이 부족하면 빨리 갈 수가 없다. 서두르다가 방향을 잘못 잡으면 다시 되돌아오지 못할 수도 있다. 그래서 오랜 기간 성공적인 투자를 이어온 투자 선배들의 입에서

'성공'이란 단어보다 '생존'이라는 말이 더 자주 나오는 건지도 모르겠다. 그들은 말한다. 큰 성공을 바라기보다 우선 살아남아야 한다고. 살아남아 있기만 하면 늦더라도 멀리까지 갈 수 있고, 그렇다면 그것이 성공이라고.

명확한 투자 기준을 갖기까지, 결국 투자에 익숙해지기까지 얼마나 걸리는지 묻는 사람의 질문에는, 그의 조급한 마음이 들어 있다. 그 질문은 너무 이르다. 처음 접한 영역, 익숙하지 않은 길이라면 빨리 가려고 해도 그럴 수 없다는 사실을 인정하고, 천천히 두드리며 찾아가길 바란다. 오래 걸어가야 하는 길 위에, 당신뿐 아니라 같은 곳을 향하는 사람들도 함께한다면 그 길이 힘들기만 한 것은 아닐 것이다.

| 누구와 함께 갈 것인가?

투자자로서의 성공이란 곧 살아남는 것이며, 살아남기 위해서는 오래가야 한다. 그리고 오래가려면 함께 가야 한다. 그렇다면 누구와 함께 가야 할까?

투자를 시작한 지 얼마 되지 않았던 어느 날, 아이를 품에 안아 재우다가 유독 집중해서 TV를 보고 있는 아내 곁으로 다가갔다. 아내는 SBS 가수 오디션 프로그램인 〈K팝스타〉를 보고 있었다. 과거에 데뷔했는데 성공하지 못한 지원자의 열창이 끝나자, YG 엔터

테인먼트의 양현석 대표가 말했다. "왜 본인이 과거에는 성공하지 못했다고 생각하세요?" 지원자는 말이 없었다. 그러자 양 대표가 이어서 이야기했다. "그건 지원자의 곁에 최고가 없었기 때문입니다. 저는 항상 일을 할 때 최고와 함께하려고 합니다."

투자 카페에서 활동하고 강연을 듣고, 임장을 하면서 나는 투자자로 성장하기 위해 부단히 노력했다. 그런데 시간이 갈수록 점점 더 크게 느껴진 것은, 내 옆에 누가 함께하는지가 정말 중요하다는 것이었다. 모이기만 하면 그 자리에 없는 사람의 험담이나 일삼고, 반대로 눈앞에 있는 사람에게는 듣기 좋은 말만 하는 사람보다는 서로의 성장을 응원하고 이끌어주는 사람들과 함께해야 한다. 그들이 바로 최고의 동료다. 다행히 내 주위엔 그런 동료들이 많았다. 아무리 나 자신에게 관대하고 후하게 점수를 주려고 해도, 사실 혼자서 공부하고 투자를 해왔다면 여기까지 오기 힘들었을 것이다. 내 옆에는 배울 수 있고 용기를 북돋워 주는 최고의 멘토와 동료들이 있었다. 성공적인 투자를 위해 꾸준히 그리고 멀리 가기를 원하는가? 최고인 사람들과 함께하라.

| 최고와 함께하는 법

어떻게 하면 최고의 사람들과 함께할 수 있을까? 내가 이만큼 간절하니 주변의 최고들이 알아서 다가와 나와 함께해 주어야 하는 걸까? 당연히 아니다. 아직은 부족한 것이 많고 누군가에게 도움을 줄 능력도 없는 내가 최고의 사람들과 함께할 수 있는 방법은 하나뿐이다. 내가 먼저 좋은 사람이 되는 것. 여기서 말하는 좋은 사람이란, 주변에 좋은 영향을 미치는 사람이란 뜻이다. 좋은 영향을 미치고 싶다면, 내가 가진 재능과 경험을 주변에 나누어야 한다.

생각보다 많은 사람이 이 한계를 뛰어넘지 못한다. 그저 막연히 누군가가 도움이 필요한 나와 함께해 주기만을 바란다. 투자를 하면서 '내가 어떻게 얻은 건데?', '내가 그렇게 한다고 해서 얻는 게 뭐야?'라는 생각에 사로잡힌 사람들을 자주 목격했다. 자신의 것을 주는 건 아까워하면서, 다른 사람에게는 조금이라도 더 받아내려고 하는 사람도 많았다. 물론 이해할 수 있다. 혼자서 해나가는 데 자신이 있다면, 군이 다른 사람과 함께할 필요가 없을지도 모른다. 그러나 당신이 정말 함께하며 서로 도움을 주고받을 수 있는 좋은 사람을 찾고 있다면, 한 번쯤 생각해 봐야 할 것이 있다. 내가 가진 재능과 경험을 사람들에게 나눔으로써 좋은 영향을 미치면, 그들이 나를 더 좋은 사람으로 만들어 주며, 그 결과 내 주변에 어느덧 최고들이 모이게 된다는 것이다. 정말 그렇게 된다고 자신 있게 말할 수 있다. 내가 직접 겪은 일이기 때문이다.

나도 주변에 좋은 사람, 최고의 사람을 두고 싶어서 내가 치러야 할 것이 무엇인지 고민하다가, 먼저 좋은 영향을 미치는 사람이 되기로 했다. 누군가는 이렇게 생각할지도 모르겠다. '나는 투자 초보라 나눌 수 있는 게 없는데…' 처음엔 나도 다소 막막하게 느껴졌지만 말 그대로 '좋은 사람'이 되어야겠다고 마음먹으니 어려운 일도 아니었다. 같은 꿈을 꾸고 있는 사람들에게 작은 메시지로나마 관심을 표현하는 것, 온라인에서 처음 보는 사람이라고 해도 그의 간절한 이야기에 귀 기울이며 응원해 주는 것만으로도 좋은 영향을 미칠 수 있다. 그 과정에서 나는 나의 필요를 채워줄 수 있는 사람에게만 좋은 사람이 되려고 하지 않았다. 나를 필요로 하는 사람에게도 마찬가지로 좋은 사람이 되려고 애썼다. 좋은 사람이 되고자 표현하고 노력하다 보면, 머지않아 그런 사람이 되어 있는 자신을 발견하게 될 것이다. 주변 사람들에게 좋은 말과 행동을 하면서 긍정적인 에너지로 가득 찬 당신을 말이다.

투자 세계에서 만나게 되는 사람들은 회사에서 마주치는 선·후배나 협력부서의 동료가 아니다. 그저 정해진 것만 주고받는 사이는 오래가지 못한다. 내 인생을 바꾸는 투자를 원하고 그 짧지 않은 레이스를 함께 걸어갈 동료를 찾는다면, 먼저 내어줄 수 있는 사람이 되어야 한다. 그러한 자세가 냉혹해 보이기만 하는 투자 세계에서 당신을 더 돋보이게 만들어 주리라 믿는다. 자연스럽게 당신 곁은 점점 더 당신과 비슷하게 좋은 사람들로 채워질 것이다. 그것이 부동산에 관한 한 일자무식이던 내가 꾸준히 성장할 수 있었던 원동력이며, 이제 투자를 시작할 당신이 가장 먼저 준비해야 할 것인지도 모른다.

초보 투자자에게 유익한 온라인 채널들

• 네이버 카페 월급쟁이부자들

월급쟁이들의 막막한 노후 준비와 투자에 실패하지 않는 길을 제시하는, 명실상부 네이버 대표 재테크 스터디 카페. 부동산 투자뿐 아니라 내 집 마련, 자기계발, 자녀교육 관련 다양한 정보와 성장의 기회를 얻을 수 있다. 최근에는 팟캐스트 방송까지 오픈하여 많은 직장인의 재테크를 다양한 채널로 돕고 있다. '함께 가는 것'의 진짜 가치를 느낄 수 있다.

• 너바나's 일-사랑에서의 Win-Win

월급쟁이부자들 카페의 주인장이자 나의 인생을 바꾼 책, 《나는 부동산과 맞벌이한다》의 저자인 너바나가 운영하는 블로그. 투자에 대한 통찰뿐 아니라, 더 나은 삶을 위해 노력하는 자세란 무엇인지 깨닫게 하는 좋은 글로 가득하다.

• 쏘쿨의 수도권 꼬마아파트 내집마련 여행

자타공인 수도권 부동산 최고수이자 베스트셀러 《쏘쿨의 수도권 꼬마 아파트 천기누설》의 저자인 쏘쿨의 블로그. 양질의 정보와 촌철살인의 메시지가 넘친다. 개인적으로 투자를 시작한 이후 최근까지 꾸준히 큰 도움을 받고 있다.

• 투에이스의 부동산 절세 이야기

세금 관련 문제로 고민하는 투자자들이 찾아보고 참고하고 있는 세금 관련 최고 권위를 가진 블로그. 각종 투자 커뮤니티 인기 세금 강사이자 실전 투자인인 투에이스가 집필한 《투에이스의 부동산 절세의 기술》은 오랜 시간 베스트셀러로 사랑받고 있다.

• 수현의 투자노트

베스트셀러 《부동산 투자, 흐름이 정답이다》의 저자 수현의 블로그. 저서의 제목처럼 부동산 시장이 어떻게 흘러가는지를 세세하게 알려주는 양질의 정보로 가득하다.

• 월용이의 부동산일지

《35세 인서울 청약의 법칙》의 저자이자 자타공인 분양권 전문가인 월용이의 블로그. 투자자뿐 아니라 실수요자 역시 활용할 수 있는 청약 전략과 분양권 투자 등에 관한 정보를 얻을 수 있다.

• 직장인 투자자 너와나를위하여의 성장 스토리

나의 블로그. 투자에 관한 이야기는 물론이요, 비슷한 처지에 놓인 평범한 직장인들과 일상을 공유한다. 서로에게 실질적으로 도움이 될 수 있도록, 좌충우돌하며 열심히 운영 중이다.

6 | MIND

04

갈등에
대처하는 자세

회사일과 투자를 병행하다 보면, 필연적으로 여러 사람과 갈등을 빚게 된다. 투자 동료들 모임에 나가면, 어떻게 배우자나 회사와 큰 갈등 없이 투자활동을 이어갈 수 있을지 고민하는 사람들도 많다. 그런 모습을 볼 때마다 직장인 투자자들은 역시 비슷한 고민을 하며 사는구나 싶기도 했다. 나도 지난 3년간 좋은 투자자가 되기 위해서 수없이 좌충우돌하며 시행착오를 겪었으니까.

투자하는 과정에서 빚어지는 주변인들과의 갈등만큼 기운 빠지게 하는 것도 없다. 부동산 거래나 임장할 때 겪게 되는 어려움은 생각보다 금방 익숙해진다. 그러나 경험해 보니, 이미 나와 관계를 맺고 지내는 사람들과 빚게 되는 갈등이 몇 배로 더 힘들었다. 내가 결론 내린, 갈등의 근본 원인은 '시간'이었다. 투자를 병행하기 전에는 주변 사람들이 나를 필요로 할 때 그들 곁에서 함께 시간을 보낼 수 있었지만, 투자자가 되면 시간 자체가 부족해져 그럴 수 없기 때문이다.

이와 같은 어려움에도 불구하고 좋은 투자자가 되겠다는 목표를 달성하려면, 반드시 투자에 필요한 절대 시간을 확보해야 한다. 나 역시 다른 직장인들과 마찬가지로 종종 회사에서 야근을 한다. 회사에서 초급 관리자로서 후배들과 일하고 있기에, 선배들뿐 아니라 후배들의 눈치도 봐야 한다. 그뿐인가? 회사 출·퇴근에 각각 1시간씩 총 2시간이 소요되고, 집에서는 맞벌이하는 아내와 함께 이제 세 살이 된 딸아이를 키운다. 그런 와중에 투자 초기부터 쉬지 않고, '부동산 투자 물건 찾기 → 임장 → 부동산 매수 계약 → 임차인 구하기 → 매수한 집 수리 → 등기' 등의 투자 사이클을 반복하고 있다. 여기에 더해, 투자 동료와의 모임이나 강연도 소화하고 있는 상황이다. 이 모든 일을 순조롭게 해나가기 위해서는, 개인의 경험이나 능력도 중요하지만, 무엇보다 선행되어야 하는 것은 절대적인 시간 확보인 셈이다.

그럼 주변과의 갈등을 최소화하면서도 절대적인 시간을 확보하려면 어떻게 해야 할까? 단순히 개인의 의지와 열정으로 부딪치려고 하지 말고, 우선순위를 정한 후 이를 충실히 따르는 것이 현명하다.

| 투자자의 우선순위

우선순위를 정하려면, 먼저 자신을 둘러싸고 있는 환경을 하나씩 떠올려봐야 한다. 당신이 나와 비슷한 직장인이라면 가정, 회사, 투자, 친구나 지인 정도로 구분할 수 있을 것이다. 그리고 이들 중에서 우선순위를 정하면 된다. 다음은 내가 정한 순위다.

1순위 : 가정과 투자

2순위 : 회사

3순위 : 기타(친구, 지인 등)

투자자로 성공하겠다고 결심한 이후, 내게 회사는 2순위가 되었다. 자연스럽게 그 자리엔 가정과 투자가 올랐다. 가정과 투자를 같은 순위에 둔다니 의아한가? 앞서 이야기했듯, 내가 투자를 시작한 건 국가도 회사도 책임지지 않는 나의 노후를 준비하기 위해서였다. 직장에서 은퇴하는 시점에 아내와 자녀에게 경제적 불안감을 안기고 싶지 않았다. 따라서 내가 투자를 하는 궁극적인 목적은 가정을 위해서다. 다만 투자를 지속하려면, 아내와 아이에게도 좋은 남편과 아빠가 되어 가정이 평화로워야 한다. 이처럼 둘 중에 어느 하나를 후순위로 둘 수 없기에, 상황에 따라 밸런스를 맞추는 노력이 필요했다.

일단 이렇게 우선순위를 구분해 놓고, 나는 가족과 투자를 위해 필요한 절대 시간을 확보하는 데 생략해도 될 것은 없는지 생각했다. 그것이 3순위였다. 나는 친구나 지인과의 만남 혹은 모임을 최소화했다. 꼭 사람들을 자주 만나고 함께 많은 시간을 보내야만 인간관계가 돈독해지는 건 아니라고 생각했다. 누군가는 친구나 지인을 만나는 시간까지 줄여가면서 투자를 해야 하냐고 물을지 모른다. 하지만 나는 지금 1순위, 2순위로 둔 것들부터 챙겨야, 친구와 지인들뿐 아니라 4순위, 5순위까지 두루 살필 수 있는 날이 올 수 있다고 믿는다. 현재를 헛되이 보내면 영영 그런 날은 오지 않는다. 계속 이도 저도 아닌 애매한 포지션에 놓이는 나날들이 반복될 뿐이다. 지난 3년간 이를 배웠다.

3순위와 관련된 시간을 정리하고 나니, 이제는 1순위와 2순위가 충돌할 때 어떻게 할지를 선택해야 했다. 결국 직장인 투자자 대다수가 고민하는 건 무엇인가? '회사 눈치'다. 나도 회사의 눈치를 봐야 할 때가 많았고 그때마다 쉽지 않았다. 이러한 문제로 고민할 때 멘토가 해준 한마디가 큰 깨달음을 주었다.

"무언가를 얻기 위해서는 반드시 치러야 할 대가가 있습니다."

투자와 회사일 사이에서 고민하느라 잊고 있었지만, 사실 지극히 당연한 말이다. 회사로부터 시간을 얻기 위해 치러야 할 대가는 무엇일까? 그건 회사에 기대할 수 있는 것에 대한 욕심을 버리는 것이다. 간혹 회사에서도 인정받으며 승승장구하고, 투자자로서도 엄청난 수익을 거두길 꿈꾸는 사람들을 만나게 된다. 개인적인 상황에 따라 불가능하다고만 말할 순 없을 것이다. 하지만 둘 다 해내기 버겁다면, 필연적으로 하나를 택해야 한다. 이때 회사를 택할 수도 있다. 누가 그것이 잘못된 선택이라 확언할 수 있겠는가! 결국 책임은 자신의 몫이다. 그 사람은 회사를 택하는 대신, 투자자로 어느 수준 이상이 되겠다는 욕심은 내려놓아야 할지 모른다. 당연한 세상의 이치다.

나는 투자를 택했다. 그래서 회사에서의 욕심을 내려놓았다. 그게 나를 위한 것이라고 생각했다. 나는 한 번 지나가면 사라져버리고 말 시간을 회사가 아닌 나를 위해 쓰고 싶었다. 그것이 투자를 택한 이유다. 하지만 절대 오해해서는 안 될 것이 있다. 내가 투자를 택했다고 해서 회사에 충실해야 할 시간까지 모두 얻어내려고 하지는 않았다는 것이다. 나와 같은 직장인들은 회사에 자신의 시간을 들이는 대신 정해진 날 정해진 만큼의 급여라는 안정감을 얻는다. 그렇다면 적어도 회사와 약속한 시간에는 충실해야 한다. 그 시간까지 당신을 위해 쓰라는 이야기가 결코 아니라는 말이다.

회사에서 급여를 받으며 일하면서 최소한의 역할도 해내지 못한다면, 머지않아 '직장인 투자자'로서의 투자도 삐걱거리게 될 수 있다는 걸 명심해야 한다. 회사가 당신을 책임져 주지 않는다고 해서 회사를 적대시하는 우를 범하지 않길 바란다. 회사 분위기상 '칼퇴근'이 어렵고, "퇴근하겠습니다!"라는 말을 꺼내는 데도 특별한 용기가 필요하다면, 우선 회사에서 일하는 시간만큼은 사력을

월급쟁이 부자로 은퇴하라

다해 일하라. 내 몫을 다하고 나면 용기가 생긴다.

투자를 하기 전에 나는 직장인이었고, 투자를 시작하고 나서는 직장인 투자자가 되었다. 직장인이라는 사실엔 변함이 없었다. 회사에서 승승장구하며 인정받길 욕심내지는 않아도, 회사와의 약속만큼은 지키자. 회사가 좋아서가 아니라, 안정감이 무너지면 투자에도 악영향을 미칠 수 있기 때문이다. 주어진 시간 동안 주어진 일, 딱 그만큼은 잘해내고, 누가 뭐라 하든 퇴근 이후와 주말에는 당신의 일을 하라. 그 시간마저 회사에 바치지 못한 탓에 고과를 잘 받지 못한다고 해도, 상사로부터 이기적이라는 비난을 받는다고 해도 의연하게 받아들이고 툭툭 털어내 버려라. 그것이 직장인 투자자로 성장하기 위해 반드시 치러야 할 대가다.

다만 평소 직장 동료와의 관계는 잘 다져둘 필요가 있다. 당신이 주어진 업무를 마치기 위해 최선을 다한다고 해도 가끔은 투자 일과 부딪힐 수 있다. 반드시 오늘 저녁에 남아서 해야 할 일이 있는데, 저녁에 임장이나 계약이 예정되어 있다면 어쩌겠는가? 이때 평소 싹싹하고 예의 바른 태도를 보이며 상사와 동료, 후배 들과 좋은 관계를 유지해 왔다면, '회사 눈치'에서 훨씬 자유로울 수 있다. 갑자기 급한 일이 생긴 당신을 이해할 수 있는 폭이 더 넓을 테니 말이다. 10년 이상 직장생활을 하면서 느낀 것 중 하나는, '감정'적인 소통에 문제가 생길 때 비로소 '이성과 논리'가 개입한다는 것이었다. 무슨 말인가? 동료들과 좋은 감정으로 관계를 유지하고 있다면, 그들이 당신을 이성과 논리로만 평가하지는 않을 것이라는 뜻이다.

어떻게 하면 직장에서 동료들과 좋은 관계를 유지할 수 있을까? 나의 전략은 가장 불편하고 비호감인 사람에게 오히려 잘하는 것이었다. 회의 중에 내가 싫어하는 상사가 다른 부서와 맞서는 상황에서도 그의 의견에 동조해 주고, 불편한 일을 맡겨도 웬만해서는 흔쾌하고 밝은 표정으로 하려고 노력했다. '문제의 원인은 내가 아닌 상대에게 있다'라는 식의 아마추어 같은 사고를 '상황을 개선하기 위해 내가 무엇을 할 수 있을까?' 고민하는 프로의 태도로 바꾼 것이다. 단언컨대, 이런 식의 사고와 태도를 가진다면 당신이 사장인 사업, 즉 투자에도 큰 도움이 될 것이다.

| 갈등을 줄이는 시간표

마지막으로 가장 어려운 갈등 구도가 남았다. 가정과 투자의 충돌이다. 투자를 시작한 지 얼마 안 됐을 무렵, 아내가 임신했다. 세상에 더 바랄 게 없을 만큼 큰 기쁨이었다. 문제는 회사 업무 시간을 제외한 모든 시간을 투자에 쏟아붓고자 했던 나의 계획을 지켜나가려면, 아내와 아이에게 미안해질 수밖에 없다는 것이었다. 이후 아내와 힘겨운 시간을 보냈다. 나는 '이게 다 우리 가족을 위해서 하는 건데, 왜 이해를 못 해주냐'며 화를 냈고, 아내는 '지금 가족과 함께하는 것이 진짜 가족을 위한 것인데, 미래를 위해 현재를 희생하고 싶지는 않다'며 서운함을 토로했다. 투자자, 그중에서도 어린 자녀를 둔 젊은 투자자에게 흔히 벌어지는 일이다.

대다수는 투자를 통해 어느 정도 성과를 내면 지금 당장은 섭섭해하는 배우자라도 마음을 돌릴 것이라고 생각한다. 나 또한 그랬다. 하지만 이렇게도 해보고 저렇게도 해보니, 중요한 건 그게 아니었다. 책임감 있는 태도로 신뢰를 주는 것, 그것이 가장 중요했다. 한번 생각해 보라. 투자를 핑계로 평일 저녁과 주말에 자리를 비우는 배우자가 평소에도 불성실하다면 어떻겠는가? 따로 투자할 시간이 필요하다면서 같이 있을 때는 허투루 시간을 낭비하며 함께 있는 시간에 충실하지 않다면? 처음엔 의욕적이더니 얼마 안 가 시들해지는 모습을 보인다면? 당신이 결혼을 했다면, 거기에 아이까지 있다면, 당신이 혼자 있을 수 있는 시간은 누군가가 만들어 준 시간이란 걸 잊어서는 안 된다. 매사에 책임감 있는 모습을 보이는 것이 가족과의 관계를 잘 닦아가기 위한 첫 번째 단계라는 걸 잊지 말자.

이렇게 말하는 나 역시 처음부터 잘했던 것은 아니다. 여태껏 이처럼 열과 성을 다해 살아본 적이 없었기에, 어설프고 실수도 많았다. 그 과정에서 서운함을 토로하는 배우자와 좋은 관계를 유지해 나가기는 쉬운 일이 아니었다. 아침 일찍 출근해 종일 힘들게 일하고 퇴근해서 현장까지 방문한 뒤 늦게서야 집에 들어왔는데 아내와 싸우기까지 하면, 몸에 남아 있던 마지막 힘까지 전부 빠져나가는 느낌이었다. 도대체 왜 서로를 이렇게나 이해하지 못하는 걸까 속상했다. 투자를 막 시작한 초반 얼마 동안은 주말에도 집에 있었던 적이 없었다. 더 이상 이러면 안 되겠다 싶던 어느 날, 임신 중인 아내와 식사를 하러 밖으로 나갔다. 싸울 때마다 서로의 잘못만 이야기하니, 그날만큼은 서로에게 정말 원하는 것이 무엇인지 이야기해 보고 싶어서였다. 그런데 아내가 꺼내놓는 이야기를 듣고 나는 놀랄 수밖에 없었다. 아내가 진짜 원하는 것은, 하루 중 잠시만이라도 그냥 자신과 함께 시간을 보내는 것이었다. 뱃속의 아이는 잘 크고 있는지, 몸은 괜찮은지 그런 이야기를 나누면서 말이다. 그렇다. 아내가 내게 원하는 것은 전혀 어려운 일이 아니었다.

투자를 막 시작한 이들이나 운 좋게 첫 투자로 성공을 맛본 사람들에겐 공통점이 있다. 마치 당장이라도 부자가 될 것 같은 '들뜬 마음'과 욕심에서 비롯된 '열정'이 가득하다는 것이다. 열정은 분명 좋은 것이지만, 때론 그 열정이 나의 관심사, 즉 투자를 제외한 나머지 것들을 머릿속에서 지우게 만든다. 깊이 생각해 보면, 결국 조급함이 원인이다. 만약 당신에게 그런 순간이 온다면 이를 기억하기 바란다. 어차피 투자는 평생 해나갈 일이다. 그리고 투자의 목적은 나와 가족이 돈 걱정에서 벗어나 경제적 자유를 누리기 위함이다. 그러니 투자에 성실하게 임하되, 하루 24시간 중에서 가족과 함께하는 시간을 완전히 지워버리지는 말자. 정 어렵다면 토요일까지는 투자 관련 일에 집중하고 일요일은 가족과 함께하는 식으로 계획을 짜보라.

그날 아내와 식사를 하고 차를 마시며, 우리는 시간표를 만들었다. 가족과 갈등을 빚고 있는 젊은 투자자들에게 추천하는 방식이다. 시간표를 만드는 일은 서로의 합의점을 찾아가는 과정이다. 시간표를 짜두고 그대로 따르기 위해 노력하는 모습만 보여도 상대의 불만을 상당히 줄일 수 있다. 정기적으로 이렇게 서로 머리를 맞대는 시간을 가지는 것만으로도 충분히 의미가 있다. 시간표를 짠 후로는 필요할 때마다 아내와 일정을 공유했다. 아내는 아빠가 아이를 매일 안아주었으면 좋겠고, 주말 중 하루는 가족과 함께했으면 좋겠으며, 평일 중 하루는 함께 저녁 식사를 했으면 좋겠다고 이야기했다. 모두 받아들일 순 없었지만 가급적 그에 맞춰 시간표를 수정했고, 이제는 평일 저녁 한 번 그리고 일요일은 온전히 가족과 함께 시간을 보내게 되었다.

물론, 항상 시간표에 따라 어김없이 일정을 소화하며 살 수는 없을 것이다. 하지만 시간표를 만들면서 우리는 충분히 대화하며 서로의 속마음을 들여다볼 수 있었다. 투자자로서 임장이나 계약, 인테리어 등 투자 관련 일들이 생기면, 일찍 집에 들어가기가 어려워진다. 하지만 그로 인해 시간표의 계획을 지키지 못하게 될 때도 예전처럼 아내와 다투지는 않는다. 오히려 힘들고 피곤할 상대를 더 이해하고 배려하게 되었다. 일정을 공유하면서, 서로가 원하는 것이 무엇인지 진심을 들여다볼 수 있었기 때문이다. 또한 나도 평소 계획한 시간표에 따라 생활하기 위해 아내에게 약속한 것이라면 어떻게든 지키려고 최선을 다했다. 내가 먼저 노력하는 모습을 보이자, 아내 역시 당장은 이해되지 않고 섭섭한 일에도 조금씩 마음을 열어주었다.

한 가지 아주 작은 팁을 주자면, 때에 따라 가사도우미 서비스를 이용하라는 것이다. 나는 일요일 하루만큼은 온 가족이 온전한 휴식을 취하고 서로에게 집중할 수 있도록, 월요일에 가사도우미 서비스를 종종 이용한다. 사실 주변 사람이 추천해 준 방법이었는데, 적시에 사용하면 가족과 함께할 수 있는 시간을 집안일에 빼앗기지 않을 수 있다. 4만~5만 원 정도의 비용이 들긴 하지만, 가사로 인한 스트레스로 갈등을 빚을 일도 없고 그 시간만큼 가족에게 집중할 수 있으니 여러모로 이득이라고 생각한다.

마음이 급하다고 무작정 자전거에 올라타서 페달부터 밟으려고 하지 말고, 우선 당신이 가려고 하는 길에 놓인 장애물부터 치워라. 성공적이고 무엇보다 꾸준한 투자를 하려면, 예상되는 갈등 상황을 반드시 해결해야 한다. 장애물이란 원래부터 못 할 사람에겐 핑곗거리가 되고, 반드시 해내고자 하는 사람에겐 에피소드가 된다. 자전거를 타고 싶다면, 자전거 타는 법을 배우는 것뿐 아니라 내가 달릴 길이 어떤 길인지를 확인하는 것도 중요하다는 걸 잊지 말자. 울퉁불퉁한 자갈길에 아스팔트를 깔아두는 것도 자전거 타는 법을 배우는 것만큼이나 중요한 일이니까.

6장 요약

- ✓ 자본주의 시스템과 돈, 부동산을 두고 옳고 그름을 따지지 말라. 그저 관찰하고 이해한 후 활용하면 그만이다.

- ✓ 조급함은 멀리하고 꾸준함을 가까이하라.

- ✓ 멀리 가기 위해서는 함께해야 한다. 그리고 함께 가려면 서로에게 도움이 되는 사람과 함께해야 한다.

- ✓ 먼저 주어야 돌려받는다.

- ✓ 모든 것을 원하는 대로 할 수도, 가질 수도 없다. 그러니 선택해서 집중하라.

- ✓ 오랜 시간을 함께하지 못한다고 해서 꼭 인간관계가 멀어지는 건 아니다. 절대 가족을 잊어선 안 된다.

memo.

_____

_____

_____

_____

_____

한 번뿐인 인생을
주도적으로 이끌고 싶다면

"김 과장, 오늘도 저녁에 일이 있는 거야?! 같이 술 한잔하기 진
짜 어렵네~."

투자를 시작하고 나는 줄곧 세상에 양보했던 내 시간을 되찾아
왔다. 그리고 난생처음 나를 위해 시간을 쓰기 시작했다. 그렇게
살아본 적이 없었기 때문이었을까? 처음엔 적지 않은 시행착오를
겪었다. 이론과 현실은 달랐다. 여러 책 속 수많은 스승이 해준 말
은 좀처럼 믿기지 않았고, 만나는 사람마다 하나같이 실천하기 어
려운 말만 늘어놓는 것 같았다. 너무 힘겨워진 나는 뭐 하나 녹록
지 않은 상황을 구실삼아 그만둘까도 생각했다. 투자를 하겠다고

선언했으니 뭐라도 해야 한다는 생각에 부여잡고는 있으면서도, '이러다 잘못되면 어떻게 하지?'란 불안감이 매일같이 내 머리와 가슴을 파고들었다.

어느 것 하나 명확한 게 없었다. 투자를 위해 반드시 있어야 할 시간과 돈이 부족했다. 그나마 다행인 것은 그저 '이대로는 답이 없다'라고 생각했던 일종의 절박함과 '나도 잘하고 싶다'라는 열정이 내게 있었다는 것이다. 그것이 내겐 마치 다음 주유소까지 갈 수 있는 비상 급유 같았다. 이를 발판삼아 다음 단계에 도달할 때까지 한 발 한 발, 쉬지 않고 걸었다. '이렇게 가다 보면 언젠가는 도착하겠지'라고 생각하면서. 그 길에서 초점을 맞춘 것은 단 하나, 지금보다 나아지고 싶다는 마음뿐이었다. 이 책 한 권을 겨우 써낸 지금도 마찬가지다.

나는 아직 '경제적 자유'를 이뤄낸 사람이 아니다. 그 길을 향해 달려가고 있지만, 그곳에 닿았다고 말할 수는 없다. 처음의 목표를 떠올려보면, 이제 겨우 절반 정도 온 것 같다. 그래서 처음 출간 제의를 받았을 때 망설였다. 다만 투자자로 살아온 시간을 되돌아보니, 내가 처음부터 투자 고수여서 다른 사람들을 도울 수 있었던 건 아니라는 걸 깨닫게 되었다. 그리고 곧 내가 신입사원으로 입사했을 때 내게 많은 것을 가르쳐주었던 2년 선배 박 주임처럼, 투자 경력이 길지 않아도 이제 막 투자 시장에 들어오는 사람들에게 해줄 수 있는 이야기가 있을 거란 생각이 들었다.

나는 그들에게 필요할 것 같은 실전 지식과 투자 매뉴얼 그리고 마음가짐에 대해 써나갔다. 다소 어렵게 느껴졌을지 모르겠지만, 부동산 투자자로 첫발을 내딛는 직장인들에게 필요한 내용은 충분히 담았다고 자부한다. 이 책은 당신을 위한 것인 동시에, 나를 위한 것이기도 하다. 지금까지 내가 걸어온 길을 돌아볼 수 있는 소중한 기회였기 때문이다. 그 과정에서 오늘의 내가 어제의 나에게 많은 것을 배울 수 있었다. 자연스럽게 투자를 시작하던 때 가졌던 마음과 감정이 떠올랐다.

> 열심히 살고 있는데도
> 전혀 나아지는 게 없는 것 같은 허무함과 불안함.
> 가진 것 하나 없는 내게
> 자신의 인생을 걸고 함께해주는 아내에 대한 애틋함.
> 태어나보니 내가 아빠인 딸에게
> 조금이라도 더 넓은 세상을 보여주고 싶은 마음.
> 자식들 뒷바라지하느라
> 당신들 노후는 제대로 챙기지 못한 부모님에 대한 죄송함.

투자를 시작하고 힘들 때마다 나를 강하게 지탱해 준 것은, 어쩌면 당신의 가슴 속에도 자리 잡고 있을지 모를 이런 마음들이었다. 그리고 시간이 흘러 책을 쓰면서 그때의 마음들이 나의 가슴을 다시 뜨겁게 달궜다. 초보 저자로서 '어떤 이야기를 해야 하나?', '내가 쓴 책이 사람들에게 도움이 될까?'라는 생각도 하지 않을 수 없었다. 출간 계약을 하고서도 목차를 잡는 것부터 쉽지 않았다. 어떤 부분은 너무 시시콜콜한 이야기일 것 같고, 또 어떤 부분은 너무 어렵지 않을까 걱정됐다. 그래도 부동산을 공부하고 투자해 온 것처럼, 무식하게 시간을 쏟아부었다. 하다 보면 길이 생기는 법이니 말이다.

투자의 이유를 제시하고, 방향을 잡아주고, 그것이 무엇인지, 어떤 마음으로 어떻게 해야 하는지를 알려주고 싶었다. 일종의 참고서 같은 역할을 하는 책, 시간이 지나 당신이 투자자로 성장하고 나서 또 다른 초보자에게 추천해 주고 싶은 책을 쓰고 싶었다. 경험 많은 고수 투자자에겐 별것 아닌 내용일 수 있겠지만, 적어도 3년 전의 나 같은 사람들에게 내비게이션 역할을 할 수 있는 책이 되었으면 한다. 그렇게 최선을 다했고 이제 결과가 나왔다. 부디 이 책이 누군가에게 동기를 부여하고 실질적인 도움이 되었으면 좋겠다. 단 한 명에게라도.

| 투자로 얻은 소중한 가치

어느덧 13년 차가 된 직장인. 강산이 적어도 한 번은 바뀔 만큼의 시간을 보내고 나니, 한 가지 생각이 든다. 환희와 좌절, 기쁨과 슬픔 등 회사 내에서 다양한 감정을 느끼고 경험을 하게 되지만, 결국 시간이 지날수록 직장인의 삶은 초조해진다는 것이다. 그것이 비단 경제적인 문제 때문만은 아닐 것이다. 회사와 조직에서의 삶은 내가 주도하는 삶이 되기엔 어려운 구조이기 때문이다. 나의 뜻보다는 타인의 의도에 따라 하루 절반의 시간을 보내는 것이 이 시대 직장인들의 현실이다. 물론 그것이 잘못됐다고만 할 수 없다. 그렇게 회사생활을 한 덕분에 생계를 꾸리고 그것을 바탕으로 사랑하는 가족들과 추억을 쌓아나갈 수 있으니 말이다.

그러한 삶도 나름의 의미가 있다고 생각하지만, 나는 조금 더 욕심을 내고 싶었다. 아침에 눈을 떠서 밤에 눈을 감을 때까지 시간 대부분을 원치 않는 일에만 쏟으며 살아가는 삶에서 한 발 앞으로 나가고 싶었다. 오전과 오후에 회사일을 한다면, 적어도 저녁에는 내가 원하는 일을 하는 삶. 그리고 그 일이 언젠가 내가 은퇴하게 되어도 사랑하는 가족들을 지켜줄 튼튼한 울타리를 만들어 줄 수 있다면, 그보다 더 가치 있는 일은 없을 것 같았다.

책의 에필로그를 적는 지금, 나는 참 운이 좋았다는 생각이 든다. 좋은 시기에 투자를 시작할 수 있었다. 5년의 침체기가 끝나고 맞이한 수도권 대세 상승장이라는 천운이 따라준 것이다. 물론 노력했다. 누구 못지않게 치열하게 살았고, 살고 있다. 그러나 지금 내가 얻은 결과가 모두 내가 잘해서라고 생각할 만큼 어리석진 않다. 내 곁에는 끝없이 노력하는 인생과 따뜻한 마음의 참된 의미를 알려준 멘토 너바나 님과 까마득한 후배에게 하나라도 더 알려주려고 애써준 존경하는 선배 투자자 쏘쿨 님, 조금이라도 힘들어 보이면 걱정과 응원, 도움을 아끼지 않는 수많은 동료가 있었다. 건

강한 몸이 있었고, 항상 무언가에 쫓기듯 숨이 넘어가는 부족한 나에게 따뜻한 미소와 도움을 건네는 회사 동료들이 있었다. 여기저기서 들려오는 불안한 뉴스에도 내색 없이 나를 믿어주는 양가 부모님과 형제가 있었다. 그리고 나보다 더 힘겨운 시간을 이 악물고 감내해 준 사랑하는 아내 희진과 가끔 보는 아빠에게도 마음이 저릴 정도로 환한 웃음을 보여주는 딸 꾸미가 있었다. 이 자리를 빌려, 나를 아는 모든 사람에게 진심으로 감사의 인사를 전한다.

투자를 하지 않고 그저 회사와 집을 왕복하며 시간을 보냈다면, 언감생심 꿈도 못 꿀만큼의 돈을 벌었다. 돈이 전부라고 할 수는 없지만, 이전보다 확실히 여유가 생겼다. 무언가를 접하고 받아들이며 생각하는 모든 과정에서 조급함이 줄었다. 경제적 여유가 그런 힘을 가지고 있음을 부인할 수 없다. 내 능력과 노력에 비해 과분한 것이기에 감사하다. 그런데 돌아보니, 내가 투자를 통해 얻은 게 그것만은 아니다.

무엇보다 내가 좋아하는 일을 찾았다는 것에 가장 큰 기쁨을 느낀다. 이러한 경험들이 하나의 스토리가 되어 시작할 때의 나와 비슷한 사람들에게 긍정적인 영향을 미치고 있다. 온라인과 오프라인에서 나의 이야기와 투자 경험을 듣고 용기를 얻었다는 사람들의 메일과 쪽지를 받을 때면, 내가 돈 이상의 가치를 가지는 어딘가로 향하고 있다는 생각이 들어 이루 말할 수 없이 뿌듯하다.

3년이라는 짧고도 긴 시간 동안, 그저 느끼고 깨닫기만 한 건 아니다. 알아야 하는데 잘 몰랐던 것, 필요한데 잘하지 못했던 것에 집중했다. 돈을 벌고자 시작한 투자였지만, 어느 순간부터는 투자에 대한 갈망을 갖게 되었다. 투자를 잘하고 싶었고 여전히 그렇다. 그렇게 투자는 내게 꿈이 되었다. 단순히 돈을 벌고자 시작한 일이 전혀 생각해 보지도, 궁금해하지도 않았던 꿈의 의미 또한 내게 깨우쳐준 것이다.

이제는 행복과 즐거움, 돈이 하나의 선상에 놓였다. 내가 좋아하는 투자를 잘하기 위해 하는 노력이 주변을 도울 수 있게 만든다. 주변을 도우려 노력하는 과정에서 성장의 즐거움을 느낀다. 성장의 즐거움 끝에 돈이 나를 찾아온다. 투자를 하면서 내가 얻은 선순환이다.

| 이제부터는 당신의 몫이다

요즘 사람들은 마땅히 좋아하는 것이 없으며 그래서 열정을 쏟을 대상이 없다고 말한다. 분명한 건, 진짜 자신이 좋아하는 일이 무엇인지 찾아 호기롭게 시작할 수 있는 사람은 정말 소수에 불과하다는 사실이다. '난 좋아하는 게 없어'라고 말하는 이들은, 필요한 것을 잘하기 위해 열심히 노력하는 과정에서 자신도 모르게 그것을 좋아하게 된 경험을 해보지 못했을 가능성이 크다. 나는 그래서 당신에게 말하고 싶다. 좋아하는 것을 찾기 이전에, 필요한 것을 좋아하는 일로 바꿀 수 있을 만큼 매진해 보라고 말이다. 그것이 꼭 부동산 투자가 아니어도 된다. 사업이어도 좋고, 주식 투자여도 괜찮다.

이제 책을 읽은 당신에게 공이 넘어갔다. 앞에서 언급했듯 나는 당신이 '아는 것'에 그치지 말고 '행동하기'를 진심으로 바란다. 긴 호흡으로, 차근차근, 하나하나 시작하자. 그 과정에 이 책이 당신에게 조금이라도 도움이 된다면, 노트북 앞에 쏟은 작년 여름부터 지금까지의 시간이 더욱 의미 있어질 것이다.

당신과 당신의 가족에게 행운이 깃들기를 빈다.

2019년 4월
회사 근처 카페에서,
너나위

《월급쟁이 부자로 은퇴하라》가 출간된 후 3년이란 시간이 흘렀다. 그사이 많은 독자를 만났다. 하루하루 열심히 달렸지만 골인 지점이 보이지 않아 막막했던, 이제 막 투자가 필요하다는 걸 깨달았지만 너무 늦은 건 아닐까 조급했던, 그 마음들을 나도 같은 처지에 있어 봤기에 충분히 이해할 수 있었다. 그래서 10만 부 돌파 기념으로 새롭게 출시되는 증보판에는 실제로 만났던 독자들이 내게 가장 많이 던졌던 질문에 대해 답변하고 현시점 부동산 투자를 막 시작하려는 이들에게 도움이 될 만한 이야기를 담았다.

특별 추가문

NEW

기획는 오늘도
새롭게 탄생한다

독자 FAQ에 대한
답변

2019년과 비교하면 엄청난 부동산 가격 상승이 있었다. 아직도 기회가 있을까?

본 책이 출간되었던 2019년 5월 서울의 평균 평당(3.3㎡) 매매가는 2,740만 원이었다. 그러나 2022년 4월 현재 서울의 평균 평당 매매가는 4,419만 원이다. 단순 계산으로도 60% 이상 상승했다.

상황이 이렇다 보니 내 책을 이제 접한 이들은 '집값이 엄청나게 쌌던 옛날이야기네', '이젠 가격이 다 올라버려서 더 이상 투자는 불가능할 거야' 하며 시작할 엄두조차 못 내는 것 같다. 그러나 결론부터 말하자면, 전혀 그렇지 않다.

그들이 그렇게 인식하고 판단했다면, 투자자로서의 경험을 쌓지 못했기 때문이다. 부동산 투자에서 경험을 쌓지 못했다는 말은 이 책에서 누누이 이야기한 '아는 지역이 적다'라는 것을 의미한다. 투자 가능 여부를 판단할 수 있는 수준으로 입지나 가격을 알고 있는 지역의 수가 적다면, 또 그 아는 지역의 부동산 가격이 모두 오르고 있다면 투자의 범위는 당연히 제한적일 수밖에 없다. 반면 아는 지역이 많다면 지금 어디에서 새로운 기회가 탄생하고 있는지 알 수 있다.

보다 구체적으로 설명하겠다. 다음 장의 그래프들은 서울을 포함한 전국 주요 도시들의 부동산 매매가격 변경 이력을 기간 단위를 달리하여 표현한 지수 그래프다. 현재 매매지수가 100이고 과거 어느 지점의 매매지수가 50이라면, 그사이 매매가격이 2배 올랐다고 보면 된다. [그림 1]은 1986년부터 2022년까지 36년간의 부동산 매매가격 움직임이다. 전 기간으로 볼 때 우상향했다는 것과 중간에 하락 조정 혹은 안정기가 있었다는 것이 보일 것이다. 그런데 자세히 보면, 2006년을 전후로 이전에 모든 도시가 같은 방향으로 움직이고, 이후엔 모든 도시가 제각기 다른 방향으로 움직이기 시작한 것을 확인할 수 있다. 이를 디커플링^{decoupling} 현상, 즉 비동조화 현상이라고 부른다. 이는 [그림 2]에서 쉽게 확인할 수 있다.

이것이 무엇을 의미할까? 바로 부동산 가격이 전국의 어딘가는 내리는데, 어딘가는 오르는 일이 같은 시기에 일어나기 시작했다

NEW

주요 도시 아파트 매매가격 지수

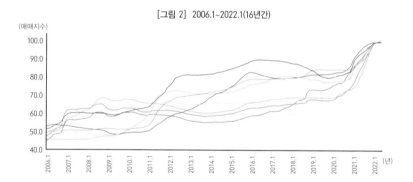

는 뜻이다. 더 직설적으로 표현하면, 어딘가에 투자한 사람은 돈을
잃고, 또 다른 어딘가에 투자한 사람은 돈을 버는 일이 생겨났다는
것이다.

　만약 누군가가 2006년에 인천 부동산에 투자했다면 돈을 벌었
겠지만, 대전에 투자했다면 돈을 잃거나 꿈쩍도 하지 않는 시세에

월급쟁이 부자로 은퇴하라

주요 도시 아파트 매매가격 지수

[그림 3] 2019.1~2022.4(3년간)

[그림 4] 2021.1~2022.4(1년간)

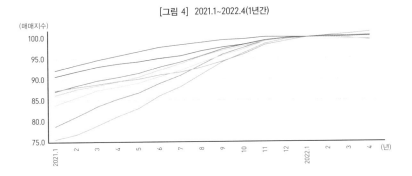

수년간 좌절했을 것이다. 누군가가 2009년에 부산 부동산에 투자했다면 돈을 벌었겠지만, 서울에 투자했다면 돈을 잃었을 수 있다.

조금 더 깊이 생각해 보자. 이는 시장을 보는 안목과 저평가된 지역과 물건을 구분하는 능력을 갖추었다면, 지난 15년간 지역을 바꿔가며 끊임없이 투자해서 수익을 낼 수 있었다는 말이다.

NEW

물론 비교적 부동산에 관심을 가진 지 오래되지 않은 이들은 최근 2~3년의 기억이 전부일 것이다. [그림 3]에서 확인할 수 있듯이, 놀랍게도 최근 2~3년간은 거의 모든 주요 도시의 부동산 매매 가격이 상승했다. 그러니 이제 막 시장에 관심을 가졌다면, '모든 곳이 올랐고 이제 투자할 기회는 사라졌어'라고 생각할 수 있다.

그러나 우리가 주목해야 할 그래프는 [그림 4]이다. 최근 1년간 도시에 따라 가격 움직임이 달라지고 있다. 그리고 2022년 4월 현재, 전국적으로 볼 때 많은 지역은 아니지만, 조정받거나 심지어 폭락에 가까운 하락과 거래 실종 양상을 보이는 도시들이 생겨나고 있다. 최근 2~3년과 같이 전국 모든 시장의 부동산 가격이 오르고 있는 건 아니라는 말이다.

'어떤 자산도 그 가격이 영원히 오르기만 하지는 않는다'라는 말이 있다. 이것이 무엇을 의미하는가? 가격이 내리고 있다는 것은 미래의 기회가 서서히 영글어가고 있다는 것이며, 그래서 지금 이 시각, 가격이 떨어지고 있고 그래서 언젠가 절호의 매수 시기에 가까워지는 지역들이 하나둘 생겨나고 있다는 말이다.

단언컨대, 앞으로 지금까지와는 또 다른 지역에서 시기를 달리하며 당신과 나, 우리 모두에게 기회라는 공을 던져댈 것이다. 이 것이 바로, 당신이 지금부터라도 공부하면서 그런 지역과 기회들을 잡아야 하는 이유다. 기회는 아직도 남아있을 뿐만 아니라, 곧 새로운 투자의 기회가 여러분 앞에 도래할 것이다.

세금이나 규제가 이전과는 비교할 수 없을 만큼 강화됐다. 이런 상황에서도 투자가 가능한가?

지난 5년은 '부동산 규제의 시대'라고 해도 과언이 아닐 정도로, 부동산 시장의 과열을 막기 위한 정부의 각종 규제책이 쏟아져 나왔다. 그중 실거주를 위한 내 집 마련이 아닌, 투자를 통해 규모를 늘려가는 부동산 투자는 억제 대상 1순위였다. 따라서 다주택을 취득하거나 보유할 때, 또 양도할 때 전방위적인 규제가 적용되었다.

취득세는 기존의 1%에서 8%, 12%까지 무려 최대 12배 늘어났다. 보유와 양도 또한 쉽지 않았다. 부동산 보유 시 종합부동산세도 다주택자들에겐 별도의 세율로 무겁게 매겨졌고, 양도 차익의 크기에 따라 다르긴 하지만 양도세도 최고 80%를 훌쩍 넘는 압도적 세율이 적용되었다. 법인을 활용한 부동산 투자 역시 규제의 대상이었다. 그뿐이 아니었다. 다주택을 보유하며 임대로 운영하는 이들 중 일부가 참여했던 주택임대사업자 제도 역시 폐지되었다. 다주택자가 되는 것(취득세 중과), 유지하는 것(보유세 중과), 수익을 내는 것(양도세 중과)처럼 단순히 부동산을 사고파는 것이 아닌 국가의 임대주택 공급 파트너로서 자영업을 하는 것(주택임대사업자 등록 및 운영)에도 규제가 가해졌다.

무엇보다 이런 규제 정책들은 언론을 통해 사람들에게 전달되었다. 그렇다 보니, 지금 이 책을 읽고 있는 이들 또한 다주택자로 시장에서 살아남을 방법은 없는 것처럼 여기게 되었다. 그러나 최근 들어 상황이 바뀌었다! 대선 그리고 새로운 정부의 부동산 시장에 대한 관점 변화 때문이다.

다주택자를 시장을 교란하는 대상으로 보던 시각에서 임대주택을 공급하는 부동산 생태계의 구성원으로 보는 시각이 다시 등장해서다. 여기엔 개인의 정치적·사회적 성향에 따라 갑론을박이 있을 수 있다. 다만 이런 관점은 이 책에서 다루고자 하는 '재테크나 투자' 범위에서 벗어나는 것이기에 나는 현재의 사실만을 두고 이야기하고자 한다.

뒤에 나올 '윤석열 정부의 부동산 공약'에서 자세히 언급하겠지만, 간단히 말해 새로운 정부는 내가 이 책 본문에서 언급한 다주택자로서 물건을 장기 보유하여 수익을 극대화하는 방식에 장애가 되는 것들을 대부분 해소하겠다는 공약을 내세웠다. 다주택자가 예뻐서 잘 대해주겠다는 것이 아니다. 단지 그들이 시장 내에서 담당하는 순기능인 '임대주택 공급자로서의 역할'을 인정하기 때문이다. 실제 대한민국의 전체 임대주택 중 공공임대주택이 차지하는 비율은 10% 미만이다. 시장에 존재하는 임대주택 10채 중 1채 정도만 국가에서 제공하고 있다는 말이다. 당연히 나머지 90%는 민간 임대사업자가 제공한다. 상황이 이런데도 임대사업자에 대한 강력한 규제로 인해 민간 임대사업자가 시장에서 줄어들고 있다. 새로운 정부는 이러한 현상이 임대시장의 불안 요소를 높인다고 생각하는 것이다.

이 같은 시각은 다주택자에게 적용되고 있는 현재의 규제 사항들(취득세, 종부세, 양도세 중과, 등록임대사업자 제도 폐지)을 없애거나 완화하겠다는 공약에 녹아들게 되었다. 쉽게 말해, 이전보다 부동산 규제가 완화될 상황에 놓였다는 것이다. 최근 1~2년까지는 내가 이 책에 언급한 투자 방식을 그대로 적용하는 과정에 큰 비용과 불편이 따랐지만, 새 정부에서는 이런 부분이 차차 완화될 것으로 보인다. 따라서 이런 변화에 기민하게 반응한 사람은 또다시 새로운 기회를 잡을 것이며 반대로, 공부나 검토 없이 변화에 무감각하다면 새로운 기회 역시 놓치고 말 것이다. 당신이 부동산에 투자하기로 결정했다면, 다음 장에서 다룰 새 정부의 부동산 정책 중 반드시 기억해야 할 것이 있다.

NEW

윤석열 정부의
부동산 공약

지난 2022년 3월 10일, 제22대 대한민국 대통령 선거가 있었다. 모두 알다시피 윤석열 후보자가 당선됐다. 윤석열 당선인은 문재인 대통령과 다른 정당의 소속이며, 그렇기에 부동산 공약의 대부분이 문재인 정부의 정책 기조와 다른 방향성을 가진다. 많은 사람이 혼란스러워하는 것도 이 때문이다. 따라서 새 정부의 부동산 공약과 이에 따른 행동 요령을 정리할 필요가 있다고 생각했다. 아무쪼록 독자들이 각자 상황에 맞게 이 내용을 활용하길 바란다.

윤석열 정부의 부동산 공약은 크게 2개의 카테고리로 나뉜다. 하나는 공급, 하나는 제도이다.

월급쟁이 부자로 은퇴하라

공급	5년간 250만 호 민간 주도 공급	신규택지 142만(수도권 74만+지방 68만) 정비사업 47만(수도권 30.5만+지방 16.5만) 나머지 61만(수도권 45.5만+지방 15.5만, 청년원가주택 등)
	정비사업 규제 완화(재건축, 재개발)	준공 30년 초과 시 안전진단 면제/용적률 인센티브 안전진단 기준 변경 - 구조안정성↓ 주거환경↑ 재건축초과이익환수제 완화, 추가분담금 납부 이연 1기 신도시 정비사업 촉진 특별법 제정
제도	세 부담 완화	취득 - 생애 최초 취득세 감면, 기타 재검토 보유 - 공시가격 완화, 종부세 재검토 양도 - 양도세 중과 유예
	내 집 마련 지원	청약제도 개편 - 가점제↓ 추첨제↑ 대출규제 완화 - 지역무관 70%, 생애 최초 80%
	임대시장 안정화	임대차3법 재검토 - 2+2, 5% 상한, 신고 등록임대사업자 부활 검토

공급은 250만 호 민간 주도 공급, 정비사업 규제 완화를 통한 재개발, 재건축 활성화라는 2개의 축으로 나뉘며, 제도는 부동산 관련 세제 정비를 통한 과도한 세 부담 완화, 대출 규제 완화와 청약 제도 개편(추첨제 확대)을 통한 내 집 마련 지원, 임대차3법 재검토와 등록임대사업자 부활을 통한 임대시장 안정이라는 3개의 축으로 나뉜다. 총 2개의 메인 테마와 5개의 정책 목표가 있는 셈이다.

나는 정책 전문가가 아니라, 실전 투자자이다. 따라서 이 정책들이 시장에 어떤 영향을 주고, 그래서 앞으로 어떻게 될 것이다와 같은 예측보다는 더욱 중요한 '부동산 투자자 개인'으로서 무엇을

NEW

어떻게 바라보고 접근해야 할지를 말하고자 한다.

표로 정리된 공약 사항이 국토부 등의 행정기관과 대통령, 국회로 나누어서 표시된 것을 볼 수 있다. 이 중 대통령이나 행정기관 소속의 공약은 국회에서 처리되어야 하는 공약에 비해 빠른 시일 내에 실행될 확률이 높다. 대통령이나 행정기관으로 표시된 항목의 경우, 대통령 권한을 통해 직접 시행하거나 임명권을 행사하여 해당 행정기관의 장을 정부의 방향과 맞는 인물로 정한 후 공약사항을 실행하는 것이 가능하기 때문이다. 그러나 국회로 표시된 공약은 이야기가 좀 다르다. 이 공약 사항은 국회에서의 법 개정 절차가 필요한데, 국회 내 기존 여당인 더불어민주당의 의석수가 윤석열 당선인의 소속 정당인 국민의힘보다 많다. 현재 관련법들은 지난 정부에서 직접 만든 것이기에 더불어민주당이 이를 없애거나 수정하는 것에 쉽게 동의하기 어려울 것이다.

이러한 상황을 충분히 이해했는가? 자, 그렇다면 이 같은 상황에서 공약의 이행 순서를 유추해 보자.

- **상대적으로 빠른 시일 내에 실현 가능한 것들** : 대출규제 완화, 청약제도 개편, 양도세 중과 유예, 공시가격 정상화, 정밀안전진단 면제, 용적률 인센티브 부여 등
- **상대적으로 오랜 시간이 소요될 수 있는 것들** : 재건축초과이익환수제 완화, 1기 신도시 정비사업 촉진 특별법 제정, 세제 관련 사항(취득세 완화, 종부세 재검토 등), 임대차3법 재검토, 등록임대사업자 부활 등

부동산 투자자가 알아두어야 할 것들

윤석열 당선인이 내놓은 공약 중에서도, 부동산 투자자라면 특히 유념하고 면밀하게 검토할 것들이 있다. 대출규제 완화와 양도세 중과 유예, 세제 관련 사항(취득세 완화, 종부세 재검토 등), 임대차 3법 재검토, 등록임대사업자 부활 등의 후속 조치 등이다.

그럼, 먼저 대출규제를 살펴보자. 현시점, 투자자는 비규제 지역이 아닌 곳에서는 담보대출을 받기 어렵다. 그러나 다주택자에 대한 규제지역 LTV가 완화될 경우, 부동산을 임대로 운영하는 과정에서 문제(새로운 임차인이 구해지지 않은 상황에서 기존 임차인이 퇴거하여 돌려줄 전세금을 마련해야 하는 경우 등)가 발생할 때, 이전에 비해 유동성 확보가 한결 수월해질 수 있다. 투자자, 즉 다주택자에 대한 대출규제가 완화될 경우, 급하게 현금이 필요한 시기에 대비할 수 있는 여력이 생긴다는 말이다. 투자자들의 자금 운용이 수월해지고 안정성이 생기면서 투자에 좋은 환경이 조성되는 것이다.

양도세 중과 유예는 어떤가. 이는 기존에 부동산 투자로 2주택이상을 보유 중인 투자자가 부동산을 매도할 시 중과가 아닌 일반과세율 기준으로 세금을 내게 된다는 말이다. 또한 향후 시장 상황에 따라 만약 양도세 중과 법안이 폐지되거나 개편된다면, 새롭게 시장에 진입하려는 투자자에게도 매도를 통한 부동산 운용에 훨씬 유리하므로 예의주시할 필요가 있겠다. 투자자의 세후 수익률 관점에서 매우 유리해지기 때문이다.

NEW

다음은 세제 관련 사항이다. 현시점 취득세의 경우 규제 지역은 3주택, 비규제 지역은 4주택부터 12.4%를 적용받고 있는데, 이 또한 지금보다 낮아질 수 있다. 실제로 투자하다 보면 부동산의 매매가와 전세가의 차이보다 오히려 취득세가 더 큰 비용을 차지해 투자에 부담이 되는 경우가 많았다. 따라서 취득세가 완화될 경우 투자를 꾸준히 지속하기에 훨씬 수월해질 것이다. 다만, 취득세의 경우 국회의 논의를 거쳐야 하는 사항이기에 시행되기까지 다소 시간이 걸릴 수 있다는 걸 알아두자. 한편, 종부세의 경우 다주택자에 대한 중과가 큰 장애물이었는데, 이 부분 또한 개편이 기대된다. 새 정부에서 추진하고자 하는 방향은 기존 '다주택자에 대한 종부세 중과' 같은 구조가 아닌, '보유 중인 주택의 공시가격 규모에 따른 부과'이다. 이는 공시가격 20억 원짜리 집 1채를 가지고 있는 사람보다 공시가격 2억짜리 집 2채를 가지고 있는 사람에게 종부세가 중과되는 것이 합리적이지 않다고 보는 시각에서 출발했다. 따라서 새 정부의 개편 방향대로 시행될 경우, 소액으로 투자하는 이들에게 보유의 부담이 줄어들 뿐만 아니라, 새로 진입하는 이들에게도 투자하기에 좋은 환경이 조성된다고 볼 수 있다. 이 역시 취득세처럼 국회의 논의를 거쳐야 하는 사안이므로 시간이 다소 소요될 수 있다는 것만 기억하자.

임대차3법에 대한 재검토도 주목해야 한다. 임대차3법은 다음 세 가지를 의미한다. 2+2로 지칭되는 계약갱신청구권, 계약갱신청구권을 행사하는 임차인에게는 이전 임대료 대비 5%만 증액이 가능하게 한 전월세 5% 상한제 그리고 전월세 신고제다. 하지만 윤석열 정부의 경우 이 임대차3법이 기존 시장을 교란하여 큰 부작용을 불러일으켰다는 입장을 견지하고 있고, 그에 따라 재검토를 공약에 추가했다. 만약, 임대차3법이 재검토되어 폐지되는 등 원상 복귀한다면 이전에 비해 전월세 상승폭이 축소될 수 있다. 전세 물량의 회전속도가 빨라지기 때문이다. 다만 투자자 입장에서는 전세 상승분이 투자 여력이 되므로 이전에 비해 전세가격 상승기에 현금 흐름이 개선될 여지가 있다.

그럼에도 불구하고, 집행된 지 2년이 지난 법을 완전히 없애는 것은 쉬운 일이 아니다. 발생할 수 있는 여러 가지 부작용을 모두 검토해야 하기 때문이다. 사실 임대차3법으로 인해 혜택을 보고 있다고 생각하는 사람들도 상당히 많아졌다. 아울러 이 역시 국회에서 처리되어야 하는 사안이라서, 실제로 이행된다고 하더라도 상당한 시일이 소요될 가능성이 크다. 따라서 현실적으로 보자면, 이는 향후 변경이 없으리라 보고 투자에 임하는 것이 낫겠다. 무엇보다 임대료 5% 증액 제한이 있다고 해도 현금 흐름이 뒤로 이연될 뿐 종부세 완화를 통한 보유 부담이 줄어든다면 수익을 내는 것에는 큰 장애물이 되지 않는다는 것을 기억할 필요가 있다.

마지막으로, 등록임대사업자 부활 여부도 예의주시해야 할 대목이다. 현재 아파트를 대상으로 하는 등록임대사업자는 완전히 폐지된 상태다. 즉, 추가적인 임대주택 등록이 아파트를 제외한 주택 유형에서만 이뤄지고 있다는 것이다. 그러나 사람들이 가장 선호

NEW

하는 주택 유형은 아파트이다. 아이러니하게도, 주택임대사업자제도 폐지로 인해 임차인들 역시 그들이 가장 선호하는 아파트에서는 등록임대주택의 혜택(등록임대 전 기간 임대료 5% 상한제)을 누리는 게 불가능해졌다. 이는 현시점 주택 공급이 충분하지 않은 상태에서 아파트 임대시장을 더욱 불안하게 만들고 있다. 임대료를 5%만 증액할 수 있게 한 양질의 민간임대주택(아파트)이 더는 공급되지 않게 되어서다. 이 같은 문제를 해결하기 위해 새 정부는 전용면적 $60m^2$ 이하의 아파트에 대해서는 등록임대사업자 제도를 부활시키겠다는 공약을 내세웠다. 투자자들에겐 좋은 소식이다. 책의 본문에서 밝혔듯, 부동산을 등록임대주택으로 운용하는 것의 장점은 '시세에 준하는 임대료 증액'과 '자유로운 매도'를 포기하는 대가로 '양도세와 종부세 혜택'을 받는 것이다. 물론 어떤 것이 더 유리할지 판단하는 것은 투자자 개인의 몫이지만, 나는 장기 보유할 만큼 가치가 있는 물건이라면 등록임대주택으로 운영하는 것을 권해 왔다. 여러 장점에도 불구하고 부동산을 장기 보유하기 어려운 건 보유 기간 발생하는 비용 때문인데, 그 비용을 등록임대사업자 제도를 통해 상당히 축소할 수 있어서다. 이러한 상황에서 이 제도가 없어졌으니 독자들도 답답했을 텐데, 부활한다면 책에 적었던 가치 있는 물건에 대한 장기 투자가 가능해질 것이다.

너나위의
투자 사례 업데이트

　이제 출간 당시 본 책 3장에서 공개한 나의 투자 물건 4개에 대한 현재 상황을 알리고자 한다. 책이 출간되던 2019년 5월 이후의 주요 변화와 그 과정에서 내가 무엇을 느꼈는지 간략히 정리하겠다. 이 내용이 독자들의 투자에 도움이 되기를 바란다.

　참고로, 나는 책에 담았던 4개의 물건을 2022년 4월 현재까지 여전히 보유 중이다. 책에서 언급했던 나의 전략, 즉 저평가된 시기에 가치 있는 물건을 사서 장기 보유하는 전략을 고수하고 있다는 말이다. 특별한 일이 없는 한, 앞으로도 이 같은 투자 방향을 유지할 생각이다.

NEW

의왕시 25평 아파트

3장에서 소개한 의왕시 25평 아파트의 시세 변화는 표와 같다.

(최근 매매가는 kb시세 기준, 단위: 만 원)

매입 시점 (2016년)	매매가	전세가	매매가−전세가	투자금
	43,200	42,000	1,200	2,060
출간 시점 (2019년)	매매가	전세가	시세차익	수익률
	57,000	45,000	13,800	∞(무한대)
현재 시점 (2022년)	매매가	전세가	시세차익	수익률
	91,500	45,150	48,300	∞(무한대)

최근 수도권 부동산에 관심을 가졌다면 한 번쯤 들어봤을 경기도 안양 인덕원 인근의 준공 11년 차 준신축 아파트이다. 매입 시점엔 준공 5년 차 신축 아파트였는데, 어느덧 시간이 흘러 입주 10년을 넘어섰다. 인덕원은 GTX-C 노선이 지나가게 되면서 유명해졌다. 이런 이슈에 불이 붙은 것은 2021년이었다. 즉 내가 이 아파트를 매입했던 2016년이나 책이 출간되던 2019년엔 이런 호재가 전혀 없었던 셈이다. 보유 기간 중 이런 호재가 발표되면서 시세 상승의 불을 댕겼다.

이 물건에 투자한 사례를 본문에서 소개할 때, 나는 '호재가 먼저가 아니라 저평가가 먼저다'라고 이야기했다. 호재를 보고 투자할 것이 아니라, '쌀 때 사서 기다린다'라는 기본 원칙을 지키면서 그사이 발생하는 호재를 선물처럼 생각하라는 의미였다. 나 역시 이 아파트에 투자하고 보유하는 과정에서 호재가 선물이 되는 경험을 하게 되었다.

그럼 현재 상황은 어떨까? 이 단지의 아파트 거래 신고가가 9억 4,000만 원인 점을 고려하면, 현시점 시세는 신고가 대비 다소 내려온 상태다. 확신할 수는 없지만, 신고가에 이 아파트를 매수한 사람은 호재를 염두에 두었을 가능성이 크다. 아파트 가격이 급등하는 상황에서 쫓기듯 매수했을 것이다. 만약 정말 그랬다면 지금은 편치 않은 마음으로 시장을 지켜보고 있을 것이다. 이것이 바로, 부동산 본연의 가치와 가격의 적정성을 판단하지 않은 상태에서 호재에만 집중해 투자하는 것을 자제해야 하는 이유다.

분당 21평 아파트

경기도 성남시 분당 21평 아파트도 다음 장의 표와 같이 시세 변화가 있었다.

이 물건은 최근 새 정부의 '1기 신도시 정비사업 촉진 특별법 제정' 공약으로 다시 한번 사람들의 관심을 받게 된 1기 신도시 중에서도 가장 입지가 우수한 분당에 있다. 이 아파트에 투자하고 현재까지 보유하면서 크게 깨달은 것이 있다. 여기에 투자한 것은 잘한 결정이긴 하지만, 조금 더 넓은 범위로 보았다면 한결 높은 수

NEW

매입 시점 (2016년)	매매가	전세가	매매가-전세가	투자금
	26,500	25,500	1,000	2,450
출간 시점 (2019년)	매매가	전세가	시세차익	수익률
	38,500	24,500	12,000	489%
현재 시점 (2022년)	매매가	전세가	시세차익	수익률
	65,500	25,725	39,000	1,753%

준의 투자를 할 수 있었을 텐데 하는 것이다.

투자할 당시 이 아파트 바로 근처의 다른 단지에도 투자할 만한 30평형대 아파트가 있었다. 전용면적 $84m^2$ 기준 매매가는 약 4억 3,000만 원, 전세는 4억 원이었다. 매매가에선 차이가 있지만 투자금 규모는 크게 차이가 나지 않는 상황이었기에, 좀 더 멀리 내다보았다면 넓은 수요층을 가지고 있고 내 집 마련에서 선호도가 높은 방 3개, 화장실 2개짜리 물건에 투자할 수 있었던 것이다.

당시 투자자로서 미흡했던 점은, 투자 의사결정의 마지막 단계에서 비슷한 투자금으로 더 많은 사람이 좋아할 만한 물건을 찾는 과정을 빠뜨렸다는 것이다. 그것이 결과적으로 더 큰 수익을 낼 기회를 놓치게 했다. 이 경험을 바탕으로 나는 이후 투자에서 마지막으로 의사결정을 하기 전, 주변 지역의 물건을 다시 살펴보는 과정을 추가함으로써 투자자로서 한층 성장할 수 있었다.

수지 33평 아파트

3장에서 소개한 수지 33평 아파트에도 다음과 같은 시세 변화가 있었다.

(최근 매매가는 kb시세 기준. 단위: 만 원)

매입 시점 (2017년)	매매가	전세가	매매가-전세가	투자금
	37,000	35,000	2,000	2,740
출간 시점 (2019년)	매매가	전세가	시세차익	수익률
	49,000	33,000	12,000	440%
현재 시점 (2022년)	매매가	전세가	시세차익	수익률
	83,500	34,650	46,500	1,435%

해당 물건은 이번 부동산 상승장에서 가장 많은 시세 상승을 보인 곳 중 하나인 '수도권 경부고속도로 라인'에 위치한 경기도 용인 수지에 위치한 아파트이다. 역시나 많은 시세 상승이 있었다. 다만 투자 후 보유하는 과정이 순탄치만은 않았다.

자세히 보면 알 수 있듯, 투자 이후 5년가량이 흐른 현재 나는 매입 당시보다 더 낮은 전세가에 임대를 주고 있다. 이는 그사이 벌어졌던 수도권 역전세 때문이다. 수도권 부동산에 관심을 가진 지 4년 이상이 되었다면, 2017년 일부 지역에서 시작하여 2019년 말까지 일어났던 수도권 역전세 상황을 기억할 것이다. 아파트의 전세가 상승은커녕 오히려 하락해서 임대인이 기존 임차인을 내

NEW

보내야 할 때 새로운 임차인에게 받는 전세 보증금에 자신의 자본까지 얹어야만 하는 상황을 말하는데, 그 역전세 시기에 수도권 동남부는 용인과 동탄 등의 압도적 입주 물량으로 인해 상당한 전세가 하락을 겪었다.

내가 투자했던 이 아파트의 전세가도 3억~3억 1,000만 원 정도까지 하락했는데, 마침 2019년 말에 만기가 도래했다. 다행히도 나는 전세가 3억 3,000만 원에 새로운 임차인을 구할 수 있었는데, 그럼에도 내 자본 2,000만 원을 더해 기존의 임차인에게 보증금 3억 5,000만 원을 돌려주어야 했다.

당시에는 수도권 동남부 지역뿐 아니라 역전세가 발생한 곳이라면 어디든 정말 많은 매물이 나왔다. 전세 시장이 안정되다 못해 집이 남아도는 수준에 이르자, 매매 시장도 급격히 안정 및 조정 장세를 맞이한 것이다. 특히나 이 같은 상황에서 투자자는 물론이요 실거주자들까지 부동산 가격이 폭락할지 모른다는 두려움을 견디지 못하고 물건들을 매도했다. 그런데 지금은 어떤가? 3년 정도의 시간이 흐른 지금, 수도권 역전세는 언제 그랬냐는 듯 자취를 감추었고 매매가 또한 큰 폭으로 상승했다.

이 같은 투자 경험은 내게 시장 가격에 영향을 주는 변수를 토대로 단기적 앞날을 예측하는 것이 얼마나 무의미한지를 깨닫게 해주었다. 동시에 대중은 현시점 상황에 엄청난 영향을 받고, 흥분하거나 두려워한다는 것 또한 알게 되었다. 결국 보유냐 매도냐, 매수냐 아니냐를 결정할 때는 '매물의 현시점 가격이 저렴한가'가

기준이 되어야 한다는 걸 다시 한번 확인할 수 있었다.

공급, 금리, 정책 등 부동산 시장에 영향을 주는 변수는 여러 가지다. 중요한 것은 어떤 요인을 분석해 섣불리 시장의 움직임을 예측하고 그대로 행동하면 그것이 빗나갈 경우, 큰 화를 입을 수 있다는 걸 아는 것이다. 내가 이 아파트를 계속 보유할 수 있었던 건, 해당 아파트를 저렴하게 매수했고, 동시에 일시적 역전세에 대응할 수 있는 여력이 있었기 때문이다. 바로, 본문에서 밝힌 '역전세 등의 리스크에 대비하는 네 가지 방법'대로 행동한 덕이다. 이처럼 부동산 투자 시에는 자신만의 원칙을 세운 뒤 그에 맞춰 대응하는 것이 중요하다.

평촌 21평 아파트

평촌 21평 아파트의 시세 변화는 다음과 같다.

(최근 매매가는 kb시세 기준. 단위: 만 원)

매입 시점 (2017년)	매매가	전세가	매매가−전세가	투자금
	29,300	26,500	2,800	3,390
출간 시점 (2019년)	매매가	전세가	시세차익	수익률
	37,000	25,000	7,700	227%
현재 시점 (2022년)	매매가	전세가	시세차익	수익률
	68,750	25,200	39,450	841%

NEW

이는 경기도 안양시 동안구 평촌에 있는 아파트이다. 해당 아파트도 분당의 아파트처럼 1기 신도시 정비사업 촉진 특별법 관련 이슈로 많은 관심을 받고 있다. 특히 평촌 내에서 평형 대비 많은 대지지분을 가진 것으로 알려져 더욱 관심이 뜨겁다. 다만 앞서 언급한 바와 마찬가지로, 나는 이 아파트를 매수할 당시 '대지지분'을 투자 결정의 근거로 사용하지 않았다. 평촌 지역의 아파트로서 가치 대비 가격이 저렴하고, 평촌 안에서도 지하철역과 거리가 가까우며, 인프라, 초등학교 접근성 등에서 유리하다는 이 단지 자체의 장점을 바탕으로 투자를 결정했다. 그리고 시간이 흐르면서 '호재'라는 보너스가 생겼다.

당연한 말이지만, 호재는 없는 것보다 있는 것이 좋다. 다만 호재만으로 투자를 결정하다간 더욱 중요한 것을 놓칠 수 있다는 걸 기억하자.

2019년에 책을 처음 출간하면서 소개한 이 4개의 투자 물건은 여전히 내 곁에서 부동산 시장의 동향과 투자의 진리를 되새기게 한다. 나에게는 일종의 투자 스승인 셈이다. '투자는 경험이 전부다'란 말은 엄연한 사실이다. 한 번의 투자에 내 모든 것을 걸었다면, 앞에서 이야기한 다양한 부동산 투자 시장의 속성을 깨닫지 못했을 것이다. 각기 다른 시기, 각기 다른 지역에 펼쳐진 투자 물건들은 오늘도 '이봐, 시장은 이렇게 변하고 있어' 하며 날 가르친다.

이것이 바로, 투자는 역량을 기르면 잘할 수 있는 것이라는 명제를 받아들이고, 꾸준한 노력으로 역량 있는 투자자로 성장하여 '돈이 나를 따라오게 하겠다'라고 결심한 당신이, 소액 투자를 통해 다양한 경험을 쌓아야 하는 이유이다.

어쩌면 모두가 부동산 투자를 할 수는 없을 것이다. 누군가에겐 주식 투자가, 누군가에겐 코인 투자가 더 적합할지도 모른다. 그러나 우리는 모두 부동산으로부터 자유로울 수 없다. 당신이 살아가는 동안 한 번 이상 부딪힐 수밖에 없는 부동산 관련 이슈에서, 부디 이 책이 조금이라도 도움이 되길 바란다.

자본주의가 무엇인지, 그 안에서 부동산은 어떤 의미를 갖는지, 실제로 부동산 투자에 필요한 지식과 경험은 무엇인지를 전하고 싶었다. 내게 도움이 되었던 지식을 담아, 부동산에 관심을 갖기 시작한 주변 사람에게 자신 있게 추천할 수 있는, 시간이 지나도 변하지 않을 '부동산 클래식'을 만들고 싶었다. 무엇보다 이것이 많은 이의 삶에 실질적인 도움이 되길 바랐다. 지난 3년간 그런 나의 의도가 많은 이에게 전해진 것 같아 진심으로 감사하다. 이 책을 구입하는 데 지급한 비용이 독자들의 인생을 한 단계 위로 들어 올리는 지렛대로 쓰이길 바라는 마음이다. 독자 모두가 '월급쟁이 부자로 은퇴하길' 진심으로 기원한다.

2022년 5월
월급쟁이부자들 아지트에서,
너나위(너와 나를 위하여)

NEW

10만 부 돌파 기념 증보판

월급쟁이 부자로 은퇴하라

1판 1쇄 발행 2019년 5월 22일
2판 1쇄 발행 2022년 6월 20일
2판 12쇄 발행 2024년 10월 1일

지은이 너나위

발행인 양원석
영업마케팅 양정길, 윤송, 김지현, 한혜원
펴낸 곳 ㈜알에이치코리아
주소 서울시 금천구 가산디지털2로 53, 20층 (가산동, 한라시그마밸리)
편집문의 02-6443-8826   **도서문의** 02-6443-8800
홈페이지 http://rhk.co.kr
등록 2004년 1월 15일 제2-3726호